Der Traum

6. Schreibwettbewerb an den
Schulen im Landkreis Augsburg

Herausgegeben vom
Landkreis Augsburg

Liebe Leserinnen und Leser,

ein altes deutsches Sprichwort besagt: „Träume und Gedanken kennen keine Schranken". Denn im Traum ist alles möglich – zu gern verlieren wir uns hin und wieder in Tagträumen und malen uns die schönsten Geschichten aus. Auch große Ziele und Wünsche im Leben beschreiben wir als unsere Träume. Dass das Thema des diesjährigen Schreibwettbewerbs „Der Traum" Material für viele fantastische Geschichten bietet, zeigen wieder die zahlreichen Einsendungen: Über 650 Texte wurden zum Wettbewerb geschickt! Davon wurden rund 300 Einsendungen von der Jury ausgewählt und in diesem Buch zusammengefasst.

Die verschiedenen Geschichten zum Thema „Der Traum" könnten kreativer und unterschiedlicher nicht sein. Machen Sie sich auf den nächsten Seiten selbst ein Bild davon und tauchen in die verschiedenen, traumhaften Erzählungen ein! Vielleicht streben Sie danach selbst nach neuen Träumen oder erleben selbige im Schlaf erneut.

Den Jungautorinnen und Jungautoren aus dem Landkreis, die mit ihren Einsendungen bewiesen haben, welch kreative Köpfe sie sind und die fantastischsten Geschichten erzählen können, möchte ich herzlich für die Teilnahme am sechsten Schreibwettbewerb danken! Ebenso gilt mein Dank der Jury, die wie immer keine leichte Wahl aus all den eingesendeten Texten treffen musste und ebenso dem Wißner-Verlag für die Auflage des Buches zum Schreibwettbewerb.

Viel Freude beim Lesen!

Ihr

Martin Sailer
Landrat

Augsburg, im Mai 2023

mit freundlicher Unterstützung von

Bildungsinitiative der Lechwerke AG:

Projektleitung: Armin Falkenhein, Landratsamt Augsburg
Ingrid Akdil, Landratsamt Augsburg
Peter Dempf, Justus-von-Liebig-Gymnasium Neusäß

Covermotiv: © Tithi Luadthong, 2022, Benutzung unter Lizenz von
shutterstock.com, Composing durch Lisa Schwenk

Bibliografische Information der Deutschen Nationalbibliothek
Die Deutsche Nationalbibliothek verzeichnet diese Publikation in der
Deutschen Nationalbibliografie; detaillierte bibliografische Daten sind im
Internet über https://dnb.dnb.de abrufbar.

ISBN 978-3-95786-331-7
© Wißner-Verlag, Augsburg 2023

Inhalt

10

Alles anders im Traum

Ich bin in einer Welt, in der man sich vertraut und sich dadurch sein eigenes Leben nicht verbaut.

Du siehst einen Menschen, du glaubst ihm und ohne groß nachzudenken vertraust du ihm.

Es gibt keinen Streit, kein unsinniges Leid, nur Glück zu zweit.

Wurde eine neue Welt geschaffen, um dein bisheriges Leben hinter dir zu lassen?

Es scheint perfekt, ohne negativen Effekt.

Doch plötzlich klingelt der Wecker und du merkst schnell, die perfekte Welt war nie da.

Es geht zurück in eine Welt, in der man sich fast gar nicht mehr gefällt.

Streitigkeiten an der Tagesordnung, Lästereien und jeder mit einem falschen heiligen Schein.

Soziales Verhalten?

Einfach mal die Klappen halten, still schweigen und jeglichen sozialen Kontakt vermeiden.

Michelle Reineke
Justus-von-Liebig-Gymnasium Neusäß, Klasse 10e

Die DNA-Forschung

Es war einmal ein Junge. Er hieß Julius und er hatte eine Mücke gefunden. Er hatte ihr Blut geholt. Er hatte daraus einen Dino erschaffen. Der Dino hieß Skorpiosrex. Er hatte viele Stacheln. Er war giftig, sogar tödlich! Sie mussten ihn einfrieren, weil er schon zehn Menschen getötet hatte. Er brach aus. Er hatte hundert Menschen getötet. Die Menschen kamen auf den Friedhof. Aber Julius wurde dann klar, dass es nur ein Traum war.

Alexander Nocentini
Grundschule Aystetten, Klasse 2a

Mein Lieblingstraum

Ich will unbedingt mal eine Polizistin werden. Ich will es werden, weil ich sehr wild bin und auch Gerechtigkeit im Leben haben will. Es gibt Menschen, die meinen, alles machen zu dürfen, was sie wollen. Das ist nicht ok. Ich finde, jeder Mensch soll sich an die Regeln halten, und die Leute, die ihr ganzes Leben lieb waren, haben es nicht verdient, ausgeraubt zu werden, weil diese Menschen bestimmt manchen nicht so fitten Leuten geholfen haben. Ich finde es gerecht, wenn sich alle Leute an die Regeln halten.

Marie Bodecker
Mittelschule Schwabmünchen, Klasse 5c

Der Traum

(Elfchen)
spannend
die Feuerwehrfrau
ist sehr mutig
ich mag das Feuer
gefährlich

Robin Katharina Lutz
Franziskus-Schule Gersthofen, Klasse 3b

Mein Wunschtraum

Hallo,
ich heiße Kilian, bin 11 Jahre alt und wohne in Deutschland. Ich habe einen ganz besonderen Wunsch. Dieser ist nicht für mich selbst, sondern für jemand anderen aus der Ukraine.
Liebe Familie aus der Ukraine,
ich hoffe, dass der Krieg bald wieder aufhört, dass keine Bomben Menschen verletzen, Menschen sterben müssen und Häuser und Städte kaputt gemacht werden. Wenn Putin mal nachdenken würde, was er für einen Schaden bei euch in der Ukraine anrichtet! Ich hoffe sehr, dass es euch allen bald besser gehen wird. Es ist sehr schlimm, ohne Lebensmittel und Licht auskommen zu müssen. Ich finde es auch sehr, sehr schrecklich, aber macht euch keinen Kopf daraus, es wird bestimmt alles wieder gut. Ich wünsche euch ein schönes Leben ohne Krieg. Bis dann! Euer Kilian

Kilian Kiese
Staatliches Gymnasium Königsbrunn, Klasse 5e

Der Zauber des Dämons

Es war einmal ein Dämon, der lebte in einem Schloss. Daneben waren links zwei Berge und rechts ein Vulkan. Aber es gab auch mich und meine Freunde. Und jetzt geht's los: Meine Freunde und ich waren auf einen der zwei Berge geklettert und konnten gut sehen, dass der Dämon gerade dabei war, den Vulkan zum Ausbruch zu bringen. Ich sagte: „Er wird den Vulkan zum Ausbruch bringen!" Da sagte einer meiner Freunde: „Wir müssen ihn daran hindern." Da sagte ich: „Du hast recht, aber wie sollen wir das anstellen?" „Ich weiß es!", rief ich laut. Nur leider etwas zu laut, denn nun blickte der Dämon auf. Schnell versteckten wir uns hinter einem großen Stein. Einen Schwachpunkt hatte der Dämon: Für Dämonen war das Sonnenlicht tödlich. Da! Ich zeigte auf einen mittelgroßen Stein. Da steckte ein Schwert! Ich nahm das Schwert und es begann zu leuchten. Ich rief: „Das ist das Sonnenschwert! Es ist die einzige Waffe, mit der man den Dämon bezwingen kann. Also, ihr lockt den Dämon nach draußen, den Rest erledige ich." Als meine Freunde den Dämon aus dem Schloss gelockt hatten, erstarrte ich, denn er hielt auch ein Schwert in der Klaue. Ein wilder Schwertkampf entbrannte. Einmal wurde ich in die Enge getrieben und dann der Dämon. Der Kampf endete nach einem Tag und einer Nacht. Er endete und ich ging aus dem Kampf als Sieger hervor. Denn das Lichtschwert hatte den Dämon in Luft aufgelöst. Im Inneren des Vulkans brodelte es und ein giftgrünes Augenpaar spähte nach draußen.

Anton Langenmair
Grundschule Dinkelscherben, Klasse 3a

Mein Traumroboter

Mein Traumroboter würde Paddl heißen, er könnte mit mir lernen, aufräumen, Musik abspielen, so wie ich kreativ sein, kochen, backen, mit mir reden und Sprachen übersetzen und noch vieles mehr. Mir sind diese Sachen wichtig, weil ich jemanden gebrauchen könnte, der, wann immer ich will, mit mir reden könnte, aber mir auch andere Dinge beibringt, z. B. kochen, denn ich habe oft zwei linke Hände und mir geht öfter mal was daneben.

Aber natürlich gibt es auch Nachteile! In der Zukunft würde ich wahrscheinlich nicht wirklich zurechtkommen, z. B. mit dem Kochen in meiner eigenen Wohnung oder mit dem Aufräumen, weil ich das damals nicht alleine gemacht habe, sondern Paddl. Und was, wenn Paddl kaputt ist oder sogar nie mehr funktioniert?

Teresa Mies
Staatliches Gymnasium Königsbrunn, Klasse 5e

Traum ist wie ...

Traum ist wie ein Abenteuer zu erleben,
die Herzen laut und auch mal leise beben,

schwerelos durch alle Räume schweben.
Traum ist wie in weißen Wolken fliegen,
sanft und weich durch die Lüfte wiegen
und ganz verschwiegen.
Traum ist wie ein Regenbogen,
die Farben ganz ineinander wogen,
alle Sterne miteinander flogen.
Traum ist wie von Wärme umgeben,
kein Krieg und alle in Frieden leben
und sich vergeben ...

Theresa Maria Wiedemann
Grundschule Leitershofen, Klasse 3 b

Mein Traum – eine ganz besondere Katze

Mein Traum ist, eine eigene Katze zu haben. Mia ist ihr Name. Sie ist braun-schwarz-gestreift, hat weiße Pfoten, flauschige Ohren und eine Stupsnase. Sie ist so wuschelig-weich wie ein Kuscheltier. Mit ihren funkelnd grünen Augen und ihrem süßen Blick verzaubert sie jeden.

Mia ist immer bei mir, wo auch immer ich bin. Egal ob in der Schule, zuhause oder im Bett. Mia ist meine ständige Begleiterin. Sie ist eine äußerst brave Katze und hört auf jedes Wort von mir. Wir haben viel Spaß zusammen und erleben immer großartige Abenteuer miteinander.

Aber Mia ist eine ganz besondere Katze, denn sie kann sprechen. Das ist aber unser Geheimnis, niemand anderer weiß davon. Wir erzählen uns alles: unsere Wünsche, Ängste, Sorgen und Träume.

Einzigartig an Mia ist auch, dass sie zaubern kann. Sie erfüllt mir alles, was auch immer ich mir wünsche: leckeres Essen, tolle Spielsachen, viel Freizeit und Spaß. Mia ist absolut traumhaft. Mit ihr zusammen bin ich immer glücklich und zufrieden.

Träume sind einfach schön!

Eva Wanner
Grundschule Fischach-Langenneufnach, Klasse 3d

I have a dream

Ich habe einen Traum,
nämlich dass eines Tages
alle Menschen auf der Welt glücklich
sind, und es keine Kriege oder Erdbeben
mehr gibt. Mein zweiter Traum ist,

dass alle Menschen sich respektieren,
egal welche Hautfarbe, welches Geschlecht,
aus welchem Land man kommt oder
wie man aussieht. Mein dritter Traum ist,
dass niemand andere Menschen mobbt
oder beleidigt. Ich möchte Frieden auf der Welt.

Lisa Schlesiger
Staatliches Gymnasium Königsbrunn, Klasse 5e

Die perfekte Welt

Mein Traum ist eine Welt ohne Idioten, eine Welt mit viel mehr Menschen-
verstand und Zusammenhalt. Die Menschheit ist heutzutage viel zu ver-
klemmt und viel zu egoistisch. Man kann nicht einmal eine Geburtstags-
feier mit Musik feiern, schon wird man angemotzt – und das ist das Problem. Man wird sofort angezeigt oder verachtet, vor allem die Jungen, die
ihre Grenzen austesten, was ja ganz normal ist – das, was jeder als er jung
war, gemacht hat. Ich meine, früher haben wir es ja auch geschafft, miteinander zu feiern und zu leben ohne Probleme. Ich träume auf jeden Fall
von einer Welt, in der man sich grüßt und wenn jemand eine Feier macht,
sich nicht beschwert, sondern sich dazusetzt und Spaß hat. Wenn jemand
ein Problem hat, dann wünsche ich mir, dass alle mithelfen und es ihn
nicht alleine machen lassen. Eigentlich träume ich von einer Welt wie es
sie früher einmal gab, auch wenn man damals weniger hatte. Genauso
finde ich die meisten Regeln nicht gut z. B. wenn ein 15-jähriger auf Feld-
wegen mit einer kleinen Maschine schwarz fährt wird er mit vier Jahren
Führerscheinsperre und einem Bußgeld bestraft, aber ein alter Mann, der
nicht mehr fahrtauglich ist aber von früher einen Führerschein hat, darf
noch fahren. Es läuft auf jeden fall vieles falsch auf dieser Welt.

Martin Ostermeier
Mittelschule Zusmarshausen, Klasse 9b

Der abenteuerlichste Traum

Es war Weihnachten und ich saß mit meinen Eltern und Geschwistern
beim Abendbrot. Jetzt sagte Mama: „Geht hoch in eure Zimmer, damit
das Christkind hier alle Geschenke ablegen kann." Wir rannten in unsere Zimmer. Plötzlich klingelte das Glöckchen. Ich rannte zum Christbaum, unter
ihm lagen viele Geschenke. Wir haben noch ein paar Lieder gesungen, danach wurden die Geschenke ausgepackt. Ich bekam eine langweilige Mi-
nirakete mit einer 7 auf der Seite. Ich war enttäuscht, aber das sollten

meine Eltern nicht mitkriegen. „Die Rakete ist toll!", rief ich. „Ich gehe mit ihr raus in den Garten." Papa antwortete: „Wir freuen uns, dass dir das Geschenk so gut gefällt."

Im Garten regnete es in Strömen und die Rakete wurde auf einmal immer größer, bis sie so groß war, dass ich einsteigen konnte.

Innen sah es aus wie in einer echten Rakete. Ich setzte mich auf den Stuhl, der wohl für die Raumfahrer gedacht war. Plötzlich kam ein Gurt wie aus dem Nichts und schnallte mich an. Ich hörte den Countdown und bei 1 schoss die Rakete in den Nachthimmel voller Sterne. Ich schrie: „Hilfe! Hilfe!" Auf einmal tauchte ein Planet vor mir auf. Es krachte und ich war auf dem Planeten gelandet. Es strahlte die Sonne und die Rakete schrumpfte. Ich schob sie mir in die Hosentasche. Jemand kam auf mich zu, er sang: „Was machst du hier auf dem Singularplaneten?" Ich wusste nicht was ich sagen sollte, aber er wartete meine Antwort erst gar nicht ab. „Ich bringe dich jetzt zu unserem König Ulla." Sieben Wachmänner schleppten mich zum König. „Du bist hier eingedrungen, deshalb wirst du hier für mich dein ganzes Leben lang Kartoffeln schälen müssen. Zuvor hast du noch eine Stunde Zeit, dir den Planeten anzusehen." Ich wurde vor dem Schloss abgesetzt und dort alleine gelassen. Zum Glück fing es wieder an zu regnen. Ich zog meine Rakete aus der Tasche und sie wurde wieder so groß, dass ich einsteigen konnte. Es gab einen Ruck und die Rakete startete. Wenig später landete ich auf dem nächsten Planeten.

Die Rakete schrumpfte erneut und ich schob sie mir wieder in die Hosentasche. Eine Schneiderin rief: „Fasst den Dieb! Er hat das heilige Kissen gestohlen." Ich sah einen Mann, der schnell wegrannte. Meine Beinen fingen plötzlich wie von selbst an zu laufen. Meine Hand griff nach dem Mann und er fiel auf den Boden. Ich griff mir gerade noch rechtzeitig das wertvolle Kissen, bevor es dreckig werden konnte. Jetzt gab ich es der Frau zurück und alle Leute freuten sich, dass das Kissen gerettet werden konnte. Es fing an zu tröpfeln, ich merkte wie die Rakete in meiner Tasche größer wurde. Schnell rannte ich auf eine einsame Wiese. Ich stieg in die Rakete ein, und nach dem Start landete ich schon bald wieder auf dem nächsten Planeten.

Als ich nach draußen gestiegen war, regnete es wieder und die Rakete schrumpfte diesmal nicht. Ein paar Landarbeiter riefen: „Bitte hilf uns, das Fass in die Scheune zu rollen." Nachdem ich geholfen hatte, zwanzig Fässer in die Scheune zu räumen, war meine Aufgabe auf diesem Planeten erfüllt, und ich machte mich wieder auf den Weg.

Auf dem nächsten Planeten erwartete mich ein Junge der mir zurief: „Passt du da durch?" „Ja, wieso nicht?", antwortete ich. „Kannst du dort etwas reparieren?" „Ja, ich kann es versuchen." Sofort quetschte ich mich durch eine Lücke der Mauer zum Rutschenturm. Ein Leck in der Rutsche musste mit einem Metallteil verschlossen werden. Die Arbeit ging mir leicht von der Hand, und wenige Minuten später konnte das Wasser wieder seinen gewohnten Weg fließen. Voller Freude rutschte ich die Rutsche hinunter und jauchzte als mir am Ende der Rutsche eine großer Wasserschwall entgegenklatschte.

„Jetzt verschwinde! Oder soll ich dir Beine machen?", rief der Junge. Schnell rannte ich zurück zur Rakete und hob ab.

Es schepperte kurz darauf und ich war auf einem neuen Planeten gelandet. Ich ließ die Rakete zurück und dachte mir: „Ich werde bald wieder zurück sein." Ein Riesenrad sprach mich plötzlich an: „Willst du mal eine Runde auf mir fahren?" Ich sagte: „Sehr gerne, Riesenrad!" Als ich eine Runde gefahren war, warf mich das Riesenrad zurück in meine Rakete, wo zum Glück die Tür offenstand. „Vielen Dank, Riesenrad, es war sehr schön, ich bin noch nie zuvor Riesenrad gefahren."

Auf dem nächsten Planeten empfing mich wieder strahlender Sonnenschein und meine Rakete schrumpfte, bis sie wieder in meine Tasche passte. „ Zieh mich bitte aus dem Uhrenkasten heraus!", rief mir sogleich der Uhrmacher entgegen. Mit seinem Pullover hatte sich der Mann im Uhrwerk verfangen. Schnell half ich ihm, sich zu befreien. Zum Dank schenkte er mir eine wunderschöne Uhr und zeigte mir seinen Laden. Ich bedankte mich herzlich und verabschiedete mich. Der Uhrmacher fragte mich, ob ich einen Regenschirm dabei habe, denn es regnete nun draußen. Ich rannte aus dem Laden und sogleich wuchs meine Rakete so weit, dass ich sie wieder besteigen konnte.

Auf dem nächsten Planeten warteten lauter lecker aussehende Früchte auf mich. Ein Affe rief mir zu: „Diese Früchte sind alle giftig. Komm zu mir herüber, diese Bananen kannst du essen." Ich ließ mir die Bananen schmecken und war dankbar, dass der Affe mich gerettet hatte. Jetzt wollte ich endlich wieder nach Hause. Ich überlegte, ob die Nummer 7 auf meiner Rakete wohl etwas mit der Anzahl der Planeten, die ich besuchen durfte, zusammenhängen könnte. Ich bestieg voller Hoffnung die Rakete und landete tatsächlich wieder zu Hause auf meinem Planeten Erde in unserem Garten. Die letzten Sonnenstrahlen des Tages ließen meine Rakete wieder schrumpfen und ich lief freudig ins Haus zurück.

Franziska Teichert
Grundschule Königsbrunn Nord, Klasse 4b

Ich und der Traum von Luxemburg

Irgendwann, als ich noch ein kleiner Junge war, entdeckte ich meine große Liebe und Leidenschaft für Traktoren und die Landwirtschaft. Ich versuchte, jede freie Minute und Möglichkeit auf den Bauernhof unseres Verwandten zu kommen. Vor allem, um dort auf den großen Fendt Traktoren mitzufahren. Schon damals verspürte ich den Wunsch, später selbst einmal einen Bauernhof mit vielen großen Maschinen zu besitzen.

Als ich dann mit ungefähr fünf Jahren das erste Mal zufällig auf YouTube einen Film über das Lohnunternehmen Reiff aus Luxemburg gesehen habe, mit seinen riesengroßen Fendt Traktoren und den unwahrscheinlich weitläufigen Feldern, hörte ich nicht mehr damit auf, davon zu schwärmen und mir immer und immer wieder Videos davon anzuschauen. Und so entstand mein sehnlichster Traum, irgendwann einmal, wenn ich mit Schule und Ausbildung fertig bin, meine Koffer zu packen und meinen Kindheitstraum von Luxemburg zu verwirklichen.

Ich stelle mir das Lohnunternehmen Reiff in meinem Traum wie eine kleine Siedlung mit einem großen Bauernhaus, mehreren kleineren Unterkünften für die Angestellten, zwei oder drei Ställen für die Tiere, Scheunen für das Futter und natürlich mehrere Hallen für die vielen großen Maschinen und Traktoren vor. Dazwischen kleine Gärten mit Bäumen und Gemüsebeeten aber auch einige Silos und eine Biogasanlage. Rundherum ist der Hof umgeben von unendlich großen weiten Wiesen, Äckern, Feldern und Wald.

In meiner Vorstellung sehe ich mich dort im Frühling auf einem Fendt 942 Vario Profi Plus Traktor sitzen und über die Straßen und Äcker fahren, hinten am Traktor noch einen meterlangen Pflug angehängt oder ein Tausende Liter schweres Güllefass. Ein unglaubliches Gefühl und Kribbeln im Bauch bekomme ich, wenn ich daran denke, dass ich beim Maishäckseln mit dem Fendt Katana schon im Morgengrauen dabei sein kann. Wie ich selbst im Herbst bei der Ernte mit einem der Fendt Traktoren neben dem Häcksler herfahren werde und anschließend in der langen Kolonne der Traktoren mit unglaublichen Hängern voll Mais zum Hof zurückfahren und in den megagroßen Fahrsilos die Ladung abkippen werde.

Den ganzen Tag draußen in der Natur auf dem Traktor zu sitzen bis spät am Abend, stelle ich mir vor wie ein Gefühl von grenzenloser Freiheit. Wenn nach der Arbeit dann noch alle miteinander essen und quatschen, wäre ich unglaublich glücklich.

Um mir diesen Traum zu erfüllen, würde ich alles tun, denn wenn ich an Luxemburg und das Lohnunternehmen Reiff denke, fühle ich mich unwahrscheinlich glücklich und zufrieden – einfach in meiner Welt.

Kevin Ellenrieder
Mittelschule Zusmarshausen, Klasse 9b

Mein Traum: „Anderen zu helfen"

Mein Traum ist es, einen guten Beruf zu erlernen, bei dem ich sehr viel Geld verdiene, weil ich mit diesem Geld meine Familie unterstützen will. Ich will auch meinen kleinen Bruder beschützen vor schlechten Dingen, die ihm und seiner Gesundheit schaden können.
Mein Traum ist es auch, Kinder und eine Freundin zu haben.
Ich würde gerne Kindern eine Freude bereiten (Kindern, die geflohen sind oder nichts mehr haben).

Raphael Hofmann
Franziskus-Schule Gersthofen, Klasse 5a

Traumwelt

Die Welt um mich herum wird leise und dunkel, die Geräusche dumpf und meine Gedanken schwer und träge. Ich sinke ein in ein Bett aus weicher Wolle und falle in ein schwarzes Meer. Vorsichtig treibe ich durch eine weite Landschaft aus ewigen grünen Feldern, die sich vor mir erstrecken wie die Unendlichkeit selbst. Weit in der Ferne sind kleine Gestalten zu erkennen, die zusammen vorbeiziehen. Eine bleibt stehen und scheint in meine Richtung zu schauen. Sie hebt etwas, das wie ein Arm aussieht, und beginnt ihn rhythmisch von einer zur anderen Seite zu schwenken. Sie winkt. Ich winke zurück. Ein warmer Wind umspielt meine Beine und fährt mir unter meine Kleider und wärmt meinen Verstand. Vor mir fließt ein kleiner Bach, eiskalt und klar. Ich steige hinein und verliere mich in seiner unergründlichen Tiefe, bis ich in einem dichten Wald aus Bäumen aller Art stehe. Der Bach spült mich weiter und wächst heran, wie ein Kleinkind, das zum Jugendlichen wird. Er wird breiter und tiefer, aber auch wärmer und sanfter. Um mich zieht die Waldlandschaft und das Gezwitscher der Vögel erinnert mich an heiße Sommertage. Viele Tiere tummeln sich um den nun beachtlichen Fluss und trinken von seiner lebensspendenden Energie. Der Strom trägt mich tief hinein in das Land und beginnt, sich zu teilen, bis er nur noch als kleiner Mäander durch die jetzt hügelige Landschaft schlängelt. Das Grün beginnt dem gelben Sand zu weichen und die

Luft nach Salz und Meer zu riechen. Die Sonne, nun tief und blutrot, beginnt langsam hinter dem Horizont zu verschwinden bis die Sterne und der Mond den Himmel regieren. Ich stehe auf und betrete das kleine Dorf, das vor meinen Augen erscheint. Menschen, Kinder und Erwachsene laufen die gepflasterten Straßen entlang und ich mit ihnen. Die Straßenlaternen und hellen Ladenfronten erleuchten alle Straßen und laden zum Bleiben ein. Doch eine dunkle Stille breitet sich aus. Ein Nebel, so dicht wie eine Wand, schiebt sich durch die langen einsamen Straßen. Jeder meiner Schritte bringt mich nur weiter und weiter in das Labyrinth der Straßen, während die weißgraue Wand bedrohlich ihren Weg zu mir findet. Jeder Versuch, meinem Schicksal zu entkommen, ist vergeblich. Erschöpft lasse ich mich auf den kalten Boden fallen und erwarte das Unabdingbare. Ich schließe meine Augen und …

Ein greller Schrei lässt mich hochschrecken. Die Möwen kreisen über meinem Kopf und bereiten ihren Angriff auf mich vor. Mein Matjes fester denn je in meiner Hand, renne ich los. Hunderte, Tausende Möwen hinter mir her. Sie sind schnell, doch ich bin schneller. Der Sand unter meinen Füßen macht das Rennen anstrengend, doch mit letzter Kraft schiebe ich mir mein Brötchen in den Mund. Den Stein, den ich nun in der Hand halte, gebe ich zögerlich dem Mann in Kapitänskleidung und er beginnt ihn genau zu betrachten. Er reicht ihn mir zurück, doch seine Worte verstehe ich nicht. Ich betrete das Boot. Die anderen Passagiere stehen an der Reling und unterhalten sich leise in einem unverständlichen Geflüster. Niemand beachtet mich. Rauch beginnt aus den langen weißen Schornsteinen des Schiffes zu steigen und das Schiff legt ab. Ich setze mich auf eine Bank am Bug, neben eine alte Frau. Gemeinsam betrachten wir das Feuer im Kamin. Der süße Duft von Lebkuchen erfüllt den Raum, worauf ich mich aus dem roten Sessel im Wohnzimmer erhebe. Ich gehe in Richtung der Küche, vorbei an dem geschmückten Weihnachtsbaum und an den vielen Geschenken unter ihm. Ich blicke ein letztes Mal zurück zu den beiden Stühlen und in Omas hoffnungsvolles Gesicht, ihre Gehhilfe neben ihr. Mit einem kurzen Lächeln verspreche ich ihr, ein Laible mitzunehmen. Der Schnee ist weich und jeder Schneeball, den ich aus ihm forme, fest und treffsicher. Wie weiße Vögel gleiten sie durch die Luft nur um dann auf ihrem Ziel zu zerschellen. Rufe, Lachen und fröhliches Geschrei erfüllen die Luft, während die Vögel fliegen, zerschellen und durch große klobige Hände neu geformt werden. Doch wie jeder Moment, muss auch dieser enden. Der Schnee, gerade noch eiskalt und weiß, schmilzt und hinterlässt große tiefe Seen. Ich steige in eines der kleinen Holzboote und rudere in Richtung einer großen Insel in der Mitte eines der Seen. Ich höre den sandigen Boden unter dem Gewicht des Bootes knirschen, als ich die Insel erreiche. Vor mir erstreckt sich ein großer tropischer Wald. Laute Tiergeräusche dringen aus ihm hervor und locken mich hinein. Ich kämpfe mich durch das Dickicht des Waldes. Der Duft von mir unbekannten Blüten und des nassen Holzes um mich herum machen mich langsam und schläfrig. Doch kurz bevor ich mich der Verlockung hingebe endet der Wald und ich trete in eine weite Ebene. Zusammen mit meinen Begleitern und ihren Zugtieren wandern wir durch diese grüne Landschaft. Unser Weg scheint endlos und unser Ziel weit entfernt, doch wir schweigen und stellen uns der Aufgabe, die vor uns liegt. Nach einiger Zeit sehe ich zu meiner Linken in weiter Entfernung eine Person. Ich bleibe stehen. Ich betrachte sie kurz, aber sie rührt sich nicht. Langsam hebe ich meinen rechten Arm und winke ihr zu. Zuerst passiert nichts, doch dann hebt auch sie ihren Arm und winkt zurück.

Romy Bauer
Leonhard-Wagner-Gymnasium Schwabmünchen, Klasse 9a

Der Traum

Heute Nacht in meinem Traum,
stand ich in einem großen Raum.
In dem Raum, da war ein Baum,
und dieser Baum, der war zum Stau'n.
An dem Baum hing'n groß und rund,
viele Pflaumen kunterbunt.
Auf einmal war da keine Wand,
sondern ein riesengroßer Strand.
Plötzlich verschwanden auch die anderen Wände,
und ich sah in meine Hände.
Ich hielt ein Ruder, gar nicht schwer,
und ein Boot lag dort am Meer.
Weit draußen noch so, dass man ihn sah,
stand der Baum, ganz wunderbar.
Die Zweige streckten sich wie Finger,
ganz ganz viele lange Dinger.
Ich schnappte mir das Boot und fuhr hinaus aufs Meer,
das war überhaupt nicht schwer.
Auf einmal fielen die Pflaumen vom Baum,
und wurden zu Lichtkugeln ... welch ein Traum!

Hanna Kirscher, Klara Kern
Staatliches Gymnasium Königsbrunn, Klasse 5f

Träume

Träume können wild, traurig, erschreckend, ruhig, eindrucksvoll oder einfach nur völlig verrückt sein. Manchmal ist der Traum herrlich. Allerdings können in einem Traum auch schlimme Dinge passieren. Das einzig gute an einem Albtraum ist, aufzuwachen und zu bemerken, dass es keine Realität ist. Doch am häufigsten sind die, die absolut keinen Sinn ergeben. In denen etwas total Absurdes passiert und du es in Gedanken für völlig normal erklärst. Manchmal kommt es auch vor, dass du bereits weißt, dass es nur ein Traum ist, bevor du überhaupt aufwachst. Es gibt unglaublich viele Sorten und Arten von Träumen. Über sie gibt es verschiedene Fakten: Oft ist die Angst vor einem Albtraum schlimmer, als der Albtraum selbst. Die verrückten Träume sind meistens eher lang. Angenehme Träume ergeben mit der Zeit auch keinen Sinn mehr. An die allermeisten Träume erinnern wir uns nicht mehr. Egal, ob Albtraum, verrückter oder vollkommen anderer Traum: alle sind auf ihre eigene Art und Weise besonders.

Ariadne von Schnurbein
Grundschule Dinkelscherben, Klasse 4b

In meinem Traum

Auf einmal laufe ich über Wiesen mit vielen bunten Blumen. Die Wiese ist wunderbar weich und sanft. Die Blumen werden immer mehr, die Blumen werden größer. Meine Sprünge werden höher. Die Blumen wachsen immer höher. Ich kann aber auch richtig hoch hüpfen – fast so hoch wie ein Haus werden meine Sprünge – doch halt, was passiert denn jetzt?
Meine Sprünge werden viel länger, der nächste Sprung geht direkt ins Schweben, ich fliege … ich fliege wie ein Vogel über bunte Wiesen und Felder hinweg.
Es ist unbeschreiblich schön, wie ich beim Fliegen über die Felder streichen kann, dort hinten seh´ ich auch ein großes Getreidefeld. Ich gleite tief darüber und die Pflanzen kitzeln meine Hände … welch ein tolles Gefühl.
Klasse, dort hinten kommen Berge. Ich möchte gleich zum höchsten Gipfel. Wer kommt da von der Seite? Es ist der König der Lüfte, ein Adler – er kommt näher und fliegt direkt neben mir. Wir schauen uns an und ich glaube, er zwinkert mir zu, als ob er sagen will, komm jetzt nach oben …
Auf einmal hör´ ich meine Mama rufen. „Aufstehen".

Oh nein, mein Freund der Adler ist weg, weit weg geflogen in meinem Traum. Ein tolles Gefühl war das und ich hoffe, genau an dieser Stelle darf ich heute Nacht weiterfliegen ...

Mina Maria Wirth
Grundschule Leitershofen, Klasse 4 C

Die Unterwasserwelt Usali

Mia schwamm durch das Wasser. Es war gerade die richtige Temperatur. Die Unterwasserwelt, die sie umgab, war wunderschön. Plötzlich tauchte unter ihr ein Delfin mit einem goldenen Rückenmuster auf. „Na, darf ich mich auf deinen Rücken setzen, du Süßer?", fragte sie. Mia streichelte ihm über den Rücken. Er nickte ein Delfinnicken. Sie machte es sich auf seinem Rücken bequem. „Ich bin gespannt, wo du mich hinbringst", murmelte sie. Mia hatte keine Angst. Wo auch immer der Delfin sie hinbringen würde, es würde dort bestimmt schön sein. So schön wie hier. Oder noch schöner. Jetzt wo sie auf dem Delfinrücken war, konnte sie die Schönheit des Meeres viel mehr genießen. Da tauchten noch weitere Delfine auf. Sie befand sich inmitten eines Delfinschwarms. Sie alle hatten goldene Rückenmuster und Mia spürte, dass es besondere Delfine waren. Der Delfin, auf dem sie saß, führte die Gruppe an. Sie sprangen immer wieder aus dem Wasser und tauchten schließlich bis auf den Grund des Meeres ab. Mia konnte auch im Wasser atmen. Die Delfine schienen fröhlich zu sein. Doch plötzlich, als sie eine Weile geschwommen waren, wurden die Delfine traurig. Mia sah warum. Nun war auch sie traurig. Dort lag etwas in Trümmern. Sie sah ein goldverziertes Schild auf dem stand:
Willkommen in der Unterwasserwelt Usali.
Doch dieses Usali lag in Trümmern. Der Delfin schwamm an die Oberfläche und versuchte ihr klarzumachen, dass sie oben schwimmen sollte. Die Delfine bildeten Wörter: UNSERE HEIMAT IST IN TRÜMMER ZERFALLEN. WIR WAREN DIE WÄCHTER DER KÖNIGIN LORBELIA AMFERMIA SALIM. EINES NACHTS, ALS WIR DRAUßEN VOR DEN TOREN VON USALI WACHTEN, KAM DER BÖSE KÖNIG AURELIUS MALIA UND HAT USALI ZERSTÖRT. DIE KÖNIGIN HAT ER IN DEN TRÜMMERN DES PALASTES EINGESPERRT. DIE NIXEN, MEERJUNGFRAUEN UND MEERMÄNNER SIND GEFLOHEN. KANNST DU VERSUCHEN, AURELIUS ZU FANGEN UND UNSERE HEIMAT WIEDER AUFBAUEN?
„Was? Aber ich weiß doch gar nicht wie", meinte Mia. BITTE. „Na gut, ich versuche es. Könnt ihr mir zeigen, wo der Palast ist?", fragte Mia. Die Delfine nickten. Sie setzte sich wieder auf den Rücken eines Delfins und die-

ser schwamm zu den prachtvollsten Trümmern. Dort sah man einen dünnen goldenen Strich. Mia zeigte darauf und sagte: „Ist sie da drinnen?" Bevor die Delfine irgendetwas von sich geben konnten, kam ein dumpfes „Ja" daraus hervor. „Ist das die Königin, die da gerade „Ja" gesagt hat?", fragte Mia. Wieder hörte sie ein dumpfes „Ja". „Wie kann ich Euch denn befreien, oh Königin", fragt sie. „Du musst den magischen Zahn von Salix finden, dem Schatzmeister von Usali. Er hatte sein Haus nicht weit von hier. Die Delfine können dich hinbringen", erklärte die Königin. Die Delfine schwammen los. Sie hielten an einem Trümmerhaufen an, der schön verziert war. Mia suchte und suchte. Sie war schon fast am Verzweifeln, als sie einen mit Gold und Silber verzierten Zahn fand. Mit ihm kehrte sie zurück zu der Königin. Sie legte den Zahn an den goldenen Strich an und fuhr an der Linie auf und ab. Da bröckelte diese ab und eine wunderschöne Meerjungfrau erschien. Ihr Schwanz war sehr schön mit Gold und Silber geschmückt. „Danke", sagte sie mit einer zarten, angenehmen Stimme. „Es wäre gut, wenn du zur Burg von Aurelius Malia schwimmen würdest. Traust du dich allein mit einem meiner Wächter fortzuschwimmen?" Mia nickte. „Gut so. Ich werde mich derweil um mein zerstörtes Reich kümmern. Eine gute Reise wünsche ich", verabschiedete sich die Königin, gab einem Delfin einen Wink und verschwand in den Trümmern. Mia machte es sich erneut auf einem Delfinrücken bequem und die beiden schwammen los.

Als sie eine Weile geschwommen waren, wurde die Schönheit des Meeres von einer trostlosen Gegend verschluckt. Alles war düster und traurig. Da kam eine düstere, graue und furchteinflößende Burg in Sicht. Mia klapperten die Zähne und der Delfin zitterte. Doch die beiden hielten durch und schwammen zu der Burg. Dunkle Wächter standen davor. Sie hatten Fackeln in der Hand. Doch auch ihre Fackeln waren leicht grau und düster. Ja, das musste die Burg des Königs sein. Nur, wie sollte sie hineinkommen? Und wie sollte sie den König fangen? Plötzlich spürte sie etwas Schweres an ihrem Gürtel. Mia zog es hervor und staunte. Es war ein Schwert aus Diamanten. „Woher habe ich das?", fragte Sie. Der Delfin schrieb mit dem Maul ein paar Worte in ein Stück Sand: DIE KÖNIGIN HAT ES DIR GESCHICKT. ES IST EINE GABE DER KÖNIGIN. Mia nickte und sie schwammen weiter. Einmal umrundeten sie die Burg. Da sahen sie auf der anderen Seite eine Art Fenster. Doch nur Mia würde hindurchpassen. „Na, mein kleiner treuer Begleiter, es war schön mit dir. Doch nun trennen sich unsere Wege. Ich weiß nicht, ob ich wieder aus der Burg komme. Wenn nicht, leb wohl. Du kannst ja warten, bis es dunkel wird. Ich muss jetzt gehen. Wünsche mir Glück", verabschiedete sich Mia. Dann zwängte sie sich durch das Fenster. Als sie sich umdrehte, stand sie einem bösen dunklen Meermann gegenüber. Das konnte nur Aurelius Malia sein …

Sie zitterte. Trotzdem zog Mia das Schwert hervor. Das gleiche tat Aurelius. Dann wurde ein stiller Schwerterkampf geführt, bis Aurelius mit solcher Wucht auf Mias Schwert haute, dass es ihr aus der Hand fiel. Er hob es hoch und schmiss es aus dem Fenster. Danach schrie er: „Wachen, nehmt sie fest!" Mia war verzweifelt und versuchte sich zu wehren. Doch es gelang ihr nicht. Sie wurde in einen dunklen Kerker gebracht. Nach einer Weile sah sie den Delfin am Fenster und rannte zu ihm. „Kannst du mir das Schwert hohlen?", fragte sie. Der Delfin nickte. Mia lächelte und streichelte ihn noch einmal über das Maul zum Abschied. Es dauerte eine Ewigkeit und Mia dachte schon, er hätte es nicht gefunden, da plumpste es plötzlich auf den Boden. Mia hob es auf und hebelte damit die Tür auf. Es klappte. Leise schlich sie durch den dunklen Gang. Den Weg zu dem Raum, in dem Aurelius war, den hatte sie sich vorher gemerkt. Da sah sie auch schon Aurelius. Er hatte ihr den Rücken zugekehrt. „Aurelius, ergib dich!", schrie Mia. Sie hielt ihr Schwert so, das Aurelius sich den Kopf anstieß, als er aufstand. Somit torkelte er zurück und Mia brachte ihn zum Fallen.

Wenig später schwammen Mia und der Fisch mit dem gefesselten Aurelius zurück nach Usali. Mia blieb die Spucke weg, das Meer und Usali waren jetzt so wunderwunderschön. Der Delfin schwamm zu einem Platz vor dem Palast. Dort wurden sie mit Jubel und Geschrei empfangen. Danach steckte die Königin Mia eine silberngoldene Blume als Belohnung ins Haar. Jetzt wurde Aurelius in einen Kerker geworfen und zur Feier wurde getanzt. Doch dann sah Mia etwas Entsetzliches. Aurelius verschwand gerade um die Ecke. Er musste ausgebrochen sein. Mia schrie verzweifelt: „Nein!"

„Mia, Mia, warum schreist du so. Was ist passiert? Hattest du einen Albtraum?", fragte eine Stimme. Jemand rüttelte an ihr. „W…was? D…Das war nur ein Traum?", stotterte Mia erleichtert und enttäuscht gleichzeitig. Vor ihrem Bett stand ihr kleiner Bruder Paul. „Kann ich bei dir schlafen?", fragte er. „Ja", meinte Mia. Schnell holte er sein Bettzeug und legte sich in ihren Arm. Mia dachte nach. Das war ein Traum, der so echt war. Hätte ihr jetzt jemand gesagt es sei kein Traum gewesen, sie hätte es fast geglaubt.

Luzia Häffner
Leonhard-Wagner-Gymnasium Schwabmünchen, Klasse 5b

Der Traum

Mein Traum ist es, am Strand zu heiraten. Es stehen hellbraune Stühle im weichen Sand und in der Mitte ist ein Weg mit Muscheln umrandet. Der Weg endet an einem hölzernen Pavillon, der mit weißen und rosafarbenen Blumen überall geschmückt ist. Im Hintergrund hört man das sanfte Rauschen der kleinen Wellen, die an den Strand schwappen. Über meinem Kopf fliegen weiße Möwen hin und her und kreischen hin und wieder. Außerdem weht eine leichte Brise, die nach Salz riecht, vom Meer heran. Vom Pavillon hat man einen wunderschönen Blick auf das Meer. Die Sonne geht gerade unter und der Himmel färbt sich in allen möglichen Rosa- und Orangetönen. In der Ferne tuckert ein kleines Fischerboot vorbei, und Möwen umkreisen es. An der Horizontlinie sieht man Delfine aus dem Wasser springen und in das tiefe Blau des Ozeans eintauchen. Das Meer hat einen wunderschönen Blauton. Das Blau kommt mir irgendwie bekannt vor. Auf einmal wird das sanfte Rauschen von Stimmen unterbrochen. Ich blinzle einmal und weg ist der Ozean und der schöne Pavillon mit den Stühlen. Nur das Blau ist noch da. Vor mir sind die schönsten Augen, die ich je gesehen habe. Sie haben genau das Blau, wie der Ozean aus meinem Traum. Diese Augen lassen mich anfangen zu träumen. Sie sind ein Traum.

Hannes Matthes
Staatliches Gymnasium Königsbrunn, Klasse 9d

mi sueño de amor

wellen verzauberter träume

es wiegt uns sanft
im ozean der liebe
lässt uns für einen moment vergessen
schauen
an den rändern der realität
wir leben in einem traum
oder die realität gibt uns
die atempause eines traums der liebe

wir bleiben in ewiger versenkung
von dem erhaltenen geschenk in einem
traum

zwei augen
ein heißes herz
warten auf eine antwort

David Ailoaie
Mittelschule Gersthofen, Klasse 7c

Der König Gigwitch

Als ich schlief, träumte ich, dass ich zum Ritter Breudich ernannt wurde. Zwei Jahre später wurde ich Sieger einer großen Schlacht gegen unseren Gegner Fidus. Wir wollten unbedingt das große Reich mit einem Fußball-stadion auf einem Großen Felsen haben und wir gewannen das Reich. Ich wurde schließlich zum König namens Gigwitch gewählt und half den Armen und gab ihnen zu essen. Alle durften bei mir auf dem Schloss Gindauris wohnen und Geld verdienen. Alle hatten ein besseres Leben und genug Geld zum Überleben. Ein paar wurden später berühmt wie Iwanowitsch, Bigida und Bambi. Kurz darauf wurde ich von meiner Mutter geweckt.

Moritz Baur
Grundschule Altenmünster, Klasse 4a

Die Magie meines Namens Miriam

Es war einmal ein kleines Mädchen. Es hieß Miriam und war fünf Jahre alt. Eines Tages brachte die Mutter Miriam ins Bett, und plötzlich fiel Miriam noch eine Frage ein.
Sie fragte: „Mama, Mama, warum heiße ich eigentlich Miriam?"
Die Mama antwortete: „Ach, mein Schatz, es ist schon so spät. Das erzähle ich dir ein anderes Mal."
Nachdem die Mutter es gesagt hatte, brachte sie Miriam ins Bett und küsste sie sanft auf die Stirn.
Wenig später schlief Miriam ein. Auf einmal sah sie einen riesigen gelben Strahl. Sie erschrak sehr. Plötzlich sah sie eine Fee. Diese sagte: „Hallo, Miriam, ich habe mitbekommen, dass du gerne wissen willst, was dein Name bedeutet. Wenn du Lust und den Mut dazu hast, dann kannst du mitkommen und herausfinden, was dein Name bedeutet."
„Ja, ja, sehr gerne!", sagte Miriam überglücklich.
Also gingen sie los.
Kurze Zeit später sagte die Fee: „Siehst du da die Tür? Geh durch sie hindurch und dann wird dein Abenteuer beginnen." „Aber ich sehe da keine

Tür", sagte Miriam. Darauf antwortete die Fee: „Schau genau hin, dann siehst du sie."

„Ah ja, ich sehe sie dort hinten. Kommst du?"

„Ich komme nicht mit. Das ist dein Abenteuer. Du schaffst das allein!"

„Ah, okay, schade, ich hätte mich soooo gefreut, wenn du mitgekommen wärst."

„Aber weißt du was?", sagte die Fee. „Immer wenn du: heilige Fee rufst, dann bin ich bei dir."

„Okay danke, aber jetzt gehe ich mal los", erwiderte Miriam.

Danach wünschte die Fee ihr noch viel Glück, und dann lief Miriam los.

Sie ging durch die Tür und lief einfach geradeaus.

Wenig später hörte sie ein lautes Knurren. Sie bekam Angst und rief: „Wer ist denn da?"

Keiner antwortete, aber Miriam lief weiter und weiter. Sie kam dem Knurren immer näher und hörte es immer lauter.

Wenig später stand sie vor einem Busch. Sie schaute hindurch und sah eine Bärenfamilie, die am Husten und am Niesen war.

Miriam nahm ihren ganzen Mut zusammen und ging zu den Bären hin.

Sie fragte, ob sie krank wären und Hilfe brauchen könnten? Die Bären erschraken sich und drehten sich zu Miriam um.

Sie sagten: „Ja schon, aber wie willst du uns bitte helfen, wir sind krank?!"

Miriam zog ein paar Hustenbonbons heraus und gab jedem von den Bären eines. Sie bedankten sich und sagten: „Du hast bestimmt ein M in deinem Namen, für MUTIG."

Das Mädchen sagte: „Ja, stimmt! Das M steht also für MUTIG."

Sie bedankte sich und ging weiter. Nach fünf Minuten sah sie einen großen Schild, wo draufstand: Willkommen im Irrgarten! Wenn Sie intelligent sind, dann beehren Sie uns.

Miriam dachte sich: Auja, das ist was für mich. Ich kann ja in meiner Reise auch noch etwas Spaß einbauen. Also ging sie zum Eingang.

Dort angekommen ging es gleich los, und das Thema war Traum.

Sie hatte zuvor noch einen Zettel bekommen. Da konnte sie aufschreiben, was sie wusste, denn es gab immer mehrere Antwortmöglichkeiten.

Wenig später sah sie eine Familie, die etwas am Verzweifeln war, denn sie fanden einfach nicht mehr aus dem Irrgarten heraus. Sie waren so aufgeschmissen, dass die Kinder sogar weinten.

Miriam ging zu der Familie und sagte: „Ich sehe, ihr seid am Verzweifeln. Kann ich euch helfen? Ich weiß nämlich alle Antworten zum Thema Traum, und ich weiß, wie es hier rausgeht."

Die Familie war überglücklich und sagte sehr fröhlich: „Ja das wäre sehr nett und sehr hilfsbereit. Wir vertrauen dir mal und wir hoffen, dass es für dich keine Umstände macht."

Miriam fing an zu lachen und sagte: „Das macht mir doch keine Umstände, ich bin sowieso schon fertig. Also wollen wir losgehen?"

Die Familie sagte: „Ja bitte! Wir bleiben nicht eine Minute länger hier, wenn es nicht nötig ist!"

Also gingen sie los.

Kurze Zeit später waren sie am Ausgang. Die Familie war so unendlich dankbar und sagte: „Du hast bestimmt ein I in deinem Namen für INTEL-LIGENT, stimmt's?"

Miriam antwortete: „Ja, ich habe ein I in meinem Namen. Also steht das I für INTELLIGENT."

Miriam bedankte sich und lief weiter.

Nach kurzer Zeit sah sie einen Mann auf einem Motorrad. Er hatte hunderte Pizzen auf seinem Gepäckträger. Miriam fragte den Pizzaboten, ob er wüsste, was das hier für ein Dorf sei oder wo sie hier gelandet sei. Der Pizzabote antwortete: „Da sind wir schon zu zweit. Ich weiß nämlich auch nicht, wo wir hier sind. Ich soll hier nur Hunderte Pizzen abgeben, aber ich weiß leider auch nicht, wo wir sind." Miriam fragte, ob sie sich auf den Gepäckträger, also auf die hundert Pizzen draufsetzen könnte. Vielleicht könnte sie dann mehr sehen. Der Pizzabote fand das eine sehr gute Idee. Also begab sich Miriam auf die oberste Pizza.

Die Pizzen waren so hochgestapelt, dass sie plötzlich im Weltall war. Dort sah sie ein Schaukelpferd und dann kletterte sie auf das Schaukelpferd. Sie bedankte sich, denn sie hatte zu Hause auch so eines und das war ihr so wichtig. Sie hatte damit immer sehr viel Spaß. Kurz nachdem Miriam auf dem Schaukelpferd saß, schwebten sie durchs Weltall. Dann sah sie den Mond. Sie dachte sich: Ach komm, wir gehen jetzt auf den Mond. Also ging sie auf den Mond. Wenig später, als sie dann auf dem Mond war, kamen plötzlich ganz viele Sterne. Die Sterne fragten das Mädchen, ob sie zusammen ein Spiel spielen wollten. Das Mädchen war einverstanden. Sie spielten Fangen und Verstecken.

Nach einer halben Stunde waren sie fertig. Es wurde ihr langweilig. Die Sterne sagten zum Mädchen: „Du hast bestimmt ein R in deinem Namen. Das R steht nämlich für REICH. Du bist reich an Freunden."

„Ja, ich habe tatsächlich ein R in meinem Namen."

Sie nahm sich ihr Schaukelpferd und ritt zurück zum Pizzaboten und setzte sich wieder auf die hundert Pizzen drauf. Der Pizzabote fragte: „Na und wo sind wir denn jetzt? Du warst aber lang da oben. Das Mädchen antwortete: „Ach ich habe keine Ahnung. Ich habe ganz viele neue Freunde gefunden." Der Pizzabote sagte: „Ah okay, dann lass uns einfach mal weiterfahren." Also fuhren sie weiter. Kurz darauf sahen sie ein Ortsschild. Darauf stand: Zauberhaftes Elfenland.

Miriam freute sich sehr, dass sie dort waren, denn sie liebte Elfen und Feen. Und weil die Fee Miriam gesagt hatte, dass sie sich auf ein Abenteuer einstellen könnte, lief sie durch den Wald und kam schließlich an einen See. Sie wusste, dass sie mit ihren fünf Jahren schon sehr gut schwimmen konnte, also schwamm sie los. Der See war zum Glück nicht sehr groß. Nach zehn Minuten schwimmen war sie sehr kaputt und dann war sie endlich am Ufer. Dort saß eine ganze Truppe voller Pfadfinder.

Die Pfadfinder hatten einen mächtigen Streit, weil angeblich einer der Männer bei einem Zelt der anderen Gruppe etwas kaputtgemacht hatte. Das Blöde war, dass sie kein Ersatzzelt hatten. Miriam bekam den Streit mit und ging dorthin. Sie fragte leise und etwas ängstlich: „Kann ich euch irgendwie helfen? Ich habe schon sehr vielen geholfen." Die Pfadfinder, es waren auch Kinder dabei, waren sehr überrascht. Der Leiter der Pfadfinder war ein älterer Herr und er sagte. „Also, unser Problem ist ja, dass einer von den anderen unser Zelt kaputtgemacht hat und jetzt habe ich keinen Ersatz dabei."

Miriam sagte: „Ich glaube, ich kann euch helfen. Ich schau mal in meinen Rucksack."

Miriam schaute in ihren Rucksack und holte ein Stück Stoff, Heringe und Nadel und Faden heraus.

Sie sagte: „Damit kann ich bestimmt euer Zelt flicken."

Der Leiter der Pfadfindergruppe sagte: „Ja, vielleicht kannst du uns damit ja wirklich helfen."

Also nahm Miriam die Sachen und schaute sich erst einmal das alte und kaputte Zelt an. Sie stellte fest, dass es eigentlich gar nicht so sehr kaputt war und dass sie es bestimmt schnell richten konnte.

Nach fünfzehn Minuten Arbeit war Miriam schon fertig. Es sah zwar nicht mehr wie neu aus, aber man konnte noch drin schlafen. Und es war wasserdicht. Der ältere Herr und die Pfadfinder bedankten sich sehr herzlich und waren sehr froh.

Plötzlich kam hinter dem Baum ein kleiner Junge hervor und fragte alle miteinander mit einer stotternden Stimme: „Wo bin ich hier? Was ist das hier?"

Alle waren sehr überrascht von dem kleinen Jungen. Der ältere Herr ging zu ihm hin und fragte, was er hier mache und wie er heiße.

Der kleine Junge sagte wieder mit einer stotternden Stimme:

„Hallo ich bin Peter. Und ich liebe Umarmungen." Alle fingen an zu lachen und sagten: „Bist du Olaf von Frozen?" Peter lachte und sagte: „Nein, aber ich liebe halt wirklich Umarmungen."

Das Mädchen, also Miriam, war sehr erstaunt. Miriam fand den Jungen süß und sehr sympathisch. Auch wenn Miriam und Peter beide erst fünf Jahre alt waren, spürten sie etwas zwischen sich.

Miriam sagte zu Peter: „Ich glaube, ich weiß, wie ich dir helfen kann, weil ich weiß ja auch nicht, wo ich bin, und du kannst einfach mit mir zusammen das Abenteuer zu Ende machen. Ich bin gerade auf der Suche nach der Bedeutung meines Namens, also warum ich Miriam heiße."

Peter antwortete: „Ja, sehr gerne begleite ich dich. Übrigens könnte das I in deinem Namen IMMER FÜR EINEN DA bedeuten."

Gerade wollten sich Peter und Miriam auf den Weg machen, da kam nochmal der ältere Herr zu ihnen und sagte: „Du hast bestimmt ein A in deinem Namen und das A steht für ALLES DABEI".

Als der ältere Herr das gesagt hatte, gingen sie weiter. Nach fünfzehn Minuten laufen, sahen sie eine Musikgruppe, die am Verzweifeln war. Peter und Miriam gingen hin und fragten: „Was ist los? Ihr seht so traurig aus."

Die Gruppe antwortete: „Ach, weißt du, Jemand hat unsere Instrumente kaputtgemacht und jetzt sind wir verzweifelt, weil wir in einer Stunde einen Auftritt haben und so wie es aussieht, müssen wir ihn absagen."

Miriam sagte: „Oje, das ist schade, aber ich glaube, ich habe etwas, womit ich euch helfen könnte."

Nachdem sie das gesagt hatte, nahm sie ihren Rucksack und kramte darin herum. Kurz darauf holte sie ein Klebeband raus und sagte zu der Gruppe: „Dürfte ich bitte eure kaputten Instrumente haben, ich würde sie gerne reparieren." Die Gruppe gab dem Mädchen die Instrumente. Nach kurzer Zeit waren die Instrumente wie neu. Die Gruppe bedankte sich und Peter und Miriam gingen weiter. Aber dann rief die Gruppe: „Warte! Du hast bestimmt ein M in deinem Namen und das M steht für MOTIVIERT."

Das Mädchen bedankte sich und ging mit Peter auf den Weg nach Hause. Wenig später kamen sie an dem Baum an, wo das Abenteuer begonnen hatte. Miriam sagte nun zu Peter: „Ich werde dich nicht mehr sehen, denn du bist nur in meinem Traum, aber vergiss eines nicht: Auch wenn du nur im Traum da bist, ich habe mich in dich verliebt und auch wenn wir erst fünf Jahre alt sind, werde ich dich immer lieben." Nachdem Miriam das gesagt hatte, gab Peter ihr einen Kuss. Danach ging Miriam ihren Weg und Peter den seinen.

Miriam ging durch die Tür und plötzlich lag sie in ihrem Bett. Kurz darauf kam die Mutter von Miriam herein und sagte: „Guten Morgen, mein Schatz, hast du gut geschlafen?"
Miriam sagte: „Ja Mama! Ich weiß jetzt, warum ich Miriam heiße. Die Mutter fragte: „Und warum heißt du Miriam?"

ALSO:
Das M steht für MUTIG
Das I steht für INTELLIGENT
Das R steht für REICH AN FREUNDEN
Das I steht für IMMER FÜR EINEN DA
Das A steht für ALLES DABEI
Das M steht für MOTIVIERT

Arwen-Nimoe Kristian
Helen-Keller-Schule Dinkelscherben, Klasse 6Ga

Mein großer Traum als Star

Mit achtzehn Jahren hätte ich gerne mal einen Laden mit lauter Sachen, die per Hand von mir gebaut wurden und die es noch gar nicht gibt, mit denen ich alle Menschen glücklich machen könnte. Das wäre ein großer Traum für mich! Ich wünsche mir auch eine glückliche Familie mit Kindern. Und wenn sie groß sind, dann helfen sie mir vielleicht im Laden. Außerdem wäre ich gerne mal so bekannt wie Greta Thunberg mit meinem Laden, so dass alle meinen Laden kennen. Na, hoffentlich geht das dann auch in Erfüllung. Das wäre schön. Vielleicht gibt es mich ja mal wirklich. Wäre schön, wenn wir uns auch mal kennenlernten!

Lisa Braun
Grundschule Dinkelscherben, Klasse 3a

Mein außergewöhnlicher Geburtstag

Morgen war mein Geburtstag. Ich lag in meinem Bett und dachte mir: „Wie wird mein Geburtstag wohl werden? Wird es allen gefallen?" Ein paar Minuten später war ich eingeschlafen.
Vor mir breitete sich eine spiegelglatte Eisbahn aus, die in der hellen Morgensonne in allen Farben des Regenbogens zu glitzern und zu glänzen schien. Über mir wölbte sich ein türkisfarbener Himmel mit bunten Wolken. Als plötzlich meine Mutter zu mir sagte „Komm, beeile dich, alle warten auf dich!" zog ich ganz schnell meine Schlittschuhe an. Da waren sie. Meine Schlittschuhe! Sie waren schwarz mit bunten Punkten und weich wie eine

Wolke. Alle konnten Schlittschuhlaufen, außer meine Cousine Anna. Wenig später fuhr sie aber auch schon gut mit. Nur beim schnellen Fahren und Bremsen hatte sie noch Probleme. Sie fuhr gerade gefährlich nah in Richtung Rand, als alle riefen: „Anhalten!", Pass auf!" Und da sah ich es auch. Anna wurde schnell und schneller als sie schrie: „Jetzt werdet ihr sehen, dass ich auch bremsen und schnell fahren kann!" Allen lief ein Schauer über den Rücken. Meine Mutter rief noch: „Tu das nicht, Anna!" Aber es war schon zu spät. Anna knallte voll gegen den Rand der Eisbahn. Meine Mutter löste sich als Erste aus ihrer Starre und fuhr zu Anna. Diese lag auf dem Eis und rührte sich nicht. Ich dachte mir: „Hat sie sich etwas gebrochen?" Danach konnte ich mich ebenfalls aus der Erstarrung befreien, fuhr zu Anna und fragte: „Alles ok bei dir?" „Es geht", murmelte sie. „Aber ich mach lieber eine Pause, denn mein Fuß tut weh." Auf einmal durchbrach ein ohrenbetäubender Lärm die Stille und am Himmel stand in bunten Wolken „Happy Birthday". Da kitzelte mich etwas von hinten. Überrascht drehte ich mich um, und um mich herum wirbelten Tausende Konfettifetzen. Ich sah das Loch, das Anna mit ihrem Schlittschuh in den Rand der Eisbahn reingeschlagen hatte. Dort befand sich eine Höhle mit einer Schatulle auf der „Cecilia" stand. Sie war für mich! Ich öffnete sie und erblickte eine glitzernde Kette mit passendem Armband. Beide waren wunderschön. Ich zog die Kette und das Armband an. Doch plötzlich spürte ich eine kalte und nasse Schnauze an meiner Wange. Es war mein Hund. Ich öffnete die Augen und ich war wieder zu Hause in meinem Bett. Hatte ich alles nur geträumt? Aber wieso hatte ich dann die Kette und das Armband an?

Cecilia Rau
Grundschule Leitershofen, Klasse 3b

Mein Japanischer Traum

Gerade saß ich noch gemütlich auf meinem Bett und las ein japanisches Buch, das ich mir von unserer geheimnisvollen alten Nachbarin ausgeliehen hatte. Als auf einmal ein Sturm um mich herum aufzog und mich in das Buch hineinzog. Ich fiel langsam immer weiter und weiter nach unten, ich verstand nicht, was passierte und wo auf einmal der Sturm hergekommen war, der mich in das Buch gezogen hatte. Ich spürte wieder Boden unter meinen Füßen, und als sich der Sturm gelegt hatte, sah ich eine atemberaubende Stadt vor mir mit alten japanischen Häusern, kleinen Bächen, mehreren Tempeln und vielen Kirschblütenbäumen. Demzufolge war es Ende März. Es sah aus wie auf den Bildern in dem Buch, das ich gelesen hatte, und es musste Japan sein. Aber nicht das neue und moderne Japan. Auf einmal kam ein Mädchen auf mich zu und verbeugte sich. Das macht man zur Begrüßung in Japan so, und zu meiner Verwunderung verstand ich, was sie sagte. Ich fragte sie gleich, welches Jahr wir hätten. Zuerst schaute sie mich verwundert an, antwortete mir aber trotzdem: „Wir befinden uns im fünften Jahr des Drachens." Da Japan 660 vor Christus gegründet wurde und die Tierkreise sich alle sechzig Jahre wiederholen, musste ich ungefähr im Jahr 480 vor Christus sein. „Komm doch mit zu mir und meiner Tante nach Hause", bot mir das Mädchen an. „Ja gerne! Ich bin Felizitas, und wie heißt du?", fragte ich das Mädchen. „Ich bin Sakura, das bedeutet so viel wie Kirschblüte." Als wir durch das Dorf liefen, schauten mich viele Menschen komisch an, denn die Frauen trugen einen Kimono, was ein großes Stück Stoff ist, und mit einem großen Gürtel zusammengehalten wird, der am Rücken befestigt ist. Die Männer trugen einen Hakama, was an einen langen Rock erinnert und eine Haori-Jacke, was, wie der Name schon sagt, eine Art Jacke ist. Ich trug keine traditionelle Kleidung, sondern eine kurze Hose und ein T-Shirt. „Wir sind hier am Fuße des Fuji, es ist der größte Vulkan hier in Japan. Meine Tante ist eine Geisha und ich bin eine Maiko. Ich mache meine Ausbildung zur Geisha bei ihr. Wir leben mit den anderen Geishas und Maikos in dem Tempel am Fuß des Fuji. Geishas sind Unterhaltungskünstlerinnen, sie stehen für Stärke, Perfektion und sind die Bewahrerinnen der traditionellen Künste. Sie sind sehr angesehen und reisen oft in andere Städte, um dort aufzutreten. Bei ihren Auftritten singen und tanzen sie und oft gibt es noch eine Teezeremonie", erklärte mir Sakura. Wir liefen weiter und endlich sahen wir den Tempel, der sehr nah am Vulkan stand und einigen Abstand zum Dorf hatte. Der Tempel hatte wunderschöne Torbögen, die Konstruktion war aufwendig und der Tempel war riesig. Er bestand aus einem großen Tempel in der Mitte und an den Seiten jeweils einigen kleineren Tempeln. Am Eingang des großen Tempels wartete schon eine Geisha, die wahrscheinlich Sakuras Tante war. „Hallo wie heißt du, ich heiße Mineko", begrüßte mich Sakuras Tante. Nach unserer Begrüßung führte uns Mineko in den Tempel. „Sakura kann dir die Tempelanlage zeigen, ich habe leider keine Zeit", erzählte mir Mineko. Als wir durch den Tempel liefen, sah ich viele Statuen aus Gold und Marmor. Wenn man durch die Gänge lief, gab es an den Seiten unzählige Schiebetüren, die man zu beiden Seiten aufschob. Auf unserem Weg begegneten wir auch vielen Geishas. Geishas schminken Gesicht und Hals mit einer weißen Paste und den Mund mit blutroter Farbe, außerdem tragen sie bunte Kimonos. Die Maikos, das sind die Auszubildenden der Geishas, tragen noch farbenfrohere

Kimonos. Irgendwie hatte Sakura dann beschlossen, dass ich auch einen Kimono tragen sollte. Ich erschrak, als ich in den Spiegel sah, denn ich sah vollkommen anders in meinem roten mit Kirschblüten gesäumten Kimono aus. Plötzlich kam Mineko in das Zimmer und verkündete, dass sie einen Auftrag vom Kaiser aus Kyoto, das ist die Kaiserstadt, erhalten hatte und wir mittkommen konnten. Wir lehnten es natürlich nicht ab, denn so eine Chance gab es nicht oft. Also packte Sakura ihre Sachen, ich hatte ja nichts zu packen und wir gingen zum Ausgang des Tempels. Dort standen mehrere Paar Schuhe, die nicht sehr bequem aussahen. Sie wahren hoch und erinnerten an Flipflops. Vor dem Tempel stand schon eine Kutsche, vor die zwei Pferde gespannt waren. Mineko saß schon in der Kutsche und erklärte uns, dass wir mindestens fünf Stunden fahren müssten. Während der Fahrt erzählte ich Sakura und Mineko wie der Sturm aufgezogen war und mich in das Buch gezogen hatte. Beide waren beeindruckt und hatten von so etwas noch nie gehört. Ich hatte gar nicht gemerkt wie schnell die Zeit vergangen war, da sagte schon der Kutscher, dass wir da wären. Als wir ausstiegen war ich baff, denn vor uns war der Kaiserpalast und der war unglaublich lang, hoch und prunkvoll und war mit mehr als genügend Gold ausgestattet. Vor dem prunkvollen Eingang erwartete uns schon der Großwesir des Kaisers, der Großwesir ist der Vertreter des Kaisers. Er führte uns durch den Palast und ich kam aus dem Staunen nicht mehr heraus, denn hier war alles so prachtvoll. „Der Kaiser hat, wie ihr wahrscheinlich wißt, ein eigenes Teehaus. Dort soll der Auftritt stattfinden", erklärte der Wesir. Das Teehaus war klein im Gegensatz zum Palst und lag inmitten einer riesigen Gartenanlage mit den schönsten Blumen in allen möglichen Farben, riesigen Bäumen und Sträuchern. Das Teehaus war schön und schlicht ausgestattet. Der Wesir führte uns in das Teehaus. Als erstes gab es einen größeren Raum mit einem sehr niedrigen Tisch und mehreren Stühlen, es gab natürlich mehrere Vasen und Bilder, die an den Wänden hingen, als wir durch die zweite Schiebetür gingen, sahen wir den kleineren Raum in dem Mineko tanzen sollte. Dieser war auch sehr schön mit Bildern, Vasen und anderem gestaltet. Sakura flüsterte mir zu: „Das alles hat die Frau des Kaisers eingerichtet." „Naja, sie hat einen guten Geschmack", antwortete ich. Ganz rechts in dem Raum war nochmal eine Türe und dahinter lag ein Ankleideraum mit den schönsten Kimonos und Fächern, die es gab. Der Wesir war gegangen, um dem Kaiser Bescheid zu geben, dass wir da wären. Mineko zog einen blauen Kimono mit Kranichen an und Sakura einen blauen mit hellblauen Kirschblüten und ich durfte mir auch einen auswählen. Ich nahm einen roten mit Drachen. Da kam auch schon der Kaiser mit seiner Frau und seinen beiden Söhnen. Ich durfte vom zweiten Zimmer aus zusehen. Die Kaiserfamilie setzte sich an den Tisch und Sakura reichte ihnen Sushi, Süßigkeiten und noch anderes Essen. Und schon begann der Auftritt. Mineko tanzte wunderschöne Stücke zu Sakuras Musik. Während sie tanzte, schwang sie geschickt einen Fächer und vollführte Kunststücke mit Tüchern. Zuerst spielte Sakura auf einem Instrument, das ich nicht kannte, das aber aussah, wie eine Gitarre, und dann sang sie. Auch die Kaiserfamilie war begeistert und belohnte Mineko und Sakura mit viel Geld, Schmuck und Anerkennung. Wir durften auch die Kimonos behalten. Als wir auf der Rückfahrt waren, erzählt mir Mineko, dass solche Auftritte eine Geisha berühmt machen. Wenn der Kaiser begeistert ist, wächst der Ruhm der Geisha. „Ich bin so glücklich, denn ich wollte schon immer in das alte Japan und ich dachte es wäre unmöglich. Mein Traum wurde wahr!" Und als ich das ausgesprochen hatte, kam der Sturm auf, der mich schon in diese Welt gebracht hatte, und ich saß wieder in meinem Bett. Ich las noch sehr oft dieses Buch und es führte mich immer wieder in das wunderschöne Japan zurück.

Felizitas Schmid
Justus-von-Liebig-Gymnasium Neusäß, Klasse 6 a

Mein Traum mit meinem besten Freund

Ich träumte einmal, dass ich meinen besten Freund traf, und wir zusammen nach Hause gelaufen sind. Meine Mama fragte uns, ob wir zum Eisessen gehen wollen, und wir riefen: „Ja".
Als wir die Eissorten aussuchten, nahm ich Vanille, mein bester Freund Noah nahm Schokolade und meine Mama suchte sich Erdbeereis aus.
Später, als wir wieder zu Hause ankamen, war es schon dunkel und Noah durfte bei mir übernachten. Wir sind fast die ganze Nacht aufgeblieben und haben geredet. Am nächsten Tag durften wir Mamas Klarinette anschauen und anschließend haben wir mit meinem Schäferhund Ara gespielt. Danach war mein Hund müde und hat sich schlafen gelegt.
Doch plötzlich klingelte es an der Türe. Es wurde lauter und lauter. Und dann lag ich in meinem Bett und Noah stand an der Tür und klingelte. Das Wochenende begann.

Jonathan Brüning
Grundschule Fischach-Langenneufnach, Klasse 3

Drohni

Ich bin Raffael und mag sehr gerne Drohnen. Mein Traumroboter ist eine Drohne, die wie eine Künstliche Intelligenz ist. Mit der man sprechen und sie mit den Gedanken steuern. Sie kann bis zu 100 Kilogramm hochheben und unter Wasser fliegen. Außerdem ist sie vom Akkustand und der Reichweite auf dem neuesten Stand und wiegt unter 250 Gramm, selbst Feuer macht ihr nicht aus. Sie hat Solarzellen und fliegt überall herum und hilft jedem mit ihren Fähigkeiten. Sie soll die Arbeit der Menschen aber nicht ganz übernehmen! Einen Wasserbehälter mit einem Feuerwehrschlauch kann man auch an ihr befestigen. Sie lernt sogar selbstständig dazu und hat ein Display und Hinderniserkennung überall. Ein Alltagsbegleiter und Freund für jeden. So etwas wäre praktisch für die Menschen! Findest Du diese Idee auch gut? Vielleicht kannst Du sie ja verwirklichen?

Raffael Schmidl
Staatliches Gymnasium Königsbrunn, Klasse 5e

Ein Frühlingstraum

Meine Klasse und ich saßen im Schulgarten. Die Sonne schien warm auf uns hinab und keine Wolke war am Himmel zu sehen. Es hätte so ein schöner Frühlingstag sein können, wenn wir nicht Unterricht gehabt hätten. Unsere Lehrerin erzählte gerade etwas über langsam wachsende Moose oder Flechten und es war so langweilig, dass einem fast die Augen zufielen. Nach einer Weile aber passierte doch etwas Spannendes: Plötzlich sprang direkt vor meiner Nase ein pinker Frosch mit gelber Sonnenbrille vorbei. Das überraschte mich sehr! Auf einmal hörte ich viele leise Stimmchen hinter mir. Ich drehte mich verwundert um und traute meinen Augen kaum! Dreißig kleine Weinbergschnecken standen um eine kleine Rennbahn und jubelten vier bunt-markierten Rennschnecken zu. Die Schneckenhäuser der Rennschnecken waren blau, grün, gelb oder rot betupft. Kopf an Kopf krochen sie so schnell sie konnten in Richtung Ziel. Natürlich sind Schnecken nicht besonders schnell, aber das Rennen war trotzdem spannend anzusehen. Nach etwa zehn Minuten kam die blaue Schnecke als Erste im Ziel an! Das Schnecken-Publikum klatschte begeistert mit den Fühlerchen. Gerade als ein eleganter Hirschhornkäfer die Medaillen überreichen wollte, schwebte ein Schwarm leuchtender Feen auf mich zu, der eine zauberhafte Melodie summte. Irgendwie erinnerte mich die Melodie an etwas ... Noch bevor ich erraten konnte, was das für eine Melodie war, wurde ich unsanft in die Seite gestupst. „Nun komm schon, du Siebenschläfer!", zischte meine Freundin. Verwundert rieb ich mir die Augen, bevor ich verträumt zur nächsten Schulstunde lief.

Gabriella Kristina Vera Kunze
Staatliches Gymnasium Königsbrunn, Klasse 6c

Die vier magischen Mädchen

In einem Waisenhaus lebten vier Schwestern: Skyla, die schlauste von allen, Talia, die sportlichste, Mona, die schönste, und Luna, die wildeste. Es war eigentlich schon längst Schlafenszeit, aber die vier Mädchen bekamen kein Auge zu, denn sie mussten ständig an ihren Fluchtplan aus dem Waisenhaus denken. Ihre Eltern waren nämlich von der bösen Zuckerkönigin gefangen genommen worden. Die Zuckerkönigin wollte das ganze Zuckerland beherrschen, um alles zu zerstören und alle Lebewesen zu unterdrücken. Um Mitternacht wollten die vier Schwestern aufbrechen, um dies zu verhindern. Sie mussten unbedingt ihre Eltern retten, damit sie wieder König und Königin im Zuckerland wurden und Frieden einkehren konnte. Plötzlich geschah etwas Unglaubliches: Die Zeichen an ihren Geschwister-Armbändern leuchteten auf und unter einem alten und verstaubten Teppich leuchteten die selben Zeichen auf: ein Feuerzeichen, ein Wasserzeichen, ein Luftzeichen und ein Pflanzenzeichen. Talia murmelte verwundert: „Was ist denn das?" „Ich habe keinen blassen Schimmer", antwortete Skyla ängstlich. Die vier Mädchen zogen den Teppich zur Seite, so dass die Zeichen genauer zum Vorschein kamen. Wie von Zauberhand wurden die Mädchen von ihren anscheinend magischen Armbändern zu den eingravierten Zeichen gezogen. Sie zogen an ihren Armbändern, in der Hoffnung, dass sie nachgeben würden, doch diese Kraft war viel zu stark. Sie gaben auf, um sich den Kreis, der am Boden entstanden ist, genauer anzuschauen. Staunend betrachteten sie die leuchteten Eingravierungen. Doch in diesem Moment geschah etwas Unfassbares: Eine blaue Ultraschallwelle stieß die Mädchen vom rätselhaften Kreis weg. Plötzlich fingen ihre Hände an leicht zu kribbeln. Luna wollte sich an ihrem Arm kratzen und berührte versehentlich ihr Armband. Wie durch Magie fing sie an zu schweben. „Aaaah, ich komme nicht mehr runter", kreischte Luna lautstark. „Luna, wie hast du denn das gemacht?", fragte Talia verwundert. „Ich habe nur mein Armband versehentlich berührt", antwortete Luna. Dann machten es die drei anderen Mädchen nach. Alle flogen wild durch den Raum, aber Skyla hatte bald den Dreh raus. „Das ist doch ganz einfach", sagte Skyla gelassen. Wenn ich mich nach rechts lehne, dann fliege ich auch nach rechts und andersherum ebenfalls." Nach einer Weile schafften es auch die anderen Mädchen. Mona flog bis an die Decke und stieß sich dort ungeschickt den Kopf an. Auf einmal wuchsen Pflanzen rasend schnell aus der Decke bis das ganze Zimmer komplett grün bedeckt war. „Wow, ich kann Pflanzen wachsen lassen", rief Mona lautstark. Alle Mädchen waren erst verwundert, freuten sich dann aber für sie. Nun machen sie sich auf den Weg. Sie flogen über den Schlammsumpf und über die Brücke, die Grünland und Zuckerland trennten. Sie rasteten schließlich am Limonadensee und tranken dort die leckerste Limonade der ganzen Welt, die übrigens nach Honigmelone schmeckte. Nun war ihr nächstes Ziel der Lolliwald. Aus heiterem Himmel zog ein riesiger rot-weißer Lolli die Mädchen magnetisch an. Plötzlich blieben sie am Lolli kleben. Als sie darauf lagen und sich weiter auf den Weg machen wollten, hörten sie Schritte, die immer näherkamen.

Gebannt warteten sie, bis sie Stimmen hörten. Es waren die Wachen der Zuckerkönigin, das konnte man irgendwann am Logo auf Ihren Anzügen erkennen. Der eine sagte: „Die Königin hat mal wieder Vorstellungen, zuerst sollen wir den Lolliwald abfackeln und dann den Limonadensee voll Treibsand schütten." „Was?", flüsterte Skyla. „Ein Grund mehr, unsere Eltern zu retten, um wieder Ordnung ins Zuckerland zu bringen", murmelte Luna. Die anderen stimmten ihr zu. Hastig flogen die vier Mädchen bis zum Schokoladensumpf, dort landeten sie, um das prachtvolle Schloss in Augenschein zu nehmen. Ausversehen stieg Luna auf einen Ast. Es machte „knacks!" Danach kamen die Wächter immer näher und näher. Die Mädchen hatten keine Chance mehr zu entkommen und wurden von den Bösewichten gefangengenommen und in eine Zelle gebracht. Dort warf Luna Mona vor, dass sie kein Gefühl für ihre Kraft hätte. Daraufhin rechtfertigte sich Mona: „Im Moment noch nicht, aber das kann sich noch ändern." „Nicht streiten, Mädels!", rief Skyla dazwischen. „Na gut", erwiderte Luna. „Es tut mir leid", fügte sie schuldbewusst hinzu. Skyla drehte an dem Schlüsselloch, denn sie probierte, das Schloss zu öffnen, um irgendwie aus der Zelle entfliehen zu können. Plötzlich schoss ein Wasserstrahl aus ihren Händen. „AAAAh", kreischte sie begeistert. „Aber so kommen wir hier auch nicht raus", sagte Talia verzweifelt. „Ja, genau", sagte Luna und zeigte auf Talia. Auf einmal juckte es Talia in der Nase, um nicht zu nießen, rieb sie sich mit ihrem Handgelenk die Nase. Plötzlich flog sie unkontrolliert an die Decke. Als sie dort mit voller Wucht anstieß, wackelte die Zelle wie von einem Erdbeben erschüttert und es fiel etwas auf den Boden. Es war ein Buch. Darauf stand: „Tagebuch von Maximilian." „Unser Vater", hauchten Skyla und Mona. Doch Talia wurde langsam sauer: „Ihr habt so tolle Kräfte und ich nichts!" Sie errötete und gleichzeitig erschien zwischen ihren Händen eine große, rotorange Flamme. „Wir werden uns einen Schlüssel schmieden", dachten alle vier gleichzeitig. Also brachte Talia die Gitterstäbe zum Schmelzen. Luna ließ ein Stück davon schweben. Mona formte mit Ihren Pflanzenarmen den Schlüssel und Skyla ließ ihn mit kaltem Wasser wieder abkühlen. Er war fertig! Voller Hoffnung steckten sie ihn in das Schloss. Er passte wie angegossen. Die Mädels schlichen von Zelle zu Zelle, um ihre Eltern zu suchen und nicht erwischt zu werden. Sie erschauderten. Jede Zelle war voller Gefangener. Doch als sie schon fast aufgegeben haben, fanden sie im hintersten Bereich des Schlosses, versteckt um die Ecke noch eine letzte Zelle. Hier waren sie endlich. Ihre geliebten Eltern. Kaum zu glauben passte der Schlüssel auch in dieses Schloss. Schnell mussten sie sich gegenseitig umarmen und alles erklären. Ihr Vater hatte das Rezept, wie man das Schloss öffnen konnte, in sein Tagebuch geschrieben und da es nur Kräuter waren, die man dafür brauchte, war das für Mona mit ihrer Pflanzenkraft ein Klacks gewesen. Nachdem sie ihre Eltern befreit hatten, gingen sie voller Mut in den Thronsaal. Diesmal besiegten sie die Wachen gemeinsam mit ihren magischen Kräften. Mona schlang die Wachen mit ihren Pflanzen ein und Talia machte einen Feuerkreis um die gefesselten, wehrlosen Wachen. Skyla spritze sie zur Strafe mit eiskaltem Wasser ab, bis ihnen die Zähne vor Kälte klapperten. Luna kümmerte sich währenddessen schon mal um die Zuckerkönigin. Diese schwebte kreisend wie ein Riesenrad in der Luft und drehte sich um ihre eigene Achse. Ihr Gesicht war schon ganz grün vor lauter Übelkeit. Sie hatten es mit gemeinsamen Kräften geschafft! Seit diesem Tage herrschte wieder Ordnung im Zuckerland. Ihre Eltern waren wieder König und Königin vom Zuckerland geworden, alle Menschen und Fabelwesen konnten in Frieden leben und die Pflanzen wuchsen bunter und schöner als jemals zuvor. Das Beste war aber, von der bösen Zuckerkönigin war nichts mehr zu hören.

Plötzlich klingelte der Wecker. Lisa schreckte hoch. War das alles nur ein Traum ewesen?

Pia Kaiser, Paulina Siegmund, Verena Nowakowski, Sarah Peter
Grundschule Königsbrunn Nord, Klasse 4

Ein schöner Traum, der wohl nie wahr wird

Hallo, ich heiße Isabella und bin gerade neu aufs Gymnasium Königsbrunn gekommen. Leider sind meine Noten nicht so gut wie in der Grundschule. Meine Eltern sagen, ich muss lernen und am Anfang haben sie mich auch noch ermutigt, dass ich erst richtig ankommen muss. Aber jetzt bin ich schon drei Monate am Gymnasium und habe mich ja schon eingelebt. Die einzigen Fächer, in denen ich gut bin, sind Englisch, Deutsch und Musik. Heute habe ich meine Bio-Ex zurückbekommen und habe eine 5-. Als ich am nächsten Tag in die Schule gekommen bin, habe ich meine Mathe Schulaufgabe rausbekommen. Eigentlich habe ich wieder eine 4, 5 oder sogar eine 6 erwartet. Aber mein Mathelehrer grinste mich an und sagte, dass ich so weitermachen sollte. Auf dem Blatt ganz oben stand eine +2. Ich traute meinen Augen kaum. Als ich nach Hause kam, zeigte ich meinen Eltern die Schulaufgabe. Plötzlich schüttelte mich jemand. Meine Mutter sagte Aufstehen es ist 6:45 Uhr. Los, ansonsten kommst du zu spät. Als ich aufstand und die Matheschulaufgabe aus meinem Schulranzen holte, stand da immer noch eine +5. Das war leider alles nur ein schöner Traum.

Elisa Retsch
Staatliches Gymnasium Königsbrunn, Klasse 5c

Der Traum – Akrostichon

s T ark
be R ühmt
Fußb A ller
U fo
M illionär

Denis Pop
Helen-Keller-Schule Dinkelscherben, Klasse 4 G

Der Traum des Krieges

Wie jeden Samstag abend zockte ich noch eine Runde, bevor ich mich hinlegte. Es war ein heißer Sommerabend mit kühlem Wind, so wie man sich einen schönen Samstagabend vorstellt. Es war schon Ein Uhr nachts, und ich legte mich in mein Bett, mit der Absicht, noch eine Weile aus dem Fenster zu gucken, die Sterne anzuschauen und währenddessen ein paar Lieder zu hören, die gerade so im Radio liefen. Kurz darauf schlief ich ein.

Eine Weile später wachte ich auf, mein Handy, auf dem gerade noch der Webradio lief, summte ganz leise vor sich hin, also machte ich es lauter, als auf einmal keine Lieder kamen, sondern ein Mann mit tiefer Stimme sagte, dass wir den Krieg verloren hätten. Ich dachte, dass ich aus Versehen auf den Spaßkanal gekommen sei, wunderte mich aber, dass auf dem Display Radio aktuell stand. Ich ging in das Zimmer meiner Mutter, in dem niemand war. Als ich aus dem Fenster schaute, war fast alles ganz normal, aber auch nur fast. Es fuhren zwei Panzer an meinem Haus vorbei, und ein Flugzeug flog über unser Haus. Ich ging in die Küche, um etwas zu trinken, danach rief ich meine Mutter an. Sie ging aber nicht ran. Stattdessen hörte ich Schreie von der Straße. Ich erschrak, so dass ich aufwachte. Ja, es war nur ein Traum gewesen, und ich war froh. Ich ging in das Zimmer meiner Eltern und sie lagen darin. Als ich aus dem Fenster schaute, sah ich einen klaren Sternenhimmel. Ich machte mir Gedanken über diesen Traum und darüber, was er mir sagen wollte. Und jetzt weiß ich es. Er hat mir gezeigt, wie schlimm es ist, Krieg zu führen, wenn auf einmal die eigene Mutter nicht mehr Zuhause ist und Leute leiden.

Nikolas Becker
Mittelschule Zusmarshausen, Klasse 8aM

Neues Fahrrad

Fahrrad
Traumfahrrad
ich lerne fahren
ich werde Tricks lernen
Spaß

Lukas Huber
Helen-Keller-Schule Dinkelscherben, Klasse 6Gb

Ich und meine Träume...

Ich habe viele Träume:
Ich will ein Profifußballspieler werden und beim FC Bayern spielen.
Ich will den armen Leuten und den Armen in Afrika helfen.
Ich will die Kinderarbeit verhindern.
Ich will, dass alle Frauen die gleichen Rechte haben wie Männer.
Ich will meine Familie stolz machen.
Ich bin auf der Förderschule. Mein Wunsch wäre es, zur Realschule zu wechseln.
Das wäre mein größter Wunsch!

Samuel Kirner
Andere, Klasse 5a

Als ich träumte

Als ich träumte,
träumte ich,
ne person, genau wie ich,
ich war schockiert,
das gibt es nicht,
auch noch ne Sechs in Mathe,
ich doch nicht.
Zum Glück war ich das alles nicht,

sondern die Person, genau wie ich

Alba-Maria Lupea
Grundschule Walkertshofen, Klasse 4a

Meine Traumwelle

Die goldene Sonne erschien langsam vor dem Horizont und reflektierte auf dem glasklaren Wasser. Es war Punkt acht Uhr auf Teneriffa, und keine Menschenseele war weit und breit zu sehen. Ich lag auf meinem Malibu Surfboard und blickte entspannt hinauf.
Ich sah in den endlosen und eindrucksvollen Himmel, der mit mehreren Farben geschmückt war und auf mich herunter lächelte. Die Luft war noch frisch und angenehm kühl. Der leichte Wind blies meine halb feuchten, langen Haare nach hinten. Die kleinen Wellen schwappten über mein Board. Erwartungsvoll setzte ich mich auf und ließ meine Füße im Wasser baumeln, in der Hoffnung, dass meine Traumwelle endlich komme.
Heute war das Meer sehr friedlich und die Wellen tanzten nacheinander im gleichen Rhythmus. Diese Wellen hatten gar keine Kraft und Geschwindigkeit. „Der Tag hat schon so gut angefangen mit dem ästhetischen Himmel, aber jetzt gibt es nicht mal große Wellen zum Surfen", murmelte ich vor mich hin. Mein leerer Blick schweifte in die Ferne, und ich begann, mir meine Traumwelle auszumalen. Nazare. Monsterwellen. Ja, der Ort, wo es Monsterwellen gibt. Gefüllt mit Schwung und Energie. Da türmen sich gigantische Wasserwalzen auf, die bis zu dreißig Meter hoch werden, gefärbt in einem passiven Ozeanblau. Wo die Welle bricht, genau dann, wenn sie aus dem tiefsten Wasser auf flachen Untergrund trifft, wenn die Gischt schön und gleichmäßig nach vorne verläuft, da, wo dich ein Jet-Ski raus auf das Meer zieht, weil man anders nicht hinkommt, da, wo die Wellen 297 km/h schnell sind. Da gibt es meine Traumwelle.
Plötzlich spürte ich es. Ein Fisch, der mich an meinem Fuß berührte und mich wieder in die Realität zurückholte. Und dann sah ich sie. Sieben Meter entfernt von mir türmte sich die Welle beunruhigend und stürmisch auf. Ich stellte fest, dass sie auf mich zu raste, als würde sie mich fangen wollen. Das ist meine Traumwelle. Ich war mir ganz sicher. Sie kam schneller und schneller auf mich zu. Ich drehte mich bemüht um und fing an, gehetzt zu paddeln. Ich fokussierte mich auf die einzelnen Schritte und vergaß langsam die Welt um mich herum. Als ich den Schub der Welle spürte, probierte ich, auf mein Surfboard zu springen, und platzierte mich seitlich auf meinem Surfboard mit meinen Knien leicht gebeugt. Ich balancierte auf meinem Surfboard und spürte, wie der Wind um mich herum tanzte, mit einer sanften Brise, als ich bis zum Ende vom Strand surfte.

Langsam wurde ich ziemlich müde nach sieben Stunden surfen. Ich holte mir dann an der Strandbar, die mit LED geschmückten Lichtern funkelte, noch schnell einen Cocktail und setzte mich an den Strand.

Die dämmrige Sonne verschwand langsam hinter dem Horizont und bemalte den Himmel mit einem schönen Abendrot-Ton an. Es war sechs Uhr abends und die Menschenmasse verschwand langsam. Ich sah erneut in den endlosen und eindrucksvollen Himmel, der auf mich herunter blickte. Die kleinen Wellen schwappten über meine sanften Füße und gaben mir einen erfrischenden Kick. Ich war erleichtert, dass ich endlich meine Welle hatte surfen können, von der ich schon immer geträumt hatte.

Julia Redder
International School Augsburg, Klasse 8

Die magische Welt

Einmal träumte ich, dass ich in einer prähistorischen Welt, voller mystischer Kreaturen war. Überall um mich herum sah ich riesige Dinosaurier laufen. Sie waren so groß und beeindruckend! Es schien mir unwirklich zu sein, aber gleichzeitig fühlte es sich auch aufregend an. Ich betrachtete die Landschaft und bewunderte die Pracht der Natur, als plötzlich ein riesiger Drache aus dem Himmel stürzte und direkt vor meinen Füßen landete. Ich war eingeschüchtert, aber auch fasziniert von seiner Schönheit und Kraft. Der Drache schaute mich mit liebevollem Blick an, dann begann er, mir seine Geschichte zu erzählen. Er sagte mir, dass es hier in dieser magischen Welt viele Kreaturen gebe, die alle versuchen mussten, sich an die schwierigen Anforderungen anzupassen, um zu überleben. Er erklärte mir auch dass er einer der wichtigsten Beschützer dieser Welt war. Schließlich nahm ich all meinen Mut zusammen und bat den Drachen um sein Wissen. Der Drache nickte lächelnd und begann mich in die Geheimnisse dieser magischen Welt einzuweihen. Er belehrte mich über die Magie, die Welten und die Kreaturen dieser seltsamen Welt. Als er fertig war, sagte er mir Auf Wiedersehn und verschwand in den Wolken am Himmel. Ich wusste jetzt, dass ich nicht mehr alleine war und es Hoffnung für mich in dieser neuen magischen Umgebung gab. Und dann ... bin ich aufgewacht.

Leonhard Straub
Andere, Klasse 8

Die schöne Landschaft

Ich schlief ein und es begann.

Ich lag in einem Blumenfeld. Auf einmal hörte ich ein vertrautes Bellen. Es war mein Hund Abby. „Hi, Abby!" Ich fragte mich, wo sie herkam, aber ich habe es schnell wieder vergessen, weil sie wegrannte. Ich rannte ihr hinterher. Sie bellte, ich blickte hoch und sah einen riesengroßen Baum und in der Baumkrone war ein wunderschönes Baumhaus mit einem Aufzug. Wir fuhren hoch ins Baumhaus. Es war menschenleer. „Haallloooo!", rief Mia ängstlich. „Wer ist da in meinem Baumhaus?", fragte einer ganz leise und trat hervor. „Wer bist du?", fragte er. Ich antwortete: „Ich heiße Mia und du?" Er sprach: „Ich heiße Mateus." Mateus war ängstlich, weil er Mia noch nie gesehen hatte. „Wow, ein toller Name. Schön dich kennenzulernen, Mateus", erwiderte Mia. Sie gingen beide mit Abby spazieren. Abby rannte und rannte und auf einmal bellte sie. Mateus und Mia rannten so schnell, wie sie konnten. Abby hatte einen Ball gefunden. Sie hatte sich so sehr gefreut wie noch nie. Auf einmal schrie Mateus, weil er an einer tiefen Klippe hing. Mia rief: „Mateus, nimm meine Hände. Ich ziehe dich nach oben!" Abby nahm Mias Beine und die beiden zogen Mateus nach oben. Alles nochmal gut gegangen. Auf einmal hörte Abby ein Gebrumme „WAS IST DAS?" „DAS SIND RIESIGE HUMBAS. RENN!", rief Mateus. Sie rannten beide ins große Baumhaus „Warte mal, wo ist Abby?", fragte Mia. Abby war unten. Sie kam nicht hoch. „ABBY, KOMM MIT DEM AUFZUG HOCH, SCHNELL!", schrie Mia. Sie half Abby noch im richtigen Moment. Als die Humbas weg waren, mussten Mia und Abby schon gehen. Mateus war sehr traurig, aber sie mussten leider beide gehen. Mateus brachte die beiden an die Tür von der normalen Welt und der Traumwelt. Er verabschiedete sich nicht von den beiden. Abby und Mia gingen wieder in die normale Welt. Mia wachte auf und Abby lag neben ihr. „Mein Hund ist der Beste", flüsterte sie und nahm Abby in den Arm und schlief nochmal ein.

Mia-Luisa Richter
Mittelschule, Klasse 5c

Mein Wunschtraum

Endlich schlafe ich ein. Ich träume, dass ich an unserem alten Hasenstall vorbeilaufe. Dort raschelt etwas. Nanu, was war das? Jetzt kann mich nichts und niemand mehr aufhalten. Neugierig gucke ich in unseren Hasenstall neben der großen Holzhütte. Da sehe ich meine zwei Zwerghasen Lilli und Flocke wie sie aufgeregt im Stall hin und her hüpfen. Ich schreie vor Freude: „Ja, endlich junge Häschen!"
Sofort renne ich zu meinem Papa und erzähle ihm die tolle Neuigkeit.
Er freut sich mit mir und meint: „Du hast dir doch schon immer Hasen gewünscht." Es war der schönste Tag in meinem ganzen Leben.

Später will ich meine Hasen füttern. Wie immer hebe ich dafür das Dach meines Hasenstalls an, da sehe ich zwanzig Hasenbabys in der Ecke. Sie sind eingekuschelt in ein Nest aus Stroh und Fell.

Die Hasenkinder hatten noch kein Fell und waren blind. Darüber habe ich mich sehr gewundert. Das sah irgendwie lustig aus, wie rosa Minischweinchen.

Mein Papa erklärte mir, dass die Kleinen anfangs nichts sehen können und erst später ihr Fell bekommen würden.

Nach mehreren Wochen wurde es sichtbar. Es waren zehn schwarze und zehn braune süße Hasenbabys. Die jungen Hasen sind sehr quirlig, hoppeln im Stall auf und ab und werden schnell größer. Gerne büxen sie jetzt auch aus, wenn ich die Stalltür zum Füttern kurz offen lasse. Sie rennen dann in alle Richtungen kreuz und quer unter Büsche und durchs Gemüsebeet. Ich bekomme jedesmal Panik, dass ich es schaffe, alle wieder einzufangen.

In diesem Augenblick zieht mich jemand an der Schulter. Es ist meine Mama, die mich versucht aufzuwecken. Ich bin schweißgebadet.

Es war alles nur ein Traum. Schade!

Laurin Böck
Grundschule Altenmünster, Klasse 4a

Mias Fragen

Draußen war es dunkel geworden und das Licht der Straßenlaternen flimmerte leicht auf die Straßen hinab. Am Rande des Dorfes lag ein kleines Haus, in dem Mia und ihre Familie wohnten.

In ihm flackerte und knisterte das Kaminfeuer und Mia lag mit ihrer Mutter in ihrem Bett.

„Was ist eigentlich träumen, Mama?", fragte Mia ihre Mutter. „Nun ja!", sagte diese, „träumen ist, wenn Wünsche in Erfüllung gehen können, was in der Realität vielleicht nicht sein kann, außerdem kann man der Fantasie freien Lauf lassen und ist frei von allen Lasten und Sorgen, die man im Leben hat." Mia hörte gespannt ihrer Mutter zu und fragte sich: „Warum ist es denn eigentlich wichtig zu träumen?" „Man kann vom Stress loskommen und einmal machen, was man möchte", sagte Mias Mutter. „Kann man im Traum denn auch soviel Süßigkeiten essen, wie man möchte?", übernahm Mia wieder das Wort. Ihre Mutter lachte nur und sagte anschließend: „Ja, sogar das kann man beim Träumen machen." Mia war müde geworden und zog sich die Bettdecke bis zum Kinn hinauf. Sie wusste nun, was träumen bedeutet. Ihre Augen schlossen sich langsam und sie schlief ein.

Über was sie wohl träumt? Das wissen wir, glaub ich, alle und zwar über ein Land, das noch keiner entdeckt hat, und wo es nur Süßigkeiten und Leckereien gibt.

Katharina Happach
Dr.-Max-Josef-Metzger-Realschule Meitingen, Klasse 6f

Zeitmaschine in die Vergangenheit

„Hier stehen wir vor der Ruine der alten Königstherme!", seufzte meine Mutter und fuhr kleinlaut fort: „Da war ich mit deinem Vater immer zum Entspannen in der Sauna. Stell dir vor, dort gab es wie in einer römischen Therme ein Kaltbad, das „Frigidarium", ein Warmbad, das „Caldarium" und einen Wärmeraum, das „Tepidarium".

Auch ich selbst erinnerte mich an die weitläufige Badelandschaft der Königstherme, innen und außen mit Riesenrutschen, Geysiren und Wasserkanonen. Das war vielleicht ein Vergnügen damals! Am liebsten hätte ich eine Zeitmaschine benutzt, um wieder in der Königstherme plantschen zu können. Jetzt aber war alles trostlos und leer.

Schnell gingen wir weiter und gelangten zum Sportplatz, wo mein Cousin Aron immer die Spiele mit seiner American Football Mannschaft ausgetragen hatte.

Schließlich kamen wir an den Friedhof, der gleich hinter dem Sportplatz liegt, und meine Mutter sprach zu mir: „Da ich weiß, dass es dir im Friedhof immer schlecht wird, ist es besser, wenn du hier auf der Bank auf mich wartest. Ich muss noch Blumen auf das Grab deines Opas legen und bin in fünf Minuten wieder zurück!" Weil es mir langweilig wurde, spazierte ich zum Rand des Städtischen Friedhofs in Königsbrunn und entdeckte dort neben dem Mithräum, dem einzigen Heiligtum des römischen Gottes Mithras in Bayern, die Fundamente eines römischen Bades, die sogenannte Villa Rustica. Plötzlich aber wurde mir schwindelig und ich verlor das Bewusstsein. Ich glaubte, in einen tiefen Abgrund zu fallen …

Als ich aufwachte, traute ich meinen Augen nicht: Ich war tatsächlich im Römerbad, das die Römer vor 2000 Jahren angelegt hatten. Neben mir saßen lauter Knaben und Mädchen, die Latein sprachen. Endlich konnte ich meine Lateinkenntnisse anwenden! „Ubi sum? Nescio ubi sum! Wo bin ich denn hier?", fragte ich meinen Nachbarn. „Das ist die Römertherme der römischen Siedlung „Ad Nonas", der letzten Straßenstation vor Augsburg. Wir sind jetzt im „Apodyterium", das ist der Umkleideraum, wo du deine Tunika ablegen und Holzsandalen anziehen musst." Anschließend betraten wir das Warmbad, wo über Fenster die Sonnenenergie genutzt werden konnte. „Aber der Fußboden hier ist ja so warm. Wie macht ihr denn das?", unterbrach ich meinen neuen Freund. Mein gesprächiger Nachbar erklärte mir sofort, dass der Boden mit heißer Luft geheizt wird, die in zentralen Holzröhren nach oben gelangt. „Besonders Spaß macht das „Frigidarium", das Kaltbad. Dort übergieße ich dich mit eiskaltem Wasser!", lachte der nette Junge neben mir spöttisch.

Um uns herum herrschte reges Treiben. Ich glaubte sogar, Marcus Tullius Cicero zu erkennen, von dem wir in meinem Lateinbuch so viel erfahren hatten. Da mein Magen knurrte, gingen wir hinaus zu den Verkaufsständen, wo wir uns Käse, Fisch und Brot aus Amphoren kaufen konnten. Zum Trinken gab es einen Schluck Wein und Wasser. Nur leider gab es keine Cola, mein Lieblingsgetränk!

Ich blickte zurück und erfuhr, dass vor uns ein riesiger Sportplatz war. „Was spielen die denn für eine Sportart? Das schaut ja aus wie American Football!", rief ich erregt.

„Ubi es? Wo kommst du denn her?", rief mein Begleiter entsetzt. „Dieses Spiel nennt man auch „Harpastum". Da geht es richtig zur Sache. Manchmal aber werden auch Wettkampfrennen, Würfelspiele oder kleine Gladiatorenspiele ausgetragen!"

Kaum hat mein Begleiter das gesagt, fängt er an, höhnisch zu grinsen: „Du Barbar, du gehörst ja gar nicht zu uns! Du bist ja ein entlaufener Sklave!" Mein Herz bleibt stehen. Ich fühle mich hilflos wie eine Maus in der Falle und will möglichst schnell dieser Therme entfliehen. Doch da packt mich eine Hand von hinten und schnürt mir die Kehle zu. Mir werden Hand und Fußfesseln angelegt und schon bald befinde ich mich in einem dunklen Verlies. Plötzlich höre ich Posaunen dröhnen und ein Sprecher verkündet: „Meine Damen und Herren, gleich findet ein Gladiatorenspiel statt. Soeben haben wir einen Barbaren in unserer Therme ertappt, der jetzt gegen unseren besten Gladiator antreten muss. Von überall strömen nun die Zuschauer herbei, und ich werde in die Arena getragen, wo mir ein Schwert in die Hand gedrückt wird, damit ich mich verteidigen kann. Ich glaubte, mein letztes Stündlein habe geschlagen.

„Oh, Gott. Du zitterst ja wie Espenlaub und dein Puls rast. Hast du Fieber?", hörte ich eine Stimme. Als ich die Augen aufschlug, erkannte ich meine Mutter, die mich umarmte und mich mit folgenden Worten tröstete: „Wir fahren jetzt gleich in die Erdinger Therme, da gibt es Riesenrutschen und Solebecken, genauso wie vor vielen Jahren in Königsbrunn!"

Wie einfach wäre es gewesen, wenn wir uns das Benzin hätten sparen können und wie früher in die Königstherme in der Nähe des Königsbrunner Gymnasiums hätten gehen können. Das ist nämlich immer noch mein großer Traum!

Gabriel Gitzing
Staatliches Gymnasium Königsbrunn, Klasse 6a

Der mysteriöse Scout

Schweiß tropfte über mein Gesicht, als ich über den 100 Meter langen Platz sprintete. Die Fans aller Mannschaften jubelten laut für ihre Teams. Doch dann sah ich eine Person, die mein Herz rasen ließ.

Ich brauchte ein paar Minuten, bis ich wieder zu mir gekommen war. Es war Karl Leitner, der angesehenste Scout ganz Deutschlands. Er arbeitete nicht nur für den FC Bayern München, sondern auch für den VfL Wolfsburg! Es war schon immer mein Traum, für die sogenannten Wölfe zu spielen. Doch als ich einen kurzen Blick über seine ewig lange Talent-Liste machte, war ich schockiert. Auf dieser Liste standen 29 Talente.

Das restliche Turnier spielte ich einfach ganz normal und entspannt weiter. Doch als ich nach Hause kam, musste ich alles meiner Mama erzählen. Bevor ich aber zu Ende erzählen konnte, erklärte sie mir, dass ich bald eine E-Mail bekommen werde, ob ich genommen werde oder nicht. Ich konnte meine Aufregung gar nicht mehr aushalten. Geht mein Traum endlich in Erfüllung?

Ich wartete mindestens zwei Monate, bis in meinen E-Mails eine Nachricht von Karl Leitner angezeigt wurde! Ich war extrem aufgeregt, aber es war noch nichts geschehen. Ich zitterte vor Nervosität, meine Hände fingen an zu schwitzen. Doch dann kam der Moment der Wahrheit …

Ich war am Boden zerstört, da ich eine Absage bekommen hatte. Alle meine Hoffnungen waren innerhalb von zwei Sekunden geplatzt! Doch was ist jetzt mit meinem Traum, an dem ich schon so lange arbeite? Ich nahm mir fest vor, dass ich ihn weiterhin verfolge.

All das passierte vor etwas mehr als fünf Jahren. Heute bin ich Fußballprofi, spiele in der Bundesliga und habe einen Vertrag beim Sport-Club Freiburg. Ich habe viele Dinge gelernt. Das Wichtigste ist, niemals aufzugeben, auch wenn alles schiefläuft.

Laura Lehnert
International School Augsburg/Gersthofen, Klasse 5H

Meine Träume: Astronautin und Familie

Mein Traum ist es, eine Astronautin zu werden. Ich möchte mal in einer Rakete sitzen. Ich möchte fühlen, wie es sich anfühlt, eine Astronautin zu sein. Ich möchte den Boden vom Mond berühren. Ich will strahlende Sterne anfassen. Ganz gerne möchte ich die Welt sehen, wie sie von oben aussieht. Im Weltall will ich in einer Rakete schweben. Ich habe noch einen Traum. Mit meiner ganze Familie eine schöne Zeit zu verbringen. Raus zu gehen und spazieren zu gehen. Das wären meine beiden wichtigsten Träume. Ich wünsche mir, dass meine Träume in Erfüllung gehen.

Jasroop Bhandal
Franziskus-Schule Gersthofen, Klasse 5a

„I have a dream"

Ich habe einen Traum, nämlich, dass es eines Tages in jedem Land und in jeder Stadt Demokratie gibt, dass alle Menschen machen können, was sie wollen, dass Menschen nicht bedroht werden, egal ob schwarz oder weiß, reich oder arm, sie sollten gleich behandelt werden, jeder sollte unter gleichen Bedingungen leben, jeder sollte lachen und fröhlich sein bis an ihr/sein Lebensende. Niemand sollte aufgeben, immer seinen oder ihren Zielen folgen, sich motivieren, dass man es schaffen wird, was man sich vorgenommen hat. Wenn du auch Ziele hast, glaube daran, dass du es schaffen wirst, gib niemals auf und folge deinen Zielen nach.

Alara Aykac
Staatliches Gymnasium Königsbrunn, Klasse 5e

Mein Traum, dein Traum

Eine schöne Zukunft will jeder haben.
Das muss ich oft sagen und daran glauben.
Ein ganz normales Leben will jeder haben.
Dass muss ich oft sagen und glauben.
Eine ganz normale Familie will jeder haben.
Einen ganz normalen Beruf will jeder haben.
Das muss ich oft sagen und daran glauben.
Eine wundervolle Freiheit will jeder haben,
Ich wünsche mir wie die anderen eine schöne Zukunft.

Dean Pelz
Helen-Keller-Schule Dinkelscherben, Klasse 5Ga

Ein anderer Traum

Ein Traum. Was ist ein Traum? Ein Wunsch nach Ruhm, Ehre und Reichtum? Nein, das war es für ihn nicht, und er träumte auch nicht davon. Er wollte nicht reich sein, er wollte kein Streber sein und er wollte auch keine perfekte Familie. Sein Traum war viel wichtiger und bedeutender. Er wollte aus vollem Herzen geliebt werden, so wie er war. Er wollte sich nicht verstecken müssen oder nach seinen Leistungen und seinem Können geschätzt werden. Er wollte nicht, dass sich die Gemeinschaft wegen seiner Interessen spaltete und die wenigen Leute, die er hatte, verlieren. Denn das, war das Wichtigste für ihn im Leben. Menschen zu haben, auf die er zählen und an denen er festhalten konnte. Die sein wahres Ich kannten und es nicht nur von seiner guten Seite erlebten. Er wollte in einer kleinen Stadt am Rand mit viel Blumen und Natur leben. Er wollte von Menschen umgeben sein, deren Luft er einatmen konnte und von denen er sich inspirieren lassen konnte. Er wollte nicht berühmt sein oder gar im Fernsehen erscheinen, er wünschte sich auch nicht das Erledigen seiner Aufgaben von oder durch andere Menschen. Er wollte für seine Ziele und seinen einzig wahren Traum kämpfen. Und das war sein Name: Kämpfer. Auch wenn er wusste, dass das Leben nicht nur aus Blümchen und Einhörnern bestand und sein Traum einen hohen Anspruch besaß, hielt er an seinem Glauben fest und ließ seine Mauern nicht von anderen Soldaten zerstören. Er kämpfte, um seinen Wunsch zu verwirklichen. Und das schaffte er auch.

Tanja Laccone
Staatliches Gymnasium Königsbrunn, Klasse 7c

Skatepark

In meinem Traum fahre ich Skateboard auf einem riesigen Skatepark. Ich übe neue Tricks und dann kommt plötzlich Tony Hawk, der beste Skateboardfahrer der Welt, auf mich zu. Ich bin total aufgeregt. Er sagt zu mir, ich würde super fahren und er könnte mir bei meinen neuen Tricks helfen und mir einiges zeigen. Wir üben den ganzen Tag bis es Abend wird. Danach kann ich alles richtig super und nehme an einem Skateboard Wettbewerb teil. An diesem Tag bin ich sehr nervös, doch es läuft alles perfekt, ich gewinne den 1. Platz und bin richtig stolz. Tony Hawk hat auch beim Wettbewerb zugeschaut und kommt mir danach gratulieren.

Jakob Hundmayer
Mozart-Grundschule Gersthofen, Klasse 3b

Alles nur ein Traum?

Lisa Müller ist ein 7-jähriges Mädchen und heute ist der letzte Schultag vor den Sommerferien.

Ich glaube, ich kenne kein Kind, dass sich nicht auf die Sommerferien freut.

Lisa freut sich auch, denn ihre Eltern haben gesagt, dass sie auf eine entfernte Insel schippern werden.

In der Schule sind alle Kinder ihrer Klasse aufgeregt.

Lina fliegt nach Ägypten, Tom fährt nach Italien und Hanna reist nach Afrika.

Ich glaube, die haben auch alle einen tollen Urlaub, denkt sich Lisa. Als es um 12.45 Uhr klingelt, stürmen alle nach draußen.

Zuhause angekommen, sagen ihre Eltern: „Komm Lisa, wir müssen los an den Hafen!" Also packt Lisa ihren Rucksack, nimmt ihren Kuschelbären Tim, und stürmt zum Auto.

Das Auto ist voller Gepäck.

Als sie am Hafen ankommen, ist einiges los.

Man hört Spanisch, Englisch und Sprachen, die Lisa noch nie gehört hat.

Sie nimmt ihren Rucksack mit Tim, und betritt das Schiff.

Es gibt an Bord für jede Familie eine eigene Schlafkabine. Ein Restaurant und sogar einen Pool haben sie hier. Es ist wie in einer kleinen Stadt.

Lisa ist von dem Schultag sehr erschöpft, also legt sie sich in ihre Kabine und schläft sofort ein.

Mit einem Mal liegt Lisa am Strand. Ganz allein, ohne Mama und Papa.

Sie rappelt sich auf und entdeckt, dass sie auf einer wunderschönen Insel gestrandet ist.

Sie denkt sich: Wenn ich schon mal da bin, kann ich mir die Insel doch mal ansehen.

Sie sieht sofort die riesige Palme, die viele Kokosnüsse trägt.

Lisa läuft näher heran und ihr glaubt nicht, was sie da sieht!

Ein Faultier sitzt oben auf der Kokospalme, mit einem Smoothie in der Hand.

Als das Faultier Lisa sieht, erschrickt es so, dass es vom Baum fällt.

Es plumpst genau mit dem Kopf voraus in den Sand, und der Smoothie fällt ihm direkt auf den Hinterkopf.

Es steht auf und sagt: „Hallo, ich bin Francesco, das coolste Faultier im Universum."

Lisa antwortet: „Hallo, Francesco, ich bin Lisa!"

Das Faultier erklärt ihr, dass der Kokosnussbaum der Einzige der Insel ist.

Außerdem ist er ein Erbstück.

Er zeigt ihr sein Zuhause und sie freunden sich sofort an.

Mitten in ihrem Gespräch, ziehen dunkle Wolken auf. Ein starker Wind verursacht hohe Wellen. Auf einmal wird ganz viel Müll an den Strand gespült.

Lisa wundert sich, und fragt Francesco, was los sei.

Dieser antwortet, dass es schon häufiger vorkam, dass Müll vom Meer an den Strand geschwemmt wurde.

Lisa erschrickt: „Aber woher kommt der ganze Müll?"

Das Faultier erklärt ihr, dass dieser Abfall von den Menschen über das Meer entsorgt wird, und bei starkem Wellengang an den Strand gespült wird.

„Komm", ruft Lisa, „wir sammeln den Müll ein!"

Francesco bietet seine Hilfe an. „Ich kann mit meinem Schwimmreif, auf das Wasser und dir helfen."

Nachdem er seinen Schwimmreif geholt hat – der übrigens einen großen rosa Flamingo darstellt – kann es losgehen. Franceso treibt Smoothie trinkend in seinem Schwimmreifen auf dem Wasser.

Lisa springt ins Meer und beginnt sogleich den Müll herauszufischen. Nach einigen Tauchrunden wundert sie sich, wo wohl das Faultier bleibt, schließlich wollte es ihr helfen, den Müll aus dem Wasser zu fischen.

Beim Auftauchen sieht sie Francesco genüsslich in der Sonne seinen Smoothie schlürfen.

„Hey", ruft sie. „Wir müssen an die Arbeit".

Francesco erschrickt so sehr, dass er mit einem Satz aus seinem Schwimmreif plumpst, und sein Smoothie, das sich in einer Kokosnussschale befindet, mit ihm untergeht.

Lisa ist sich sicher, dass das Faultier beim Auftauchen mit einer Ladung Müll hochkommen würde.

Aber Franceso wäre ja kein Faultier, wenn es wirklich so gewesen wäre.

Sie traut ihren Augen kaum, als Francesco nur mit seinem Kokosbecher wiederkommt. Er erklärt ihr, dass dieser ganz unten am Meeresgrund war, und er deshalb so lange tauchen musste. Jetzt ist er so erschöpft, dass er die restliche Zeit auf seinem Flamingo verbringen muss.

Lisa zieht immer neuen, angespülten Müll aus dem Meer und sortiert den Abfall auch gleich. Schon nach kurzer Zeit türmen sich Berge von Glasscherben, altem Holz, zwei Sofateile, und natürlich ganz viel Plastikmüll auf dem Strand.

Sie überlegen, was sie Nützliches aus dem Müll basteln könnten.

Da hat Francesco die Idee!

„Vor ein paar Tagen hatte ich Geburtstag, und ich wollte sowieso noch eine Party organisieren." Im Nu haben die beiden ganz viele Einfälle, was sie aus den Materialien basteln könnten. Das Faultier mischt seinen super Spezialkleber an. Dieser besteht aus Sand und Kokosmilch.

Er versucht, damit die beiden Sofateile zusammenzukleben. Und tatsächlich, sie halten.

Aus den alten Holzteilen bauen sie eine gemütliche Hütte. Das Plastik wird zu Dekozwecken verwendet.

Strohhalme werden zu Girlanden geformt, alte Plastikflaschen schneiden sie auseinander, bemalen diese, und hängen sie an die Palme.

Die Glasscherben kleben sie als Mosaike an einen alten Fußball . „Jetzt haben wir sogar eine Discokugel", freut sich Lisa.

Endlich kann die Party steigen!

Sie laden alle Inselbewohner ein. Den Papagei Helmut, der auf dem Papayabaum lebt, die Äffin Lala, die natürlich auf einem Bananenbaum ihr Zuhause hat, und zwischen einer Ananasstaude versteckt sich Peter, der Paradiesvogel.

Alle bringen eine Menge Obst zur Party mit, und sie feiern bis in die Morgenstunden. Da schreckt Lisa auf.

Sie steht fast senkrecht in ihrem Bett und ihre Mama steht neben ihr.

War das nur ein Traum? Ihre Mutter erklärte ihr, dass sie nun an ihrer Urlaubsinsel angekommen sind.

Als Lisa aus dem Fenster ihrer Schlafkabine schaut, sieht sie eine wunderschöne Insel. Sie sieht genauso aus, wie in ihrem Traum.

Helena Schillinger, Romy Schwarzenbach
Grundschule Langerringen, Klasse 4a

Mein Traum

Eines Nachts schlief ich ein, wie in einer Wolke, bedeckt mit einer Decke aus Samt. Da fielen mir die Augen zu, und weg war ich. In einer anderen Welt, die nur so vor Fantasie wimmelte und bimmelte. Da biss ich in Schneewittchens Apfel, dann aß ich mit Lady Gaga zu Mittag. Ich erstrahlte in einem wunderschönen Kleid in rosa, Glühwürmchen leuchteten auf im Mondschein, es war unbeschreiblich schön! Plötzlich verschwand alles, ich erwachte durch das nervige Gepiepse des Weckers. Leider war alles nur mein Traum!

Linda Beier
Grundschule Zusmarshausen, Klasse 4a

Mein Traumroboter

Mein Name ist Madlene, ich bin zehn Jahre alt und ich wollte schon immer mal einen Roboter als Freund haben. Sie sähe wie ein Mensch aus, wäre ca. 1,60 m groß und ihr Name wäre Ravioli.

Ravioli hätte grüne Augen, einen Mund, mit dem sie sprechen könnte, und braune, halblange, glatte Haare. Ihre Stimme klänge nicht wie die eines Roboters, sondern richtig menschlich.

Jeden Tag würde ich ihr ein schönes Outfit raussuchen. Mein Robotermädchen lebte in meinem Haus wie ein echtes Familienmitglied.

„Was soll mein Roboter können?", diese Frage habe ich mir sehr lange überlegt. Ravioli wäre sehr schlau und lernte mit mir. Außerdem könnte sie Spiele spielen, puzzeln, Schach spielen, tanzen und singen. Am wichtigsten wäre, dass ich ihr alles erzählen könnte, und sie mir zuhörte wie eine gute Freundin.

Manchmal ginge sie mit mir spazieren oder wir machten zusammen Sport, zum Beispiel Basketball, Tennis und Teakwondo.

Mein Zimmer wäre immer ordentlich, weil wir zusammen aufräumten und das ginge natürlich viel schneller.

Jeden Tag kochten wir gemeinsam und backten die leckersten Kuchen und Plätzchen.

Jetzt wisst ihr schon sehr viel über Ravioli und wer weiß, vielleicht wird mein Traum von diesem Roboter auch irgendwann mal wahr.

Madlene Weichenberger
Staatliches Gymnasium Königsbrunn, Klasse 5e

Streiten hilft nicht

Luna hatte einen lustigen Traum. Und der war so: Luna war am Abend ins Bett gegangen und schlief sofort ein. Dabei träumte sie, dass sie in eine ferne Welt reiste. Und dort lief sie einen Weg mit roten und lilafarbenen Blumen entlang. Am Ende des Weges stand ein orange-farbenes Haus. Daraus kam ein sehr sehr alter Mann. Sie rannte zu ihm und fragte ihn: „Wo bin ich hier?" „In Goldland, bei mir, dem großen Zauberer. Weißt du das nicht?", fragte er zurück. „Nein. Ich komme aus Bobingen", antwortete Luna. Da meinte der Zauberer, dass Luna bei ihm schlafen solle. Am nächsten Morgen wachte Luna auf und am Fenster flogen Kinder vorbei. Luna erschrak fürchterlich! Der Zauberer kam hoch und rief Luna. Er erzählte, dass Luna ihm vielleicht helfen könnte, denn er hatte ein riesiges Problem. Er wollte sie heute zu den Zwergen mitnehmen. Bevor sie aufbrachen, erzählte er ihr von dem Problem: „Die Zwerge streiten sich nur.

Sie hören nicht auf." Danach brachen sie auf. Sie liefen einen Weg mit roten und blauen Bäumen entlang. Die fliegenden Kinder – so hatte es der Zauberer erzählt – müssten in zwei Minuten in der Baumschule sein. Als sie bei den Zwergen ankamen, hüpften diese wild durcheinander und beschimpften sich gegenseitig. Da rief der Zauberer: „Habt ihr auf mein kleines Zauberbuch gut aufgepasst?" „Der hat es zerrissen!", schrie ein Zwerg in grüner Latzhose und zeigte auf einen Zwerg in blauer Latzhose. Der angeklagte Zwerg brüllte zurück: „Stimmt doch gar nicht! Das war doch der da!" Dabei zeigte er auf einen Zwerg, der in eine rote Latzhose gekleidet war. Der wiederum beschuldigte einen Zwerg in gelber Latzhose. So ging es immer weiter hin und her. Währenddessen schüttelte der Zauberer den Kopf und murmelte: „Denen kann man nicht mal eine Fliege anvertrauen." Irgendwann schrie Luna den Zwergen zu: „Ist doch egal, wer das Buch zerrissen hat!" Die Zwerge überlegten und murmelten irgendetwas Unverständliches. Dann sagte ein großer, schlanker Zwerg in einer lila Latzhose: „Du hast recht. Es ist egal." Dann wandte er sich zum Zauberer und entschuldigte sich im Namen aller Zwerge bei im. Da weinte ein Baby in rosa Latzhose: „Ich habe es zerrissen." Plötzlich bedankte sich der Zauberer bei Luna, denn die Zwerge hatten es eingesehen: Streiten hilft nicht.

Teresa Steinbach
Grundschule Bobingen an der Singold, Klasse 4a

Luzie und der Wunschstein

Luzie hörte den schrillen Ton des Weckers, der auf ihrem Nachttisch stand. Panisch schreckte sie hoch. Sie war noch nicht lange in dem neuen Haus und erschrak jedes Mal, wenn der Wecker klingelte. Früher, in ihrem alten Haus, hatte ihre Mutter immer sie geweckt, doch die hatte eine neue Arbeit und musste früher los als bisher. Wegen der neuen Stelle mussten sie auch umziehen. In den Lavendelweg Nummer 212. Doch heute hatte sie wieder diesen komischen Traum von einem Stein gehabt, der bläulich schimmerte. Der Stein war versteckt unter einem Baum. Unter der Erde war ein Labyrinth mit vielen Türen, Gängen und Gabelungen. Sie war in ihrem Traum so schnell sie konnte durch die Gänge gerannt. Ein paar Wege weiter war ... „Wie hieß er doch gleich?" Luzie schlug sich gegen die Stirn. Ah, er hieß Ben. Ben wollte anscheinend auch den Stein! Auf jeden Fall hörte Luzie in ihrem Traum immer die gleichen Worte: „Hilfe, hilf uns Luzie Ferron! Rette uns, aber hol dafür den Wunschstein, bevor Ben ihm bekommt!" Danach hatte sie immer der Wecker geweckt. Seufzend zog sie sich an. Ihr Traum war so real, als ob es wirklich passieren würde. Sie musste wissen, ob der Stein wirklich echt war. Zuerst musste sie aber in die Schule. Als sie endlich in der Schule war, warteten Laura, Nora und Milena schon ungeduldig auf sie. Die vier waren beste Freundinnen. In der großen Pause erzählte sie ihren Freundinnen, was sie geträumt hatte. Sie dachte, die drei würden ihr nicht glauben, aber sie glaubten ihr ihren Traum, und noch besser, sie hatten einen Plan. Der Plan war zwar sehr gefährlich, aber alle vier waren damit einverstanden. Am nächsten Tag sagten sie alle ihren Eltern, sie hätten Bauchschmerzen. Ihr Eltern nahmen es ihnen tatsächlich ab und so blieben sie zu Hause. Sogar nach viel Gebettel und Warten für eine Woche. Der erste Teil ihres Planes war super gelaufen. Jetzt kam der schwierige Teil ihres Planes. Sie mussten eine Woche bei jemandem übernachten. Natürlich übernachteten sie nicht wirklich da, sondern machten sich auf die Suche nach dem Baum aus Luzies Traum. Luzie sagte, sie würde bei Nora übernachten, Nora sagte, sie würde bei Laura übernachten, Laura übernachtete bei Milena und Milena sagt sie würde bei Luzie übernachten. Ein paar Stunden später stimmten ihre Eltern zu. Heute war es soweit, heute machten sie sich auf die Suche nach dem Baum. Am Abend ging es los mit Packen und sie nahmen Essen, Trinken, Zahnbürste, Zahnpasta, Taschenlampen, Leuchtsticker, einen roten Faden, Seile, Wechselsachen und Schuhe mit. Schließlich war es soweit. Mit ihren Rucksäcken gingen sie los. Am Anfang waren sie noch fröhlich, redeten viel und waren voller Tatendrang. Doch nach ein paar Stunden wurde es ruhiger. Sie bauten das Zelt auf, an das Laura gedacht hatte, und kuschelten sich in ihre Schlafsäcke. Morgen war auch noch ein Tag. Nachdem sie gefrühstückt und ein paar Stunden durch den Wald gelaufen waren, fanden sie einen Baum, der genau so aussah wie in Luzies Träumen. Sie gingen näher an den Baum heran. Luzie lehnte sich an den Stamm des Baumes und er gab nach. Schreiend rutschte Luzie eine steinerne Treppe hinunter. Die anderen, die ihren Schrei gehört hatten, rutschten ebenfalls die Rutsche hinunter. Unten angekommen fielen sie alle auf Luzie. Als sie sich lachend gegenseitig hochhalfen, sahen sie die Tür, die neben ihnen war. Sie drückten die Klinke hinunter und staunten. Sie wussten nicht, was sie hinter der Tür erwartet hatten, auf jeden Fall nicht das, was sie sahen. Sie standen auf einer Plattform hoch über dem Labyrinth aus Luzies Traum. In den vielen Gängen sahen sie einen Jungen. Luzie erkannte ihn sofort, es war Ben! Schnell kletterten sie die Strickleiter runter, die am Ende der Plattform befestigt war und rannten in das Labyrinth hinein. Sie zogen den roten Faden hinter sich her und nach vielen Gabelungen waren sie endlich am Ziel. Sie zogen die schwere Holztüre auf und traten in den Raum dahinter. Sie hörten ein Schnaufen hinter sich und sahen, wie Ben zu ihnen rannte! Milena, Nora und Laura kämpften mit Ben und Luzie entfachte ein Feuer. Schnell entdeckte sie den Wunschstein. Sie wollte sich gerne etwas wünschen, aber dafür hatten sie zu wenig Zeit. Sie warf den Wunschstein ins Feuer, und der Stein zerfiel zu Asche. Alle hatten dem Schauspiel mit großen Augen und offenen Mündern zugesehen und bemerkten deswegen nicht, dass sich das Feuer rasend schnell ausbreitete. Als sie begriffen, was geschehen war, rannten sie los durch das Labyrinth, die Strickleiter hoch und auf die Plattform, die Rutsche hinauf – und sie waren draußen. Sie sahen eine junge Frau und einen Jungen. Die Frau sagte dankbar: „Danke, dass ihr mich und mein Kind gerettet habt! Woher wusstet ihr, dass man den Stein ins Feuer werfen muss, um uns zu befreien?" Laura antwortete: „Eigentlich wussten wir das gar nicht!" Auf einmal meldete sich Milena zu Wort: „Wäre es nicht schlauer, wir würden die Tür im Baum zunageln, damit keiner mehr hinein kommt?" Gesagt, getan. Sie holten Holz und hämmerten die Tür zu. In einem waren sich die vier einig: Sie hatten zwei Menschen gerettet. Jetzt reichte es erst mal mit Abenteuern.

Elena Richter
Grundschule Meitingen, Klasse 4a

Mein Traum: Ein Geheimnis im Heustadel

Auf einem Bauernhof namens Glückspilz wohnten die Geschwister Jakob, Malina mit Mama Fenja, Papa Roman, der kleinen Schwester Lina und den Großeltern.

Eines Tages kletterten Jakob und Malina im Heustadel die Treppe auf den Heuboden hinauf und öffneten die schwere Holztüre. Dann liefen sie in den hinteren Bereich des Heubodens. Jakob fragte: „Malina, sollen wir auf die Heuballen klettern?" Malina antwortete mit einem Nicken: „Ja klar! Komm, wer als Erstes oben ankommt, gewinnt!" „Ich bin Erste!", rief Malina, „jipii jey! Jakob, ist ja nicht schlimm, nächstes Mal gewinnst du wieder."

Plötzlich erschraken die Kinder und schauten sich fragend an, denn sie hatten beide ein seltsames Geräusch gehört. Da, schon wieder: „Brrrr!" „Was war das denn?", wollte Jakob wissen. Malina hatte keine Ahnung. „Brrrr!", schon wieder. Auf einmal kam ein Pferd aus der Ecke unter ihnen gelaufen. „Vorsicht!", rief Malina und „Wow, ein Mustang!" „Stimmt! Doch keine Mäuse!", stimmte Jakob zu. „Ich versuche es anzulocken. Vielleicht bekommt es ein Fohlen?", meinte er. Schnell kletterten die zwei die Treppe hinunter. „Ein Fohlen! Das wäre soooo süß!", fand Malina. Auf einmal ließ sich das Pferd in das warme Heu fallen. Malina flüsterte: „Ob das Fohlen jetzt kommt? Das wäre ja sooo schön! Aber was sollen wir tun?"

Jakob wollte Hilfe holen: „Hey, lass uns Mama und Papa holen, damit sie uns helfen!" Malina gab zu bedenken, dass das Pferd, das offensichtlich einen sehr dicken Bauch hatte, vielleicht ein Geheimnis wäre. „Komm Jakob, lass uns Oma und Opa holen!", meinte sie. „Ja, das ist eine gute Idee!", stimmte Jakob ihr zu und sie gingen, die Großeltern holen.

„Oma, Opa?", rief Jakob. „Was ist denn, Kindchen?", fragten seine Großeltern ihn. „Kommt schnell!", brüllte Jakob leicht panisch. „Ja, na klar!", antworteten die Großeltern und hasteten Jakob, so schnell sie konnten, hinterher.

„Schaut mal, das Pferd kam plötzlich in unseren Heustadel. Meint, ihr, es bekommt ein Fohlen?", wollten die Geschwister wissen. Opa schaute genau hin und brummte: „Hmm, könnte schon sein. Ja, doch, es wird ein Fohlen bekommen. Warum habt ihr nicht Mama und Papa geholt?" Die Kinder antworteten leicht verunsichert: „Wir dachten, das Pferd sei ein Geheimnis?!?" Weiter kamen sie nicht, denn plötzlich gab das Pferd seltsame Geräusche von sich. Opa befahl: „Alle einen Schritt zurückgehen! Gleich wird das Fohlen kommen!" Und schon war es soweit: Das Fohlen lag im Heu! Malina, die Pferdenärrin, sprach feierlich: „Hiermit taufe ich dich auf den Namen „Westwind", weil deine Mutter durch das Westtor des Heustadels hereinsauste wie der Wind!" Alle waren einverstanden und sehr gerührt.

Jakob Mikowski
Grundschule Bobingen an der Singold, Klasse 3c

Der Traum?

Ihr kennt bestimmt Träume, Wunschträume, Albträume, Traumberufe … und mehr. Träume können verschieden und doch irgendwie gleich sein. Die Geschichte, die ich euch erzähle, handelt von einem Jungen, der verwunschen war. Eines Nachmittags spazierte Finn in der Stadt umher, bis er auf eine Mauer stieß. Ja, tatsächlich, dort saß ein strubbeliges, kleines, grünes Monster und sprang rüber zum verbotenen Wald. Finn wunderte sich. „Warte auf mich!", rief er und rannte ihm nach. Dort angekommen sah er … ein rothaariges Mädchen. Es sah ihn an und verschwand im Nichts. Genau wie er.

Liara Schulz
Grundschule Dinkelscherben, Klasse 3a

Mein Traumroboter Robo

Mein Traumroboter könnte fliegen,
Da würde ihn keiner kriegen,
Er würde immer helfen,

Wie die braven Elfen,
Er wäre zusätzlich sehr schlau,
Und beliebt auf dem Bau,
Er wäre auch sehr toll,
Nicht wie ein böser Troll,
Das wär mein Traumroboter,
Denn er wäre ein richtig flotter,
Er könnte sehr schnell rennen -
Ich würde ihn Robo nennen!

Andreas Ostermeier
Staatliches Gymnasium Königsbrunn, Klasse 5e

Die Sache mit den Träumen

Meine Träume rauben mir viel zu oft den Atem,
denn nachts träume ich viel zu oft vom Versagen.
Davon dass ich es nicht schaffe, alles zu sagen,
was ich mit mir trage.
Aber auch träume ich davon wie es wäre,
wenn du bei mir wärst.
Von deinem Lachen, deinen Augen und auch
Davon, dass ich dir insgeheim vertraue.
Doch nicht jeder Traum wird war,
denn was wir dafür benötigen, ist oft nicht da.
Da es sich vielleicht nicht in meinen Augen zu kämpfen lohnt.
Doch ist es wichtig zu sagen, dass das, was einen bewegt,
einem meist im Traum am nächsten steht.
Es begleitet einen nachts wie ein Schatten
und wird im Traum so wie in der Realität über ein wachen.

Franziska Münzl
Mittelschule, Klasse 9dM

Mein Traum

Ein Traum,
ein Wunsch,
ein Ziel
er kann alles bedeuten
meiner ist: glücklich sein.

Annika Huber
Staatliche Realschule Zusmarshausen, Klasse 8e

Mein schrecklicher Albtraum

Als ich acht Jahre alt war, hatte ich einen schrecklichen Traum:
Meine Mutter fuhr mich nach Hause, weil ich davor auf einer Geburts-tagsparty war. Wir hatten es sehr eilig, weil meine Mutter noch dringend einkaufen musste. Vor uns fuhr ein unheimlich großer Truck. In diesem saß ein gruseliger Mann. Er hatte fünf gefährliche Kettenhunde hinten in seinem großen Kofferraum. Meine Mutter überholte den Truck und dabei wurde das Auto des Mannes beschädigt. Davon bemerkten wir nichts. Mama ging danach wie geplant zum Einkaufen. Meine Schwester fuhr zum Sport und ich war leider alleine zu Hause. Ich spielte fröhlich auf un-serer Terrasse. Der Mann mit dem Truck sah mich und verfolgte mich bis zur Einfahrt. Zuerst bemerkte ich ihn gar nicht. Doch nach einiger Zeit, als er mich beobachtete, merkte ich, dass irgendetwas nicht stimmte. Da drehte ich mich um und sah diesen Mann mit seinen Kettenhunden. Ich hatte Herzrasen und rannte panisch um mein Leben. Da packte der Ver-brecher mich und schmiss mich aggressiv in sein Auto. „Hilfe", schrie ich, aber niemand hörte mich. Nicht einmal meine 90-jährige Nachbarin, die den ganzen Tag vor dem Küchenfenster sitzt. Mit zitternden Händen ver-suchte ich, jemanden anzurufen, hatte aber leider keinen Empfang.
Nun wachte ich schweißgebadet auf, aber einschlafen konnte ich gar nicht mehr. Ich war so froh, dass ich das alles nur geträumt hatte. Deshalb habe ich dann die ganze Nacht gelesen.

Eva-Valentina Baur
Mittelschule Schwabmünchen, Klasse 5ag

Mein Traum

Als ich im Bett lag, habe ich noch meiner besten Freundin geschrieben, bis mir langsam meine Augenlider zufielen. Plötzlich saßen meine Familie und ich am Tisch und haben die Pizza fertig gegessen, bis mein Handy klingelte und eine Erinnerung aufgeploppt ist, dass ich meine Koffer pa-cken muss. Als ich fertig bin mit Kofferpacken, verabschiede ich mich von meiner Familie und gehe langsam nach draußen. Eine sehr lange Reise liegt vor mir, also steige ich auf mein pinkes Einhorn und reite los. Endlich bin ich in der Türkei angekommen. Ich checke in das Hotel ein und schmeiße mich aufs Bett, langsam fallen mir die Augen zu und ich schlafe ein. Als mich ein Klopfen aus meinem Schaf weckt, stehe ich verwundert auf, gehe zur Tür und mache diese auf. Meine Freundin steht vor der Türe. Ich freue mich so sehr. Wir wollen viel Zeit miteinander verbringen, also nehmen wir mein Stand up paddling board und gehen zum Meer. Nach fünf Minuten Laufen sind wir am Meer angekommen und steigen auf das Stand up paddling board und lassen uns ins Meer treiben. Wir genießen die Zeit und reden viel, bis wir vom Stand up paddle runter fallen, weil uns eine Welle runterschmeißt. Meine Freundin und ich fangen an zu lachen. Nach einiger Zeit bin ich wieder hochgekommen und helfe meiner Freundin auch wieder hoch. Wir schauen in den Himmel und bemerken, dass wir die Zeit voll vergessen haben, weil die Sonne schon untergegangen ist.

Doch plötzlich weckt mein Wecker mich aus dem schönen Traum.

Paula Jaumann
Mittelschule Langweid am Lech, Klasse 7a

I have a dream

Hallo, ich bin Raphael und zwölf Jahre alt. In meinem Traum gehe ich auf Weltreise und wünsche mir in einigen Ländern etwas. Und zwar in den Ländern, wo ich denke: Da passt etwas zur Zeit nicht! Ich starte mit dem Flugzeug in Deutschland. Als Erstes fliege ich in die Ukraine. Seit einem Jahr wird das Land von Russland angegriffen. Ich wünsche mir, dass der Krieg in der Ukraine aufhört! Ich fliege weiter in die Türkei.

Vor ein paar Wochen war dort ein heftiges Erdbeben. So viele Menschen sind gestorben und viele haben ihr Zuhause verloren. Ich wünsche mir, dass alle Menschen ein Dach über dem Kopf haben. Ich fahre nach Syrien weiter. Auch dort hat die Erde gebebt und den Menschen muss geholfen werden! Als Nächstes reise ich nach Nigeria. 70 Prozent der Bevölkerung leben dort in Armut. Mein Wunsch ist es, dass kein Kind mehr hungern muss! Es gibt noch so viele weitere Orte auf der Welt, in die ich in meinem nächsten Traum reisen möchte. Dort wird Hilfe gebraucht! Ich hoffe diese Wünsche gehen in Erfüllung!

Raphael Dischinger
Staatliches Gymnasium Königsbrunn, Klasse 5e

Eine unvergessliche Reise durchs Weltall

Heute möchte ich euch von meinem größten Traum erzählen. Ich möchte Astronautin werden. Ich stelle es mir großartig vor, durch das All zu schweben und dort Experimente durchzuführen.

Wenn ich meine Augen schließe, sehe ich mich in einem Raumanzug in einer Rakete. Der Raumanzug ist weiß und hat viele Knöpfe und Taschen. Ich steige in meine Rakete ein und setze mich auf meinen bequemen Sitz. Über einen Bildschirm kann ich gleich die Rakete steuern. Ich drücke auf ein paar Knöpfe und leite den Start ein. Ganz aufgeregt und voller Vorfreude warte ich den Countdown ab. Beim Start macht die Rakete einen richtigen Satz und schießt in den dunklen und unglaublich weiten Weltraum. Es fühlt sich so an, als ob schwere Steine auf mir liegen würden. Als die Rakete aus der Atmosphäre der Erde austritt, spüre ich die Schwerelosigkeit. Ich fühle mich leicht und schwerelos. Durch die Glaskuppel betrachte ich mit großen Augen den vor mir schwebenden Mond und blicke zurück auf unseren wunderschönen Planeten Erde.

Der blaue Planet sieht ziemlich zerbrechlich und empfindlich aus. Die Atmosphäre wirkt wie eine hauchdünne Schutzhülle. An manchen Stellen ist sie sehr dünn. Ich mache mir Sorgen um die Erde. Was passiert, wenn die Schicht zu dünn wird?

Nach drei Tagen komme ich am Mond vorbei. Seine graue Oberfläche mit den Kratern sieht aus wie ein Käsekuchen. Mit Hilfe der Anziehungskraft des Mondes nehme ich Schwung auf und sause weiter in Richtung des roten Planeten. Es dauert zwei Monate dorthin. Unterwegs sehe ich leuchtende Sterne und pfeilschnelle Meteoriten an mir vorbeiziehen.

Endlich lande ich auf dem Mars und um mich herum staubt es wie verrückt. Nach der holperigen Landung steige ich aus meiner Rakete aus und sehe auf der sandigen Oberfläche Rinnen. Langsam gehe ich auf diese zu und schaue sie mir genauer an. Anscheinend ist schon einmal Wasser durch sie geflossen. Doch es sieht so aus, als wäre das Wasser vertrocknet. Neugierig laufe ich weiter und finde einen wunderschönen rostigen Stein. Vorsichtig hebe ich ihn auf und lasse ihn aus Versehen fallen. Der Stein zerbricht in tausend Stücke. Mühsam sammele ich ein paar Stücke wieder ein und nehme sie mit ins Labor meiner Rakete. Dort untersuche ich die Steine auf Spuren von Wasser. Wasser ist der größte Schatz der Erde und ich suche es deshalb auf dem Mars. Aufgeregt betrachte ich die Steine unter meinem Mikroskop und finde tatsächlich kleine Spuren von Wasser. Mit meinem neuen Wissen starte ich die Rakete und mache mich auf dem Weg zurück zur Erde. Dort erzähle ich den anderen Astronauten, was ich herausgefunden habe. Ich hoffe, dass wir irgendwann auf dem Mars leben können. Dafür brauchen wir aber Wasser. Vielleicht finde ich beim nächsten Mal eine richtige Wasserquelle. Ich bin schon ganz gespannt.

Jetzt wache ich aber erst einmal auf und erzähle euch, was ich herausgefunden habe. Auf meiner Reise sieht die Erde leider sehr zerbrechlich aus. Wir müssen unsere Erde schützen. Jeder von uns muss auf sie Acht geben. Egal ob Astronaut, Bauarbeiter, Polizist oder Politiker!

Lia-Marie Schiemann
Grundschule Neusäß am Eichenwald, Klasse 4b

Der Traumfänger

Es war genau derselbe Traum. Wieder flackerte er vor meinem inneren Auge auf. Immer deutlicher erblickte ich das unaufhörliche, dunkel schimmernde Blau, welches mir das Gefühl gab, ich wäre im Weltraum. Doch überall schwebten durchsichtige Kugeln, wie Seifenblasen tanzten sie durch die Luft. In jeder leuchteten Bilder, die sich von Zeit zu Zeit änderten.

Da stutze ich: Die Bilder in den Blasen kamen mir bekannt vor, alles waren Träume, die ich vor langer oder vor kurzer Zeit geträumt hatte. Es waren sowohl gute als auch schlechte Träume.

Der piepsende Wecker zog mich aus meinem Traum. Schnell machte ich ihn aus und schlug meine Decke zur Seite. Heute war keine Zeit, um im Bett rumzulümmeln. Heute durfte ich endlich zu Oma. Eine halbe Stunde später zog ich die Tür hinter mir ins Schloss und machte mich eiligst auf den Weg. Nach wenigen Minuten stand ich vor dem kleinen Haus meiner Oma. Ich klopfte an. Sogleich öffnete sie die Haustür und empfing mich mit ihrem ganz besonderen Lächeln: „Schön, dass du da bist, Ronja." Ich lächelte sie ebenfalls an und trat ein. Dann schaute ich wieder zu ihr und bemerkte, dass sie ziemlich staubig war. „Du fragst dich bestimmt, warum ich so staubig bin", kam sie mir zuvor. „Ich mache gerade den Keller sauber. Wenn du willst, kannst du mir helfen."

Ich folgte ihr in den ehemaligen Weinkeller. Als ich die ganzen Kartons sah, staunte ich. Oma fing sofort wieder mit der Arbeit an. Ich schaute mich im Raum um und mein Blick blieb an einer kleinen Pappschachtel hängen, nach der ich sofort griff. In meinen Händen wog ich sie und stellte sie schließlich vorsichtig auf dem Boden ab. Erwartungsvoll öffnete ich den Deckel. Auf einmal stand Oma hinter mir und meinte mit ihrer sanften Stimme: „Du hast ihn also gefunden, doch nutze ihn bedacht. Er kann sie dir von der Seele nehmen, aber auch stehlen. Die Schlechten wird er dir nehmen, doch die Guten wird er dir stehlen."

Als ich am Abend nach Hause lief, wunderte ich mich immer noch über das, was Oma gesagt hatte. Immer wieder betrachtete ich die kleine Pappschachtel in meiner Hand, die sie mir mitgegeben hatte.

Zu Hause angekommen nahm ich einen Zettel an der Haustür wahr:
Sind kurz weg,
musst dich selbst ins Bett bringen.
Haben dich lieb, Schatz!
Mama & Papa

Ich verdrehte die Augen, sie waren mal wieder „kurz" weg. Dass bei meinen Eltern kurz niemals kurz hieß, wusste ich schon länger. Also zog ich meinen Hausschlüssel aus der Hosentasche und sperrte die Tür auf.

Später, als ich im Bett lag, musste ich wieder daran denken, wie oft Mama und Papa eigentlich weg waren. Den Traumfänger, den Oma mir mitgegeben hatte, hing nun neben meinem Bett an der Wand. Ich grübelte immer noch über das, was sie mir darüber gesagt hatte. Gleichzeitig war ich froh, endlich schlafen zu können.

In dem dunkel schimmernden Blau fand ich mich wieder. Ich hatte wieder den Traum, den ich schon letzte Nacht gehabt hatte. Doch irgendetwas war anders. Mein Herz rutschte mir augenblicklich in die Hose: Ich sah ein großes Netz in einem runden Rahmen. Es war ein riesiger Traumfänger, Omas Traumfänger! Er schwebte durch den Raum, aber eines war noch schlimmer: Die runden Blasen mit meinen Träumen verfingen sich in seinem Netz und verblassten allmählich. Da kamen mir Omas Worte in den Sinn: „Die Schlechten wird er dir nehmen, aber die Guten wird er dir stehlen." Sie hatte meine Träume gemeint! Die schlechten Träume nahm er mir, doch die Guten stahl er.

Ich wachte schweißgebadet auf. Sogleich nahm ich den Traumfänger von der Wand und legte ihn zurück in seine Schachtel.

Gleich morgen würde ich ihn Oma zurückbringen, das nahm ich mir fest vor!

Sara Köhler
Staatliches Gymnasium Königsbrunn, Klasse 7c

Wehr dich!

Jeder Tag ist gleich, du stehst auf und denkst an den selben Ablauf.

In der Schule, die schiefen Blicke, das Rumgestichele von jedem aus der Klasse, das Geschlagen werden nach der Schule. Ich habe das echt satt, aber wer hilft mir?

Meine Mitschüler? Die Lehrer? Die Schule? Meine Eltern? Die sich eh nie für mich interessiert haben! Freunde habe ich auch keine.

Das Mobbing hat kein Ende, es wird immer schlimmer und die Wut in mir wird immer größer und größer.

Ich habe angefangen mich zu wehren. Erst begann ich leise, doch das half nicht. Ich wurde immer wieder von der Mehrheit besiegt und man sagte, dass ich das alleine nicht schaffen würde.

Nein! Ich bin der Einzige, der was ändern kann! Ich sage was! Ich wehre mich!

Ich wurde laut und nun bin ich LAUTER!

Andreas Gerhard
Städtische Berufsoberschule Augsburg, Klasse BOS11

Leben und Träume

Im Leben gibt es viele Träume, manche sind nicht erreichbar.
Und manche sind real.
Dennoch versuchen wir, sie zu Leben.
Und vielleicht deshalb ist von einem der Traum,
Das Ziel.
Doch nicht immer erreicht man das Ziel.
Es ist ein Spiel aus Trauer, Freude und Leid,
Dennoch ist die Erfüllung deines Traumes nicht mehr weit!

Anna Münzl
Staatliche Realschule Zusmarshausen, Klasse 9b

Der dicke Waller

Gestern bin ich ins Bett gegangen. Ich schlief fest, dann träumte ich von einen tollen Traum.
Es war ein toller Tag mit Sonnenschein. Leon und Arnold wollten angeln gehen.
Sie packten alles ins Auto und fuhren los. Leon sagte zu Arnold: „Da hinten ist ein toller See, lass uns da angeln gehen."
Kurz darauf waren sie da. Arnold sagte: „Das ist wirklich ein toller See."
Sie packten alles aus und bauten alles auf. Dann kamen die Ruten ins Wasser. Leon und Arnold setzten sich ihn ihre Stühle.
Drei Stunden später klingelte die Glocke langsam wurde die Rute krumm.
Leon rannte zur Rute. Er kurbelte so viel er konnte. Doch der Fisch blieb am Grund. Schließlich kam er an die Oberfläche. Es war ein dicker Waller.
Der Fisch wahr wütend. Er schlug mit mit der Flosse nach Leon und zappelte wild. Daraufhin flog Leon in den See.
Tropfnass kam er aus dem Wasser.
Sie machten ein Foto und ließen das Tier wieder frei.
Dann fuhren sie nach Hause und waren glücklich, dass sie den riesigen Fisch wieder frei gelassen hatten.
Als meine Mama mich weckte, war der schöne Traum vorbei, und ich musste mich für die Schule fertig machen.

Benedikt Riechert
Grundschule Altenmünster, Klasse 4a

Meine Zukunft

Jeder einzelne Mensch hat einen Traum, und jeder Traum ist etwas Besonderes. Auch ich habe einen Traum, doch ob mein Traum jemals in Erfüllung gehen wird, kann ich und auch niemand anders mir sagen. Ich träume davon, dass ich irgendwann in einem wunderschönen Haus am Meer lebe, mit meiner eigenen kleinen Familie. Ich werde meine Familie sehr vermissen, denn ich lebte 18 Jahre lang bei ihr. Doch ich muss mutig sein und muss was Neues wagen, und das schaffe ich nur, wenn ich mich von zu Hause löse und mein eigenes Ding durchziehe. Ich träume davon, dass meine Familie stolz auf mich ist und dass ich all das, was ich mir im Leben vornehme, erreichen und schaffen werde. Ich möchte, dass es meiner Familie und mir selbst auch gut geht, und dass es keinem an irgendetwas fehlen wird. Nicht immer wird es leicht, doch ein Traum hat auch Höhen und Tiefen und genau so wird es auch im Leben sein, ich werde es nicht immer leicht haben. Doch warum sollte ich dann aufgeben? Ich gebe in meinem Traum doch auch nicht sofort auf, nein, ich kämpfe so lange, bis ich das erreicht habe, was ich erreichen möchte, und eines Tages werde ich es schaffen. Ich werde meinen Traum leben, sei es heute, morgen, übermorgen oder erst in ein paar Jahren, aber irgendwann werde ich meinen Traum leben.

Eine damalige Freundin hat mir mal einen Spruch vorgesagt: „Träume nicht dein Leben, sondern lebe deinen Traum." Und mit diesem Spruch hat sie recht, wenn wir im Leben nur vor uns hinträumen, werden wir nicht viel erreichen, doch wenn wir unseren Traum einfach in die Realität umsetzen, werden wir merken, dass es leicht ist, unsere Ziele zu erreichen. Egal wie schwer es im Leben oder im Traum ist, es wird am Ende immer ein gutes Ende geben.

Isabell Mayr
Staatliches Berufliches Schulzentrum Neusäß, Klasse Ki10

Mein Traum: Fußballer werden

Ich wollte schon immer ein berühmter Fußballer werden und zum Beispiel in einem Stadion mit 5 000 Fans spielen. Die Fans schauen, jubeln und machen Videos. Ich träume davon, den berühmten Spieler Lionel Messi zu treffen und mit ihm Fußball zu spielen oder mit ihm Bilder zu machen. Wenn ich berühmt werde und Geld habe, möchte ich eine Villa und ein Auto für meine Familie kaufen. Ich würde gerne gegen eine Mannschaft in der Champions League spielen und gewinnen. Ich will soooo viele Medaillien und Pokale sammeln. Ich hoffe, ich erreiche was in meinem Leben.

Kirlos Chamoun
Franziskus-Schule Gersthofen, Klasse 5a

Der Videospiel Traum

Eines Tages bin ich von der Schule nach Haus gekommen und habe angefangen ein Videospiel zu spielen.

Plötzlich wurde es ganz dunkel um mich herum, und ich wurde in das Videospiel gezogen. Ich habe dort ums Üüberleben gekämpft und bin in Ohnmacht gefallen. Am nächsten Tag bin ich im Dorf aufgewacht. Im Dorf habe ich mit Dorfbewohnern gehandelt und sie manchmal auch beklaut. Diese Dorfbewohner sind sehr freundlich.

Sie haben verschiedene Jobs und haben lange Nasen und reden nicht unbedingt viel. Damit ich auch im Dorf leben konnte, musste ich mir natürlich ein Haus bauen. Ich baute mein Haus, indem ich Holzblöcke aufeinander gestapelt und mir Materialien in Höhlen und Wäldern beschaffen habe. Tag für Tag suchte ich nach Essen. Ich suchte nach Tieren und Beeren, die ich essen könnte. Dadurch habe ich auch die Welt entdeckt. Ich habe viele verschiedene Höhlen und Inseln entdeckt. Durch die Suche nach Essen, landete ich auch in der Wildnis. Das Leben in der Wildnis war nicht leicht, denn in der Nacht kamen Gestalten mit rot-blauen Augen, die probierten, mich umzubringen. Ich habe es bis jetzt immer überlebt. Plötzlich wurde es ganz weiß und ich war wieder zu Hause vor dem PC und merkte, dass ich wohl eingeschlafen war.

Sarah Geltl
Mittelschule, Klasse 7a

Vom Traum geleitet

Von der Idee erweckt,
Von einem Traum sich lassend leiten,
Ein Thema gegeben,
Doch unbekannt bleiben,
Die kommenden Leiden,
Von reimlosen Wörtern
Und wortlosen Reimen.
Eine Ballade,
So schön vereinen,
Doch die Leser ihre Bedeutung nicht meinen,

Dies ist nicht der Fall:
Lange Gedanken
Und viel´ Grübeleien,
Flossen hinein.
Gedanken immer wärt
Präsent zu allen Zeiten,
„War es schlecht, mich hierhin zu verbreiten?
Mich von meinem Traum zu leiten?"
In meinen wortlosen Nöten,
Links im Netz zur Antwort verlöten.
War die Kunst.
Den Traum abzutippen
Dabei nicht umzukippen,
Die Geduld zu haben,
Nicht ratlos zu werden
Und im Glück zu baden,
Seine Sorgen endlich zu beerden,
War es wert.
Jeden Strophen
Gleich viel Vers´,
Ganze sieben
Und Jeder Reim endet,
Wie im Traum beschrieben.
Ein Septett,
So kokett.

Thomas Tesch
Staatliches Gymnasium Königsbrunn, Klasse 7e

Träume

Der Traum ist toll
Der Traum ist immer anders
Der Traum ist nicht real
Im Traum kann man alles machen
Im Traum gibt es alles, was man will
Es gibt auch Albträume, die sind nicht schön
Albträume wecken dich Nachts auf
Im Albtraum gibt es keine tollen Sachen
Zum Glück sind Albträume nicht real

Albträume sind blöd

Josua Krebber
Gymnasium, Klasse 5f

Träume

Jeder Mensch träumt anders, doch manche Träume kennt jeder. In manchen fällt oder fliegt man zum Beispiel. Es gibt aber auch Träume in denen du über die schönen Dinge des Tages träumst. Aber leider kann man sich am nächsten Tag nicht mehr daran erinnern. ☹

Jedoch finde ich das Träumen beim Schlafen am schönsten.

Simon Grünwald
Mittelschule Zusmarshausen, Klasse 8aM

Vom Schreiben träumen

Träume gibt es genügend. Sie wirbeln in meinem Kopf wie tanzende Blätter im Herbst. Um eines der federleichten Blätter aufzugreifen, muss ich rennen, springen, schreien und heulen. Also fange ich einen Traum mit meinem Traumfänger und seinen Schergen.

Auf dem Blatt steht in verträumter Schrift: Von Träumen schreiben heißt vom Schreiben träumen. Erstaunt lasse ich das Blatt fliegen.

Vom Schreiben träumen. Das Schreiben ist für mich eine Masse. Eine Handvoll Ton, die ich formen und bewegen, verändern und betrachten kann. Kein Tonhaufen ähnelt dem anderen. In ihrer kuriosen Einzigartigkeit sind sie nicht zu vergleichen. Das Schreiben zu beschreiben ist schwierig, denn für jede Menschenseele ist es etwas anderes. Der Schlüssel des Schaffens, eine alltägliche Höchstform der Kunst, die in uns allen steckt. Ich träume vom Schreiben und damit von Erzählungen, von Geschichten, die sich, wie einzelne Traumfetzen zu einer Idee zusammensetzten, doch erst in geschriebener Form ihren vollen Wert erlangen. Eine tiefe Leidenschaft, die seit Kindesjahren in mir ruht. Ich erfinde kleine Erfindungen, ich erschaffe riesige Welten, größer als mit bloßem Auge erkennbar. Und in ihnen finde ich Träume, die ich verfolge. Ich kann sie angeln und verschleppen, sie in einem düsteren Zimmer verstauben lassen oder sie der Welt präsentieren. Von Träumen zu schreiben ist einfach, denn ich träume ununterbrochen.

Ist es nicht ein Wunder, ja sogar eine Kunst, diese Wörterreihungen von kleinen Erfindungen jeden Tag zu produzieren? Ist es nicht unglaublich, welche Kraft sie besitzen? Welch atemberaubende Schönheit in ihnen steckt? Werde ich nicht tagtäglich vollkommen in Beschlag genommen, nur um zu träumen?

Vom Schreiben zu träumen bedeutet zu lernen und zu verstehen, zu kombinieren und verknüpfen. Bindungen zu erschaffen, die verwundern, erstaunen und überraschen. Denn diese einzigartige Fertigkeit vermag es nicht perfektioniert, sondern auf ewig erlernt zu werden.

Von Träumen schreiben heißt vom Schreiben träumen, das ist mein Traum.

Leontina Joachimski
Staatliches Gymnasium Königsbrunn, Klasse Q11

Mein Traum der Liebe

Wahre Liebe,
Glücklich sein,
Ich dachte, ich fand sie,
Doch nur Tränen,
Verlassen,
Ignoriert,
Liebe, unvorhersehbar

Annika Huber
Staatliche Realschule Zusmarshausen, Klasse 8e

Mein unerreichbarer Traum

Träume, jeder ist anders. Mal sind es Hoffnungen, Ziele aber auch Vorstellungen, wie etwas hätte anders laufen können oder laufen kann. Jeder will seine Träume erreichen, weil sie für jeden gut sind, manche sind je doch unerreichbar.

Ich träume vom Umziehen und vom Neu-Anfangen. Wenn ich könnte, würde ich die Momente die falsch, unangenehm und verletzlich waren, ungeschehen machen.

Es wäre toll, neue Menschen zu kennen und eine andere, bessere Persönlichkeit zu entwickeln. Alles, was in der damaligen Stadt passiert ist, zu vergessen und neue Momente aufzugreifen. Ich könnte neue Sachen entdecken oder vielleicht sogar eine neue Sprache lernen.

Das könnte ich erreichen, wenn ich umziehen würde, doch leider bin ich zu gebunden an Augsburg und will das alles nicht verlassen. Man muss sich seinen Ängsten stellen. Aber auch manchen Träumen, anstatt vor dem wegzurennen, was einen erwartet, weil es in Zukunft besser laufen kann als jetzt.

Dila Yologlu
Staatliches Berufliches Schulzentrum Neusäß, Klasse Ki10

Träume sind kompliziert zu definieren

Träume.

Es gibt sie in allen möglichen Ausführungen, der eine träumt von der großen Liebe, der andere von viel Geld oder einem guten Job und der nächste von einem Lamborghini. Ich habe keinen wirklichen Traum, glaube ich. Natürlich träume ich manchmal nachts von Personen oder Situationen oder wünsche mir, dass manche Situationen in meinem Leben anders gelaufen wären und ich anders gehandelt hätte. Doch die Träume, die erst nach dem Ereignis hatte, können sich nicht mehr erfüllen. Man sollte immer in die Zukunft träumen. Mein Traum für die Zukunft entwickelt sich vielleicht mit der Zeit, wenn ich Dinge versuche und neue Menschen kennenlerne. Momentan habe ich nämlich nur Wünsche, zum Beispiel einen guten Abschluss zu schreiben oder mich endlich für einen Beruf zu entscheiden und mich von den falschen Personen in meinem Leben endlich abzuwenden zu können und sie zu vergessen.

Aber ich gebe euch allen da draußen einen guten Tipp mit: „Entwickelt Träume für die Zukunft und wünscht euch nicht, dass Dinge in der Vergangenheit anders hätten laufen sollen."

Miriam Otto
Leonhard-Wagner-Realschule Schwabmünchen, Klasse 9f

Die geträumte Lösung

Es war einmal ein Junge, er hieß Tim. Tim wollte raus. Er ging runter zur Tür. Tim lief ein Stück und setzte sich auf eine braune Bank. Er holte sein Handy aus der Jeans, und er tippte die Nummer seines besten Kumpels ein und rief ihn an. Sein Kumpel Leo ging sofort ran: „Willst du zu mir kommen? Willst du bei mir übernachten?" Leo freute sich „Juhu! Ich frage meine Mama und dann komme ich." Tim freute sich und legte auf. Bereits ein paar Minuten später kam Leo mit seinem vollen Rucksack. Er setzte sich neben Tim und legte seinen Rucksack neben sich. „Was machen wir jetzt?", fragte Tim mit einem Grinsen. „Einfach abhängen?", sagte Leo. „Na, wie läuft es eigentlich mit deinem Crash?", fragte Leo. Tim schaute ihn an und erzählte von der letzte Woche, und von Lena, dem Mädchen aus seiner Klasse, in das er schon lange heimlich verliebt war. „Also in den ersten drei Stunden hatten wir neulich Partnerarbeit und Lena wollte mit mir zusammenarbeiten. Ich war irgendwie überrascht und irgendwie war mir das auch peinlich. Darum habe ich echt blöd reagiert: Ich habe gesagt, dass ich mit Dir die Arbeit mache. Als sie ging, habe ich ihr enttäuschtes Gesicht gesehen. In der Pause hatte ich nix dabei, dann kam Lena und hat mir ihr Pausenbrot gegeben und ich wurde voll rot und habe nicht mal Danke gesagt. Ich habe nur mein Gesicht verdeckt. Dann hat sie gefragt, ob alles gut sei und ich bin einfach weggegangen und sie sah mir hinterher ... und ja das wars." "Oh Mann, du bist echt so unfähig. Warum zeigst du ihr nicht deine Gefühle? Sie ist echt nett zu dir, Bro. Bestimmt mag sie dich auch", sagte Leo. "Nein, ich trau mich nicht und es ist voll peinlich!", sagte Tim und wurde rot wie eine Tomate. "Aha, du wirst rot, ich hab also recht", sagte Leo. Ein paar Stunden später gingen sie zu Tim nach Hause. Dort angekommen bestellten sie drei Party-Pizzen: "Eine für die Eltern, zwei für uns", grinste Tim. "Lass uns dabei zocken!" Sie zockten GTA, ihr Lieblingsspiel. Sie aßen und spielten. Sehr spät am Abend wurden sie erst müde und legten sich hin und redeten ein bisschen und dann schliefen beide ein. Tim lag nun nicht mehr im Bett, sondern auf einem Moosboden. Er wachte auf und wusste zuerst nicht, was passiert war. Dann stand er auf und ging langsam los. Plötzlich bemerkte er dann, dass er etwas in der Hand hielt. Es war ein Brief, der in einem Umschlag mit Herzen drauf steckte. Vor sich sah er eine Ruine von einer alten Burg, die voller Moose und Pflanzen war. Ein unendlich hoher Turm erhob sich vor ihm. Er richt bis in die Wolken. Daneben war eine Steintreppe. Langsam stieg er die kaputte Treppe hinauf, er musste vorsichtig gehen um nicht hinunterzufallen. Als er das Ende der Treppe erreicht hatte, sah er vor sich ein Pferd mit einem Horn und mit Flügeln. Es war so strahlend weiß, dass er geblendet wurde. Das Horn war aus purem Gold und die Flügel waren riesengroß. Er lief ganz langsam auf den Pegasus zu. Es blickte ihn mit sehr weisen, tiefen Augen an. Es fühlte sich so an, als blicke es direkt in sein Herz. Tim stieg auf seinen Rücken und das fliegende Pferd hob ab. Mit kräftigen Flügelschlägen erhob sich der Pegasus und stieg mit Tim auf dem Rücken immer höher, bis sie durch die Wolken flogen und schließlich ganz oben, auf der Spitze des Turmes auf einer Plattform landeten. Dort sah er einen goldenen Briefkasten. Tim streckte die Hand mit dem Brief aus ... In diesem Moment schlug er die Augen auf: "Jetzt weiß ich, was ich tun muss".

Tamara Höß
Franziskus-Schule Gersthofen, Klasse 7a

Fast wie im richtigen Leben

Ich heiße Simon und bin elf Jahre alt. Wir haben in Südtirol einen alten Bauernhof auf dem Berg mit einer großen Schreinerwerkstatt. Jeden Tag melken wir unsere Kühe und mit einem Traktor mähen wir die Weidehänge. In einem Stadel stehen unsere landwirtschaftlichen Maschinen. Täglich verarbeiten wir unsere eigene Milch zu einem leckeren Bergkäse. Dafür haben wir eine kleine Käserei. Mit unserem Käse haben wir schon einige Preise gewonnen. Immer müssen wir früh aufstehen, um unsere Kühe und Hühner zu füttern. Am Wochenende bereiten wir mit den frischen Eiern leckere Rühreier zu. Oft müssen wir für den Winter Holz hacken, damit es schön warm bleibt. Einmal in der Woche schleifen wir die Messer am Mähbalken, damit sie für den nächsten Einsatz wieder scharf sind. In der Schreinerwerkstatt durfte ich schon Kartoffelkisten bauen. Das benötigte Holz habe ich mir selbst aus alten Paletten zusammengesägt.

Als draußen ein Schneepflug vorbeifuhr, wachte ich auf und bemerkte, dass alles nur ein Traum war. Das Bauen aus alten Paletten mache ich auch in meinem richtigen Leben.

Simon Fischer
Gymnasium, Klasse 5e

Schaumbaum

Ich hatte einen Traum.
In meinem Traum war ein Baum.
In dem Baum war ganz viel Schaum.
Ich glaubte es kaum.
In dem Schaum war ein riesiger Traum.
Ende.
Ende.
Ende.

Theo Schwarz
Grundschule Steppach, Klasse 1a

Mein Traum

Ich ging abends ganz normal ins Bett und dachte noch über so einige Sachen nach, was an diesen Tag passiert ist, als ich plötzlich mit meiner Cousine ganz allein draußen war im Dunkeln, und auf einmal hören wir ein gruseliges Geräusch und hatten große Angst. Dann haben wir uns hinter einem Baum versteckt und waren sehr leise. Auf einmal sehe ich einen

Schatten am Boden von zwei großen Männern mit schwarzen Klamotten, die uns verfolgen. Meine Cousine bewegt sich. Die zwei Männern haben es gehört. Dann kamen sie zu uns und sagten: „Wir werden euch jetzt mitnehmen!" Wir bekamen große Angst. Dann haben wir um Hilfe geschrien, aber niemand hat was gehört. Die Männer haben uns mit genommen und zu uns gesagt: „Seid jetzt leise, sonst werdet ihr was Schlimmes erleben." Dann haben sie uns in ein großes Zimmer gebracht. Dort war es sehr dunkel und gruselig. Wir sind eingeschlafen und hörten plötzlich ein Geräusch. Es klang wie mein Wecker.

Kunka Mircheva
Mittelschule Langweid am Lech, Klasse 7a

Der Traum

Es gab ein Mädchen da draußen in der Welt, sie hieß July. Sie war dreizehn Jahre alt und lebt im Krieg in der Ukraine.
Ihr Vater kämpft Tag und Nacht für den Frieden für ihr Land. Julys Traum war es schon immer, in Frieden zu leben. Sie liebte es zu träumen, weil sie im Traum so sein konnte wie sie ist. Sie würde gerne flüchten, aber ihre Mutter hat Angst, ihren Mann zu verlieren, deshalb konnte sie nie mit ihrer Familie fliehen. Als sie nichts mehr zum Essen hatten, beschloss sie, einkaufen zu gehen, da ihre Mama zu sehr Angst hatte rauszugehen. Plötzlich hörten sie im Supermarkt einen lauten Knall. Alle schauten ängstlich, woher der Knall herkam. Nun fingen alle an zu schreien und jeder rannte Richtung Ausgang. Da wusste sie ganz genau, dass sie ganz schnell aus diesem Land flüchten müssen. Sie kaufte zügig die benötigten Lebensmittel ein und rannte so schnell wie möglich wieder nach Hause. Nach dem sie ganz außer Atem endlich nach Hause ankam, sagte sie zu ihrer Mutter: „Wir müssen so bald wie möglich aus diesem Land flüchten, Mama! Ein paar Kilometer entfernt von unserem Haus ist eine Bombe explodiert!" Die Mama antwortete daraufhin: „Keine Sorge …, das werden wir auf jeden Fall machen …" July guckte ihre Mama an und sah, dass ihr Gesicht überflossen mit Tränen war. Der Raum füllte sich mit eiskalter Luft. Sie fragte ihre Mama, was los sei, und diese flüsterte: „Dein Vater wurde von der Bombe, die du gehört hast, getroffen … nun ist er an einem besseren Ort. Er solle dort in Frieden leben … Wir werden fliehen, wenn wir alles Nötige beisammenhaben." Nun war Julys Traum in Erfüllung gegangen, nur nicht so, wie sie es sich vorgestellt hatte.
Ein paar Tage später …
Endlich hatten sie alles zusammengepackt, was sie benötigten.
Ihr erstes Ziel war die Slowakei.

Gleich am nächsten Tag gingen sie von zu Hause weg. Es fühlte sich für July sehr komisch an, da sie nie im Ausland gewesen war. Sie hatte sich nicht mal von ihren Freundinnen verabschiedet. Es war schlechtes Wetter, es regnete und stürmte sehr stark. Zwei Stunden später, nach dem Wandern in der Kälte, sahen sie nicht weit entfernt die Grenze von der Ukraine und der Slowakei. Da sie nahe von der Grenze wohnten, war der Weg nicht so weit. Sie gingen in ein kleines, aber feines Hotel.

Da checkten sie ein und schliefen für eine Nacht im Hotel, dort gingen sie duschen und machten sich frisch, da sie ganz nass und schmutzig waren. Danach schmissen sie sich auf ihre Betten, um sich ein wenig auszuruhen. Sie schalteten die Fernsenachrichten an.

Da sprach eine Frau aus dem Fernsehen: In dem Dorf Rostoky, ist eine Bombe explodiert. Nun steht das Dorf in Flammen. Es sind zweihundert-fünfundsiebzig Menschen gestorben …" July blieb der Atem stehen. Sie dachte an ihre ganzen Verwandten und Bekannten.

Sie blickte zu ihrer Mama rüber und sah, dass eine Träne über ihre Wange glitt. Sie blickten sich sprachlos an. Die Nacht schliefen sie sehr unruhig. July wachte sehr früh auf, denn es war sehr heiß im Hotelzimmer. Sie sprang aus dem Bett und schaute aus dem Fenster. Die Sonne schien sehr stark. Ihre Mama schlief noch tief und fest. Nach einer Weile wachte ihre Mama auch auf. Als sie sich angezogen hatten, gingen sie zum Hotel-Frühstück. Anschließend wanderten sie wieder los. Nach einer guten Stunde kamen sie bei der Grenze an. Da sahen sie einen offenen LKW, auf dem drauf stand ‚Slowakei Express'. Dort stiegen sie dann heimlich ein. Zum Glück bemerkte der Fahrer nichts. Zwei Stunden später hielt der Fahrer an einer Tankstelle an, um sich einen Kaffee und was zum Essen zu holen. Sie warteten dann noch paar Minuten und guckten nach, ob der Fahrer weg war. Als niemand in Sicht war, stiegen sie aus. Anschließend suchten sie eine nächstmögliche Verbindung Richtung Deutschland. An der deutsch-österreichische Grenze erreichten sie die Stadt Salzburg. July und ihre Mama haben sich voller Panik angestarrt, denn sie hatten keine Reisepässe. Die Bundespolizei kontrollierte stichpunktartig die Waggons durch. In dem Augenblick, als der Zug sich in Bewegung setzte, fiel der Mama und July ein Stein vom Herzen. Nach einer gefühlten Ewigkeit erreichten sie den Münchener Hauptbahnhof. Dort registrierten sie sich als Kriegsflüchtlinge. Nach der Anmeldung dauerte es nicht lange, da kamen sie in einer sehr netten Familie unter. Die Familie hörte sich die Probleme und die Ängste geduldig an. July fand schnell einen Anschluss, da die Familie auch ein dreizehnjähriges Mädchen hatte. Sie hieß Marie. July und

Marie besuchten dieselbe Klasse. Marie half July, sich in der Schule einzuleben, auch mit der deutschen Sprache.

Ein Jahr später …

Inzwischen hatte die Mama einen Job und eine Wohnung mit July.

Sie lebten sich schnell ein, July fand auch sehr viele Freunde, aber ihre allerbeste Freundin war Marie. July und ihre Mama besuchten dreimal in der Woche einen Deutschkurs.

Ein Abend legte sich July ins Bett und war überglücklich, denn der Traum, in Frieden zu leben hatte sich trotz der Verluste und Schmerzen erfüllt. Sie freut sich auf die Zukunft in Deutschland!

Almina Sezikli, Rabia Kömsöken 5D
Leonhard-Wagner-Realschule Schwabmünchen, Klasse 5D

Träume sind leicht

Träume sind schön
Träume sind frei
Träume können auch mal gruselig sein
und sie gehen in die UNENDLICHKEIT

Felicia Sappl
Franziskus-Schule Gersthofen, Klasse SFK 7/8/9

Sternhimel

Mein Traum war, dass ich mit meine Katze Mascha unter dem Sternehimmel saß. Es war schön und ruhig. Wir haben uns auf die Wiese gelegt. Längere Zeit schauten wir die leuchtenden Sterne an. Nach einiger Zeit habe ich mit meiner Katze gespielt. Wir hatten beide Hunger. Zum Glück hatte ich was zu essen dabei. Endlich waren wir satt. Ich dachte, dass ich Mascha verloren hätte, bis ich gesehen habe, dass sie hinter einem Schmetterling herrannte. Dann habe ich sie gehalten, damit ich sie nicht wieder verliere. Auf einmal haben wir eine Sternschnuppe gesehen. Zuletzt haben wir uns was gewünscht.

Armina Murad
Grundschule Diedorf, Klasse 3c

die insel

ich träumte dass ich weit weg
von der realität war
weit weg von menschen die

mir weh tun und mich zerstören
ich war auf einer
insel weit weg
ich sah das meer
er war weit weg
seine roten zerstörten
augen waren verschwunden
vögel flogen über mir die sonne
strahlte auf meinen kopf
ich war weit weit weg
von ihm und erleichtert
endlich bestimme ich
meinen weg

Maisa-Daria Filip
Mittelschule Gersthofen, Klasse 7c

Mein schönster Traum

Manchmal träume ich davon, ein genauso großer Fußballer zu werden
wie Messi oder Ronaldo und in Paris zu spielen. In meinem Traum werde
ich mit 18 Jahren schon Weltmeister, mit meiner tollen Mannschaft in
Frankreich. Da ich der beste Spieler bin, verdiene ich auch ganz viel Geld,
ich kaufe mir und meiner Mama und meinem Papa eine große Villa, teure
Autos und den Rest spende ich an Menschen, die es nicht so gut haben
wie ich und meine Familie. Damit mein Traum wahr wird, spiele und trai-
niere ich ganz viel.

Marc-Leland Hosalla
Grundschule Fischach-Langenneufnach, Klasse 3d

„I have a dream"

Ich habe einen Traum, nämlich, dass eines Tages in jedem Land Gleichbe-
rechtigung und Gerechtigkeit herrschen.
In jedem Land sollen Mädchen und Jungen zur Schule gehen können.
Jeder soll die gleichen Chancen haben, einen Job zu bekommen oder auf
eine Universität zu gehen.

Leonie Schoch
Staatliches Gymnasium Königsbrunn, Klasse 5e

Ein Traum

Eine Reise ins Land der Träume
Alles wirkt hier so echt und wahr
Hier ist alles möglich
Das sehe ich nun klar
Ich kann ins Weltall fliegen
Gefährliche Monster besiegen
Doch am nächsten Morgen dann
So schön es auch hier war
Wache ich wieder auf zu Hause
Hier ist es doch auch wunderbar!

Moritz Eberhardt
Staatliches Gymnasium Königsbrunn, Klasse 6a

Das Geheimnis der Höhlen von Postojna

An einem heißen Sommertag fuhr ich mit meiner Klasse, der 6 a, zu einem Ausflug nach Slowenien zu den Höhlen von Postojna. Ich war sehr aufgeregt, und freute mich wie ein Schneekönig, als es endlich losging. Auch mein Freund Paul sprach seit Tagen von nichts anderem mehr. Noch ahnten wir nicht, welches Abenteuer uns bevorstand.

Nach einer sechsstündigen Busfahrt kamen wir endlich dort an. Als wir auf unseren Höhlenführer warteten, ermahnte uns unser Lehrer, Herr Brugger, dass wir uns an sämtliche seiner Anweisungen zu halten. Anschließend ließen wir eine strenge Belehrung über die Gefahren in den Höhlen über uns ergehen. Eintönig leierte unser Höhlenführer Jakob seinen Text herunter und warnte: „Keiner verlässt den Weg. Alle gehen geschlossen hinter mir. Ansonsten geht ihr in dem Höhlenlabyrinth verloren." Paul und ich fanden das ziemlich übertrieben. Jedenfalls, jetzt noch.

Endlich ging es los und wir fuhren etwa 10 Minuten mit einem Höhlenzug in das imposante, unterirdische Paradies, das über Millionen von Jahren von winzigen Tröpfchen geformt worden war. Nach der Zugfahrt ging es zu Fuß weiter. Im Gänsemarsch folgten wir brav unserem Führer Jakob durch die geheimnisvolle Welt. Vor unseren Augen tauchten steinerne Gebilde auf, die an verwunschene Landschaften und verzauberte Wälder erinnerten. Mit der Zeit wurde es meinem Freund Paul und mir aber ziemlich langweilig. Deshalb schmiedeten wir eigene Pläne, obwohl es bekanntlich strengstens verboten war. „Komm, wir erforschen die Höhle selbst", meinte Paul plötzlich. Ich war sofort dabei, und wir schlüpften unter einem Absperrband durch und schlichen einige Meter in einen dunklen Gang hinein. In diesem Bereich der Höhlen roch die Luft modrig und sie schmeckte salzig.

Neugierig entfernten wir uns immer mehr von unserer Gruppe. Wir hörten Jakob und unsere Klasse nur noch ganz in der Ferne. Aber was war das? Auf einmal nahmen wir unheimliche Gesänge, Klopfgeräusche und das Plätschern von Wasser wahr. Auf Zehenspitzen schlichen wir immer näher heran. „Komm", ermunterte mich Paul, „wir schauen nach, was da hinten los ist."

Die Geräusche und der Gesang wurden immer lauter. Hinter einem Felsen gingen wir in Deckung. Mir wurde mulmig zumute. Außerdem war mir eiskalt und ich fröstelte. Ich bemerkte, dass Paul vor Aufregung wie Espenlaub zitterte. Was wir nun sahen konnten wir kaum glauben. Wir trauten wirklich unseren Augen nicht. Wir entdeckten kleine Zwerge, die mit Spitzhacken die felsigen Wände bearbeiteten, glitzernde Edelsteine abbauten, und dabei fröhlich Lieder trällerten. Andere dieser Wesen sammelten das funkelnde, herausgehauene Material und luden es auf eine Lore. Mit dieser Lore transportierten wiederum andere Wichte die glitzernden Schätze zu einem weiter hinter gelegenem Wasserlauf. Dort war ein kleines Boot, in welchem das Gestein abtransportiert wurde. Diamanten, Smaragde, Rubine und Kristalle leuchteten in den schillerndsten Farben des Regenbogens. Ich flüsterte zu Paul:

„Das glaubt uns kein Mensch, was wir hier sehen!" Doch Paul war so fasziniert von dem vielseitigen Geschehen, dass er mich gar nicht hörte. Noch eine ganze Weile beobachteten wir die fleißigen Zwerge. Wenige Augenblicke später verspürten wir Schläge auf unseren Füßen. Sofort drehten wir uns erschrocken um. Vor uns stand ein Zwerg mit einem Knüppel in der Hand und mit einem tomatenroten Gesicht. Er kochte vor lauter Wut. Mein Herz klopfte vor Angst wie ein Dampfhammer und auf meiner Stirn bildeten sich Schweißperlen. Auch Paul wirkte starr wie ein Eisklotz vor Schreck und er war leichenblass im Gesicht.

Tausend Gedanken rasten durch meinen Kopf. Hatte nun unser letztes Stündlein geschlagen?

„Ihr Eindringlinge", brüllte der Wicht. „Was habt Ihr hier zu suchen? Das ist unser Revier! Verschwindet, sonst passiert noch ein Unglück!".

Wild drohend fuchtelte er mit seiner Waffe umher. Plötzlich verspürte ich einen Schlag auf meine Beine. Etwas unsanft wurde ich so aus dem Schlaf gerissen. Ich befand mich immer noch im Bus.

„Du hast die ganze Fahrt nach Slowenien geschlafen", rief Herr Brugger. „Ich hoffe Du bist jetzt fit für die Erkundung der Höhlen."

Während unserer Höhlenführung dachte ich immer wieder an meinen märchenhaften Traum, und die fleißigen Zwerge. Ich fragte mich, ob es tatsächlich in den dunklen Gängen andere Wesen geben könnte, die hier leben.

Lukas Kotte
Dr.-Max-Josef-Metzger-Realschule Meitingen, Klasse 6a

Des Nachts

Des Nachts, wenn alles schläft und ruht,
Fasst ein jedes Kindlein Mut.
Stürzt sich in die wildesten Träume,
Klettert über Nachbarszäune.
Weit hinaus in fremdes Land,
Vielleicht sogar bis an den Strand?
Wohin die Reise mich wohl bringt?
Wo ich mich dann wiederfind'?
Im Ozean in dunklen Tiefen,
Im Weltall, Dschungel, während andere schliefen?
Erleb' ich Gefahren, Abenteuer, Spaß?
Lustige Geschichten im Übermaß?
Das schöne Traumland kennt keine Grenzen,
Man kann auch einfach nur faulenzen.
Was kann man dort nicht alles machen,
Das bringt einen total zum Lachen.
Doch wenn der Morgen langsam graut,
Und sich die Mutter ins Zimmer traut,
Dann hat der Traum schon wieder ein Ende,
Egal wie blöd ich das jetzt fände.
Und jeden Abend freue ich mich,
Nicht schlafen zu können versetzt mir einen Stich.
Ich will mir das Blaue von Himmel träumen,
Das Unmögliche machen und nichts versäumen.
Ich sehne mir die Nacht herbei,
will endlich wieder träumen.

Ella Huber
Staatliches Gymnasium Königsbrunn, Klasse 8b

Der Igel auf der Insel

Der Igel lebt auf der Insel. Er reitet auf einem Delfin. Er macht Disco. Er taucht und er sieht Korallen und Fische und Haie und viele Algen und andere Dinge. Und er sieht eine Schlange. Und ein Vulkan bricht aus. Uff! Das war nur ein Traum!

Wendelin Hertle
Grundschule Aystetten, Klasse 2a

Der Süßigkeiten-Wald

Ich sitze in der Schule und werde auf einmal ganz müde und schlafe ein. Dann träume ich, dass ich auf einem Einhorn in einem Süßigkeiten Wald reite. Es hängen Zuckerstangen von den Bäumen. Die Eichhörnchen haben Schwänze aus Zuckerwatte. Der Boden ist aus Smarties. Nach einiger Zeit rüttelt mich jemand wach. Eine sanfte Stimme sagt:
„Aufwachen, Josephine!"
Verdattert schaue ich meine Lehrerin an. Ich stelle fest, dass das alles leider nur ein Traum war.

Josephine Rößle
Grundschule Fischach-Langenneufnach, Klasse 2a

I Have a Dream …

… diesen Satz rief Mitte der 1960er Jahre der bekannteste Sprecher der Bürgerrechtsbewegung, Martin Luther King. Bei dieser Aussage ging es darum, seiner Vorstellung von einem gleichgestellten Leben Nachdruck zu verleihen. Er setzte sich mit unglaublichem Mut und Überzeugung gegen die „Rassentrennung" ein. Für sein Engagement erhielt er sogar den Friedensnobelpreis. Doch der Preis war hoch, er musste seinen Traum mit dem Leben bezahlen. Aber wozu mussten er und viele andere Menschen denn überhaupt darum kämpfen? Sind wir Menschen denn nicht alle gleich? Ich kann mich an einen Spruch erinnern, den eine Lehrerin in das Poesiealbum meiner Mutter geschrieben hatte: Ein deutsches Kind, ein türkisches Kind, ein afrikanisches Kind und ein asiatisches Kind drücken beim Spielen die Hände in Lehm. Nun geh und sag, welche Hand ist von wem! Ich muss zugeben, als ich diesen Text gelesen habe, war ich noch um einiges jünger und konnte damit überhaupt nichts anfangen. Warum soll es denn wichtig sein, woher diese Kinder kommen? Für mich war nur der eine Gedanke wichtig: Das sind tolle Freunde, die zusammen fröhlich spielen und voll super im Sand matschen. Mehr ist doch gar nicht wichtig, oder?

Als ich jedoch älter wurde und anfing, mich für Nachrichten zu interessieren, wurde mir klar, dass es viele Menschen gibt, die sehr wohl Unterschiede machen. Es werden Kriege geführt aufgrund der Religion. Sollte ein unterschiedlicher Glauben denn nicht selbstverständlich sein? Woher nehmen Menschen sich heraus zu sagen, ihr Gott und ihr Glaube wäre reiner und heiliger? Es werden Frauen misshandelt und ausgebeutet, in vielen Länder dürfen sie noch nicht einmal zur Schule gehen. Warum sind Frauen denn weniger Wert? Menschen mit einer anderen Hautfarbe sind automatisch faul und Verbrecher. Warum erlauben sich Menschen ein solches Urteil über Personen, die sie noch nie zuvor gesehen haben? Wo bleiben die Rechte der Kinder? Nur weil sie das schwächste Glied in der Kette sind, haben Menschen das Gefühl, sie können alles mit ihnen machen.

Heute schreibe ich als heranwachsender junger Mensch meinen Traum ... Ich träume von einer Welt, in der es egal ist, welcher Religion man angehört ... von einer Welt, in der alle Frauen und Mädchen das Recht haben zur Schule zu gehen, sich frei zu entfalten und ein selbstbestimmtes Leben zu führen ... von einer Welt, wo Kinder Kinder sein dürfen, sie nicht zu Kinderarbeit und Kinderprostitution gezwungen werden, sie einfach fröhlich spielen können ... einer Welt, in der Menschen nicht aufgrund ihrer Hautfarbe als Taugenichts und Verbrecher abgestempelt werden ... Denn wie steht es in dem Kinderbuch „Der kleine Prinz" geschrieben? „Man sieht nur mit dem Herzen gut. Das Wesentliche ist für die Augen unsichtbar." Ich bin mir sicher, mein Traum von einer glücklicheren Welt kann Wirklichkeit werden, wenn die Menschen aufhören, die Schuld ihrer eigenen Unzufriedenheit, ihre Fehler, ihr Versagen und auch ihre Unsicherheit gegenüber neuen und fremden Situationen bei anderen zu suchen. Wenn wir anfangen uns zu vertrauen, unser „Herz" sehen lassen und Hand in Hand für einander da sind, dann werde ich wieder eine Geschichte schreiben die dann heißen wird ...

I had a dream and now it´s a reality!

Maximilian Heinrich
Staatliches Gymnasium Königsbrunn, Klasse 9A

Die Süßigkeiten-Traumwelt

Es war einmal ein Junge namens Paul.

Es war schon 21:00 Uhr, als seine Mutter rief: „Paul! Wieso bist du noch wach? Ab ins Bett mit dir!" Zögernd schlurfte er ins Badezimmer und putzte seine Zähne. Als er fertig war, ging er in sein Zimmer und machte es sich auf seinem weichen Bett gemütlich. Er wälze sich eine Viertelstunde hin und her, bis er endlich einschlief.

Plötzlich wachte er auf. Doch er war nicht mehr in seinem Zimmer. Stattdessen stand er auf einer duftenden Wolke. Paul zupfte ein kleines Stückchen ab und probierte es. Es schmeckte nach Zuckerwatte! Als er hinabschaute, sah er einen Lolli-Wald. Paul sprang von der Wolke und landete - platsch - in einem Limo-Fluss. Er kletterte heraus und legte sich auf die Marzipan-Wiese. Direkt neben ihm wuchs eine Lakritz-Blume. Auf der Marzipan-Wiese kroch eine Lakritz-Schnecke. Paul fragte: „Wo bin ich hier?" Er schaute sich um. Darauf antwortete ihm die Lakritz-Schnecke: „Wir sind hier in der Süßigkeiten-Traumwelt." Schon hatte sie sich in ihrem Haus verkrochen. Paul ging weiter und weiter und weiter.

Er kam an einem Sprite-See mit vielen Gummibär-Fröschen vorbei. Einer der Gummibär-Frösche sagte: „Gehe zu der Zuckerstangen-Rutsche und rutsche sie hinunter, dann wirst du im Süßigkeiten-Tal landen." So ging er zu der Rutsche, die gleich neben dem See war und rutschte sie hinunter. Unten angekommen, ging er in das Tal der Süßigkeitenwelt. Er sah, dass viele Menschen auf Zuckerwatte-Wolken herumfuhren. Da entdeckte er einen Parkplatz mit vielen Zuckerwatte-Wolken. Er ging zu ihnen und stieg auf eine von ihnen. Sobald er es sich auf einer von ihnen gemütlich gemacht hatte, flog sie auch schon los. Sie flog höher und höher und höher, bis sie an einem Butterkeks-Turm vorbeischwebte. Paul konnte sich bequem ein kleines Stückchen abbrechen. Er steckte es sich genüsslich in den Mund.

Paul legte sich auf den Rücken und genoss den blutorangenen Sonnenuntergang, der gerade noch über den Pudding-Bergen zu sehen war. Er dachte darüber nach, was für einen schönen Tag er gehabt hatte. Irgendwann würde er nach Hause fliegen. Aber jetzt noch nicht. Dieser Traum war einfach zu schön.

Mina Rößler, Anna Keppeler
Grundschule Leitershofen, Klasse 4c

Das wortwörtlich traumhafte Wochenende

Freitags in der Schule verkündete uns unsere Lehrerin, Frau Herb, dass wir Gruppenprojekte zugeteilt bekämen. Sie teilte ein paar Kinder in ein Team ein. Der Rest durfte sich selbst zusammenfinden. Unsere Gruppe bestand aus den drei besten Freundinnen in ganz Bobingen: Inka, Marlene und Anna. Nun verteilte unsere Lehrerin die Aufgaben und alle waren gespannt, welche Herausforderung sie bekommen. Unser Auftrag war, ein Interview über Träume zu führen.

Wir fingen gleich an, weil die Zeit knapp war. Als erstes begannen wir mit dem Schreiben in der Pause und fragten Lara, was ihr Traum sei. Sie antwortete, dass sie gerne Millionärin wäre und in einer großen Villa mit einem riesigen Pool leben möchte.

Als wir weitergingen, sahen wir Lisa, die gerade ihr Pausenbrot aß. Auch sie fragten wir, was ihr Traum sei. Sie antwortete: „Ich wünsche mir seit Jahren ein eigenes Zimmer!" „Cool", sagte Anna und notierte diese Information.

Wir gingen weiter. Doch da gongte es, und die Pause war aus.

In der nächsten Stunde Mathe konnten wir uns nicht konzentrieren, da wir nur an unser Projekt dachten. „Oh, nein!", dachte Inka als unsere Lehrerin die Matheproben zurückgab. „Eine vier", sagte sie ganz entsetzt. „Ist doch nicht so schlimm", munterte Anna ihre Freundin auf. Zum Glück war die Schule jetzt aus.

Auf dem Weg nach Hause begleitete uns Emma ein Stückchen. Wir fragten sie, wovon sie träume. Unsere Klassenkameradin erzählte uns, dass sie sich Tausende von Tieren wünsche.

Nachmittags auf dem Spielplatz konnten wir mit Tina und Irina sprechen. Sie rutschten gerade, als wir sie fragten, was ihr Traum sei. Beide Mädchen antworteten gleichzeitig und entschieden: „Modedesignerin und Model"!

Wir wollten gerade gehen, da entdeckten wir Bolek. Er wollte den Tod sehen. Entgeistert sahen wir ihn an, als er uns diese gruselige Nachricht mitteilte. Wir entfernten uns langsam und gingen vorsichtig nach Hause.

Am Samstag klingelte Annas Telefon, Marlene war dran. Sie war enorm aufgeregt und erzählte Anna hektisch, dass sie gestern auf dem Weg nach Hause noch Sophia, Rebecca und Laila getroffen hatte, die ihr ihre Träume erzählt hatten. Rebecca möchte fliegen können. Laila will einen schneeweißen Hasen bekommen und Sophia träumt davon, Deutschlehrerin zu werden.

„Klasse!", freute sich Anna, „Wollen wir zusammen mit Inka Eis essen gehen? „Gerne!", sagte Marlene, „Ich hole Inka!".

Eine halbe Stunde später saßen wir zusammen mit einem Schokoeis in der Hand an unserem Lieblingsplatz. Zufällig war Larissa mit ihrer besten Freundin Tilda auch da. „Hi, ihr beiden!", sagte Inka. „Was ist denn eurer Traum?" Sofort platzte es aus Larissa heraus: „Fallschirmspringen! Es ist so herrlich, durch die Luft zu gleiten!" Tilda erwiderte: „Ich will lieber Forscherin werden. Ein ruhiger Job für einen ruhigen Menschen." Alle lachten.

Mit Tränen in den Augen schmunzelte Larissa: „Ich habe neulich Luisa gefragt, was ihr Traum sei. Ich glaube, sie will Kindergärtnerin werden." Wir verabschiedeten uns von Larissa und Tilda und gingen mit Schoko-Glücksgefühlen nach Hause.

Am Sonntagnachmittag feierte Pascal seinen 10. Geburtstag. Er hatte viele Gäste eingeladen. Das war eine passende Gelegenheit, weitere Kinder zu befragen. Seinen Traum konnten wir ihm nicht erfüllen, da wir ihm nur Legosteine geschenkt hatten. In Wirklichkeit träumte er davon, mit unserer Klassenkameradin Hanna zusammensein zu wollen. Wenn das Hanna nur wüsste, dachten wir. Doch wir trauten uns nicht, das zu kommentieren. Als nächstes gingen wir zu Hanna. Zu unserer Enttäuschung träumte sie von einem Pferd und dachte gar nicht an Pascal.

In diesem Moment merkten wir, dass Michael und Tobias sich gerade am Kuchen bedienten – guter Zeitpunkt, um sich bei den Jungs zu erkundigen. Michael würde gerne mit einem Lamborghini durch die Prärie rasen. Tobias hingegen möchte Fußballweltmeister werden und von seinen Fans begejubelt werden. Das war weit entfernt von unseren eigenen Wüschen.

„Was ist denn eigentlich dein Traum, Anna?" fragte Marlene.

„Ich träume schon lange davon, bei Olympischen Spielen mitzumachen", antwortete Anna.

„Und was stellst du dir vor, Marlene?", entgegnete Anna.

„Ich warte ja immer noch auf meinen Hogwarts-Brief!"

„Und was ist das für ein Brief?", mischte sich Inka ein.

Marlene erklärte, dass es ein Brief sei, indem man erfährt, dass man nach Hogwart, der Zauberschule, eingeladen ist.

„Und wonach sehnst du dich, Inka?", fragten die Freundinnen.

„Mein Traum ist es, Sängerin zu sein, auf der Bühne zu stehen und meine neusten Hits zu präsentieren!", rief Inka enthusiastisch.

Die Party neigte sich dem Ende zu und alle gingen erschöpft nach Hause. Was für ein interessanter Nachmittag.

Am Montag in der Früh trafen wir uns alle vor der Schule. Anna erkundigte sich, wie viele Personen bereits befragt wurden. Inka meinte: „Wir haben von allen Kindern aus unserer Klasse Antworten." „Von allen Kindern …" - sagten Marlene und Anna gleichzeitig. „Frau Herb haben wir noch keine Frage gestellt! Dann wissen wir, was wir jetzt machen!"

Als wir in der Klasse ankamen, fragten wir die am Pult angelehnte Lehrerin, was ihr größter Wunsch sei. Sehr verträumt erzählte sie uns, dass sie gerne den ganzen Sommer lang auf einer Alm in einer Hütte wohnen wolle.

„Aber jetzt beginnen wir mit dem Unterricht", teilte uns Frau Herb die unschöne Nachricht mit. „Ich habe über das Wochenende eure zweite Matheprobe korrigiert. Gute Neuigkeiten, Inka! Hier, eine starke Eins mit voller Punktzahl".

Das hätte sich Inka nie im Leben erträumt!

Alle haben herzlich gelacht.

Marlene sagte: „Wenn ich den Hogwarts-Brief doch nicht bekomme, dann würde ich mir wünschen, dass dieses erlebnisvolle Wochenende sich wiederholt!"

Anna fügte hinzu: „Oh ja, das wäre auch mein Wunsch. Was habt ihr nächstes Wochenende vor?"

Inka Jaehn, Anna Füchsle, Marlene Bernwieser
Grundschule Bobingen an der Singold, Klasse 4a

Der Traum der Selbstakzeptanz

Jeder Mensch hat Träume. Sie können sowohl gut als auch schlecht sein. Ich habe viele Träume, aber ob sie in Erfüllung gehen, das kann man nie wissen. Ich habe geträumt, dass ich mich eines Tages mit meiner besten Freundin an einem warmen Sommer Abend treffe. Wir haben uns dazu entschlossen, dass wir spazieren gehen wollen, und uns danach mit einer Decke auf einen Berg setzen. Wir liefen durch den Wald. Dort konnte man Tiere beobachten. Wir sahen einen Uhu, Rehe, Vögel und noch viele verschiedene Tiere. Als wir durch den Wald liefen, sprachen wir darüber, was bei uns beiden in letzter Zeit so passiert ist. Wir hatten viele verschiedene Gesprächsthemen. Nach einiger Zeit kamen wir auf dem Berg an und breiteten unsere Decke auf dem Stück Wiese aus, und wir schauten in den Sternenhimmel. Nach einem schweigenden Moment fing ich an, über das Thema Selbstakzeptanz zu sprechen. Ich erzählte ihr, dass ich eine Zeit lang Schwierigkeiten hatte, mich selbst zu akzeptieren und mich selbst zu lieben auf Grund meines Aussehens. Da schaute sie mich an und erzählte mir, dass es nicht wichtig sei, wie man aussieht, sondern dass es wichtig sei, was ich aus mir mache. Da schaute ich sie an und sie sagte mir „Es ist wichtig, sich selbst zu lieben, um sich selbst vertrauen zu können, denn was du hast, können viele haben ... doch was du bist, kann keiner sein." In diesem Moment erschien eine Sternschnuppe am Himmel und ich wünschte mir, dass ich mein Leben weiterhin so meistere wie zuvor. Ob der Traum in Erfüllung geht oder nicht, weiß man nicht, aber ich kämpfe dafür, dass mein Traum in Erfüllung geht.

Amalia Baumeister
Staatliches Berufliches Schulzentrum Neusäß, Klasse Ki10

Oh nein, das Fahrrad schwebt

Heute hatte mein bester Freund Timo Geburtstag. Es war heiß draußen und wir spielten im Garten meines Freundes. Dann kamen seine Eltern und überreichten ihm sein Geschenk. „Ja, ein neues Fahrrad!", freute sich Timo. Alle probierten es aus. Als ich dann versuchte, mit Timos Fahrrad zu fahren, hob ich plötzlich ab. Das Gefährt stieg immer höher und höher. Ich sah Timos Freunde und ihn nur noch von oben. Sie riefen wild durcheinander: „Was ist jetzt passiert?" „Wie kann das sein?", schrie Timo. Ich sah mich um und bemerkte, dass ich von hier oben eine schöne Aussicht hatte. Deshalb fühlte ich meine Angst noch nicht. Nun flog ich über den großen See, in dem wir immer zum Baden gehen. Dann bekam ich aber Angst: „Wie komme ich bloß wieder hier herunter?", schoss es mir durch den Kopf. Ich zappelte wild auf dem Fahrrad herum, aber es half nichts. Ganz im Gegenteil, ich stieg immer noch weiter nach oben. Gestresst versuchte ich zu bremsen, aber es brachte wenig. Ich war schon in den Wolken angelangt. Immer weiter in Richtung Weltall aufsteigend, schrie ich so laut ich konnte: „Hilfe, holt mich runter!" Plötzlich stieg das Fahrrad mit einem Ruck sehr schnell nach oben. Mittlerweile war ich schon im Weltall angekommen. Es wunderte mich, dass ich noch atmen konnte. Als eine knappe halbe Stunde vorbei war, bekam ich Hunger wie ein Bär und wurde müde. Auf einmal sah ich ein Ufo in der Ferne. Ich schaltete mein Licht an, in der Hoffnung, dass mich die Außerirdischen sehen könnten. Sie kamen näher. Die Aliens öffneten die Tür. Ich fragte sie nach ein bisschen Essen. Weil die Aliens sehr nett waren, ließen sie mich in ihr Ufo einsteigen, packten Timos Fahrrad ein und flogen weiter. Sie gaben mir ein Bananenbrot zu essen, und ich aß es schnell auf. Dann fragte mich einer der Aliens: „Wie heißt du und wo kommst du her?" Daraufhin antwortete ich: „Ich bin Max und komme aus Mühldorf, das liegt auf der Erde. Könnt ihr mich bitte zurückbringen?" „Natürlich!", meinte ein anderer Alien. Wir flogen los in Richtung Erde. Plötzlich sah der Kapitän der Aliens ein anderes Ufo. Er rief: „Oh nein, die bösen Aliens!" Zu spät, sie hatten uns bemerkt und beschossen uns mit Lasern. Einer der netten Aliens holte Hilfe, die kurz darauf eintraf. Es kam zu einem riesigen Weltraumkrieg, denn unsere Gegner holten auch Verstärkung. Die Außerirdischen zerschossen sogar ganze Planeten. Im Eifer des Gefechts schaffte es das Ufo, in dem ich saß, zu flüchten. Wir flogen zurück nach Mühldorf. Kurz bevor wir ankamen, klingelte ein Telefon. Es stellte sich heraus, dass es dem Piloten des Ufos gehörte. Ein anderer Außerirdischer sprach in das Telefon. „Hallo, wir haben unsere Gegner vernichtet!", meinte eine Stimme. Alle jubelten, sogar ich. „Aber jetzt", meinte der Pilot, „bringen wir dich zurück nach Hause."

Dort warteten bereits alle auf mich. „Gut, dass du noch lebst!", freute sich Timo. Ich erzählte allen von meinem spannenden Ausflug in das Weltall. Und die netten Außerirdischen meinten: „Ihr könnt uns jederzeit besuchen kommen." „Ohne das fliegende Fahrrad", unterbrach Timos Mutter die Aliens, „wird das nicht möglich sein." „Wir haben das Fahrrad doch dabei!", stotterte ich verblüfft. „Ja, aber Timo bekommt ein neues Fahrrad und das andere kommt auf den Müll, weil es zu gefährlich ist!", sagte Timos Vater.

Plötzlich hörte ich es klingeln, es war mein Wecker. Da bemerkte ich, dass alles nur ein Traum gewesen war. Eigentlich schade, dass es in Wirklichkeit keine Aliens und keine fliegenden Fahrräder gibt.

Paul Gollinger
Dr.-Max-Josef-Metzger-Realschule Meitingen, Klasse 6 a

Mein Traumberuf

Ich möchte Psychologin werden.
Warum möchtest du Psychologin werden?
Weil es mit selbst schlecht geht.
Warum möchtest du Psychologin werden?
Weil ich helfen möchte, dass es anderen nicht schlecht geht.
Weil ich mir wünsche, dass sich andere nicht selbst verletzen.
Warum möchtest du Psychologin werden?
Ich möchte, dass es anderen besser geht.

Maya Alrashedalomar
Helen-Keller-Schule Dinkelscherben, Klasse 5Ga

Mein wunderschöner Traum

Ich liege in meinem rosaroten Himmelbett, habe die Augen geschlossen und träume einen wunderschönen Traum.
In meinem Traum habe ich die Fähigkeiten zu fliegen und auch die Gabe, Kriege zu beenden!
Diesen Traum träume ich nun jeden Tag und hoffe, dass er auch in Erfüllung geht.

Magdalena Altorf
Grundschule Zusmarshausen, Klasse 4a

Träumerei

Träume nicht zu viel,
denn dein Traum wird enden
und man wird glauben,
du wärest nur ein Traum gewesen.

Dorothea Mackes
Grundschule Steppach, Klasse 4 A

Mein Traum

In meinem Traum kann ich fliegen. Nach Österreich. Ich will auf den Bergen wandern. Ich esse auf der Alm.

Florian Vogt
Grundschule Gessertshausen, Klasse 1b

Albträume

Schweißgebadet wachst du auf,
Eine beängstigende Leere in deinem Bauch.
Du willst schlafen, doch du kannst es nicht.
Blank vor Angst ist dein Gesicht.
Und du erinnerst dich,
Nur gute Träume, gibt es nicht.

Sara Richter, Mercedes Krebs, Klasse 7e
Staatliches Gymnasium Königsbrunn, Klasse 7e

Der Traum

groß
das Kinderzimmer
ist sehr schön
ich habe viel Spielzeug
toll

Niklas Wehrmeister
Franziskus-Schule Gersthofen, Klasse 3b

Fußballprofi

Hallo,
ich bin Mirdon Kastrati. Ich komme aus dem Kosovo und Albanien.

Mein Traum ist immer, Fußballprofi zu werden und bei meinem Traumverein Real Madrid zu spielen.

Mein Traum ist, die Champions League zu gewinnen und mit Real Madrid die Liga zu gewinnen.

Mein Traum ist es, für die Nationalmannschaft zu spielen.

Mein Traum ist es, meine Familie glücklich und stolz zu machen.

Mirdon Kastrati
Helen-Keller-Schule Dinkelscherben, Klasse 5Gb

Meine Traumgeschichte

Mein größter Traum ist es, später einmal ein eigenes Segelboot zu besitzen. Ich liebe das Meer schon immer, egal ob ich darin schwimme, mit dem S.U.P. fahre oder mit dem Motorboot. Immer wenn ich an Segelbooten vorbeikomme, wünsche ich mir, später ein eigenes zu haben, um darauf mit meiner Familie und guten Freunden oder auch allein die Weltmeere zu erkunden.

Weil ein Segelboot nicht günstig ist, brauche ich viel Geld und somit einen guten Beruf. Mein Traumberuf ist, Erfinder zu sein. Ich erfinde jetzt schon Sachen wie zum Beispiel das Motorrad, das auf Land und auf Wasser fahren kann, und die Yacht, die auf Land gehen kann, natürlich kann ich diese Planungen noch nicht umsetzen.

Ich segle bereits fast jeden Freitag auf dem Ammersee mit einem kleinem Opti herum. Aber um einmal ein großes Segelboot steuern zu können, muss ich noch viel üben. Dieses Jahr in den Pfingstferien segle ich mit meiner Familie, meinem Onkel und meiner Tante von Rostock übers Meer nach Dänemark. Mein innigster Wunsch ist es, wenn ich größer bin, meine Lieblingsinsel Korsika mit meinem eigenen Segelboot zu umsegeln.

Weitere Träume von mir sind es, einen Strandbuggy zu haben, weil ich es einfach ein cooles Fahrzeug finde. Ich möchte später einmal gut tauchen können, denn es kann ja sein, dass an dem Segelboot mal etwas unter Wasser kaputt geht.

So, genug vom Segeln erzählt und geträumt, sonst erfahrt ihr noch meine ganze Lebensgeschichte.

Leo Roehring
Grundschule Neusäß am Eichenwald, Klasse 4b

Der Traum einer kleinen Riesenschnecke

Eines Tages wollte die kleine Riesenschnecke Achati ein Abenteuer erleben. Achati träumte davon, in ein Paradies zu reisen.

Sie hatte erfahren, dass es in Deutschland kühler ist und es dort viele verschiedene, leckere Pflanzen gibt. Darum machte sie sich eines Abends in der Dämmerung auf zum Hafen. Es war ein weiter Weg. Hungrig kam sie endlich an der Küste an.

Da entdeckte sie eine große Kiste mit Sepia. In der Kiste befanden sich Tintenfische, die von Menschen gefangen worden waren. Nichtsahnend naschte Achati von den Tieren.

Plötzlich gab es einen Ruck!

Große Menschen trugen die Kiste mitsamt der kleinen Riesenschnecke ins Innere eines gewaltigen Containerschiffes. Auf einmal wurde es sehr kalt und dunkel um Achati. Sie bekam fürchterliche Angst. Alles um sie herum und sie selber wackelte wie bei einem Erdbeben. Es war eisig und unheimlich. Achati wünschte sich zurück in die Savanne von Ostafrika. Irgendwann schlief sie ein.

Als sie wieder aufwachte, spürte sie, dass es jetzt gar nicht mehr wackelte und es angenehm warm war. Achati lag am Mittelmeerstrand im Nirgendwo. Ein Kind, das am Strand spielte entdeckte die Schnecke und nahm sie mit nach Hause nach Grünenbaindt.

Achati erzählte von ihrer Reise und ihrem Traum, im Paradies zu leben, zwischen vielen grünen Pflanzen. Das Kind ließ Achati frei zwischen Springkraut und Riesenbärenklau, denn die Riesenschnecke liebte den Geschmack und Geruch dieser Pflanzen.

Für Achati ging ein Traum in Erfüllung: das Paradies, grüne Pflanzen und Freiheit!

Sie lernte eine Weinbergschnecke kennen und befreundete sich mit ihr. Zusammen erlebten sie viele Abenteuer. Und wenn sie nicht gestorben sind dann leben sie noch heute.

Elias Johannes Kratzer
Grundschule Dinkelscherben, Klasse 3b

Die Zauberwolken

Wolken tanzen hin und her,
sie scheinen mir, als wären sie nicht schwer.
Hin und her, hin und her,
ich fühle mich so herzensschwer.
Rosarot so schauen sie aus,
aus ihnen kommt kein Regen raus.
Aus den Wolken kommt etwas anderes raus,
wie Zuckerguss schaut dieses aus.
Nun fliege ich ins Nirgendwo,
ich wollte es schon immer so.
Und ich lief über dieses Wolkenmeer,
so fühlte ich mich nicht mehr leer.
Jetzt muss ich wieder weg von dort,
auch meine Heimat ist ein schöner Ort.
Die Wolken tanzen noch immer gern.
Sie scheinen mir, als wären sie gar nicht mehr so fern.

Nele Svojanovsky
Staatliche Realschule Neusäß, Klasse 5 e

Der Korridor

Es war 03:00 nachts. Ich rannte diesen endlosen Korridor mit Türen entlang, in der Hoffnung, rauszukommen. Nach jeder Tür, durch die ich ging, ging es weiter. So ging das eine Stunde. Plötzlich wurde ich ohne meinen Freund Tim, mit dem ich gerannt war, wegteleportiert. „Wo bin ich?", fragte ich mich. „Was ist passiert?" Nach zwei Minuten Nachdenken, hatte ich einen Glühbirnen-Moment. „Vielleicht passiert irgendwas immer jede Stunde."
Ich musste schnell raus aus diesen Albtraum. Eine weitere Stunde verging und ich fand mich wieder im Korridor. Wieder rannte ich mit meinem Freund Tim. Hinter uns war keine schwarze Gestalt mehr, sondern ein Wolf mit roten Augen. Wir schauten hinter jede Tür … erfolglos. Bis auf

einmal eine Tür ein lilafarbenes Portal hatte. Ohne nachzudenken sprangen wir durchs Portal. Da war eine lila Welt mit schwarzen Vögeln und blauen Gebäuden. Ich rannte, dann fiel ein Elefant hinter mir ein. Das war wohl der nächste Effekt. Ich wartete einfach auf meinen Freund Tim am Rand einer Klippe, bis er kam.

Zehn Minuten später sah ich etwas aus dem Portal kommen, das ich nicht wirklich erkennen konnte. Ich wartete, in der Hoffnung, dass es Tim war, aber wie sollte er mich finden? Ich war kurz davor nach fünfundvierzig Minuten runterzugehen, doch als ich mich umdrehte, war der Wolf dort. Ich dachte, ich wäre Geschichte, bis mir einfiel, dass jetzt nach einer Minute etwas Neues passiert. Dass ich einfach nur nicht sterbe, wäre gut. Die Minute war vorbei. Ich konnte die Klippe nicht rechtzeitig runterspringen, doch dann wurde der WOLF wegteleportiert.

Ich war so glücklich, aber ich wollte einfach nur weg von hier. Also ging ich in das Portal. Doch dann wachte ich von dem Traum auf.

Cansin Cil
International School Augsburg/Gersthofen, Klasse 5K

Traum

Traum wirkt sich auf Tag aus.
Raumschiff
Alleine im Traum
Urlaubstag
Man sieht seine Zukunft

Ela Shurdhaj
Helen-Keller-Schule Dinkelscherben, Klasse 5Gb

Mein Traum

Ich habe geträumt zu sein wie alle anderen Kinder, dass ich ganz gesund bin und ohne Schiene laufen kann, als hätte ich nie einen Schlaganfall gehabt.

Valeria Daschmann
Grundschule Gessertshausen, Klasse 1a

Mein großer Traum

Ich, Patrizia Wiedemann, neun Jahre alt, liebe Tiere über alles. Deswegen habe ich drei Katzen: Minnie, Lola und Nala. Leider ist Minnie mit zwölf Jahren, also heute, eingeschläfert worden. Und das macht mich so traurig.

Ich komme von der Schule nach Hause und sehe meine Mama voller Tränen, und da wusste ich: Minnie ist tot! Falls sich die Leserin oder der Leser denkt, die Geschichte ist doch traurig ... Mein Traum ist, meine Katze Minnie wiederzusehen. Lola und Nala suchen Minnie wie verrückt. Aber ich weiß, der Traum bleibt immer bei mir. Ich weiß auch, dass ich mir den Traum erfüllen kann, weil alle Lebewesen für immer und ewig leben können, denn oben im Himmel geht das Leben weiter und irgendwann bin auch ich im Himmel!

Patrizia Wiedemann
Grundschule Dinkelscherben, Klasse 3a

Der Traum vom Noch-einmal-Kind-sein

Ich möchte noch einmal Kind sein.
Noch einmal von meinen Sorgen frei sein.
Noch einmal in die Grundschule gehen und jedes verdammte Schulfach
verstehen.
Rüber zu meinem Nachbarn gehen,
die Welt mit anderen Augen sehen.
Ich möchte noch einmal Kind sein
und über die kleinsten Wehwehchen weinen.
Noch einmal auf einem riesen Trampolin springen
und Lieder in falschem Englisch singen.
Pferdchen und Hexe spielen,
bis wir erschöpft umfielen.
Shorts über Leggings tragen,
Mama nach der Uhrzeit fragen.
An den Weihnachtsmann glauben,
Geschichten hören, die mir den Atem rauben.
Ein letztes Mal Kassette anmachen
und mit meinen Kindergartenfreunden lachen.
Ich möchte noch einmal Kind sein.
Meinen Namen in die Welt schrei'n.
Nudeln mit Seife kochen,
Haben an den schönsten Blumen gerochen.
Auf Papas Schultern sitzen
und durch grüne Wiesen flitzen.
Noch einmal in Freundebücher schreiben
und meine Arme zum Fliegen ausbreiten.
Das erste Mal Rapunzel sehen,
das erste Mal ins Training gehen.

Ich möchte noch einmal Kind sein.
Noch einmal frei von meinen Sorgen sein.

Emily Plückthun
Justus-von-Liebig-Gymnasium Neusäß, Klasse 10e

Ein spannender Nachmittag

„Ding-Dong" ertönte der Gong und endlich war die Schule aus! Eine Freundin wollte sich mit mir noch über die Hausaufgaben unterhalten. Doch ich sagte ihr: „Jetzt muss ich mich aber beeilen, ich habe noch Klavierunterricht!" Meine Klavierlehrerin, Frau Fröhlich, ist super nett. Ich freue mich jedes Mal auf den Unterricht. Ich übe gerade mit meinem Bruder ein vierhändiges Stück.

Als ich mit dem Klavierspielen fertig war, ging ich zu meinem Lieblingsgeschäft. Dort gibt es einfach alles, was mir gefällt: Bücher, Spiele, CDs, Kuscheltiere, Uhren und vieles mehr. Ich wollte gerade eine CD und ein Spiel kaufen, als zwei maskierte Leute mit je einer Pistole hereinstürmten.

Der größere schrie mit tiefer, dröhnender Stimme: „Flach auf den Boden, wird's bald!" Alle im Raum legten sich hin. Mein Herz wummerte. Ich hatte wirklich Angst. Gedanken rasten mir durch den Kopf. Was würde wohl passieren? Der andere Bandit verlangte, dass der Verkäufer die Kasse aufsperren soll. Während die beiden Räuber von dem vielen Geld abgelenkt waren, sah ich, wie ein junger Mann die Polizei alarmierte. Vielleicht würde doch noch alles gut gehen.

„Tatütata!" Na endlich, die Polizei war da. Sie umstellte das Gebäude. Die Verbrecher wollten flüchten. Aber die Polizisten waren schneller. Die Handschellen klickten und sie wurden abgeführt. Gerade kam ich nach Hause und wollte den Schlüssel ins Schloss stecken, als „Piep-piep-piep-piep" sich der Wecker meldete.

Schweißgebadet wachte ich auf und stellte erleichtert fest, dass alles nur ein Traum war. Ich hoffte, dass der nun beginnende Tag nicht so ablaufen würde.

Elisa Mayr
Grundschule Bobingen an der Singold, Klasse 4a

Traum der Wünsche

In einem Traum da träume ich
Interessante Dinge finde ich
Jeder will ein wohliges Zuhause
Ein Zuhause voller Spaß und interessanten Erlebnissen.
Ein Erlebnis, das so besonders ist, dass man es nicht vergisst
Manche Erlebnisse sind schön, die anderen wiederum nicht

Für Gerechtigkeit kämpfen viele Menschen auf der Welt.
Manche Menschen ist es nur wichtig, viel Geld zu haben
Freunde und Familie kann man nicht einfach nur kaufen mit Geld.
Jeder soll so sein, wie er ist
und man soll sich nicht schämen, wie man ist.
Alle sollen so sein, wie sie sind
und sollen sich nicht für andere verstecken
oder ändern.
Lebe dein Leben schlau
und verbringe Zeit mit deiner Familie.
Behandle du die Menschen so, wie du es dir auch wünschst!

Marie-Sofie Lehmann
Mittelschule Gersthofen, Klasse 7a

Traum

Traum,
ist Familie,
in der ich,
mich wohl fühlen kann,
Geborgenheit

Lejla Dichtl, Medina Albayrak,Klasse 6d
Justus-von-Liebig-Gymnasium Neusäß, Klasse 6d

Mein Traum / Moin marzeniem (polnisch)

Mein
Mien Traum
Mein Traum ist
Mein Traum ist, dass
Mein Traum ist, dass wir
Mein Traum ist, dass wir Frieden
Mein Traum ist, dass wir Frieden haben.
Moin
Moin marzeniem
Moin marzeniem jest,
Moin marzeniem jest, zedysmy
Moin marzeniem jest, zedysmy mieli
Moin marzeniem jest, zedysmy mieli spokój.

Livian Jacek
Helen-Keller-Schule Dinkelscherben, Klasse 5Ga

„I have a dream" — Ich habe einen Traum ...

Ich habe einen Traum, dass nämlich eines Tages kein einziger Mensch auf der Welt wegen einer Krankheit sterben muss. Jeder sollte das Recht haben, in einem Krankenhaus verarztet zu werden oder gegen die Krankheiten geimpft zu werden, damit es erst gar nicht zu solchen Fällen kommt. Außerdem sollte es egal sein, ob die Person Geld hat oder nicht, denn kein Mensch hat es verdient, wegen einer Krankheit zu leiden. Wie wäre das Leben, besonders für Kinder, wenn sie gar nicht raus könnten? Wie sollen diese Menschen denn den blauen Himmel oder die schönen Wälder betrachten?

Ich habe nur diesen einen Traum!

Gökmen Sentürk
Staatliches Gymnasium Königsbrunn, Klasse 5e

Meine Wunsch-Flaschenpost

Hallo,

mein Name ist Leonie und ich bin zehn Jahre alt.

Du hast meine Flaschenpost gefunden, in der all meine Wünsche stehen.

Ich habe diese Flaschenpost geschrieben, weil ich dir meine Wünsche erzählen will und um dich dazu zu inspirieren, selber eine Flaschenpost zu schreiben.

Ich habe viele Wünsche, aber dieser Wunsch ist mir besonders wichtig. Ich wünsche mir, dass es mir und meiner Familie gut geht und es auch allen anderen Menschen auf der Welt gut geht und es keinen Krieg mehr gibt. Außerdem möchte ich die Umwelt retten. Noch ein Wunsch wäre, die Welt zu entdecken und dabei viele Länder zu erkunden. Denn ich finde, jedes Land ist wie eine magische Welt.

Jetzt weißt du, was ich mir wünsche. Vielleicht habe ich dich inspiriert eine eigene Flaschenpost zu schreiben.

Leonie Schoch
Staatliches Gymnasium Königsbrunn, Klasse 5e

Gefangen in einem Albtraum

So oft gucke ich meine Kinderfotos an, betrachte mein Lächeln. Mein wunderschönes Lächeln. Ich erinnere mich an die Momente, als meine Mutter und ich Plätzchen buken oder als mein Vater mir eine Schaukel baute. Das Leben war so unbeschwert. Kaum erinnere ich mich an schlechte Zeiten. Weinen war wie ein Fremdwort für mich und auf einmal tat ich es fast jeden Tag. Als Kind blieb man so sehr verschont, man wusste nicht, was auf einen zukommt. Dann auf einmal die ersten Streitereien, Ablehnungen und Enttäuschungen. Je älter man wird, desto schwieriger wird alles. Ich habe Angst, mein Lachen zu verlieren. Oder habe ich das schon? Oft bekommt man gesagt, dass alles wieder gut wird oder das Leben Höhen und Tiefen hat, aber wann hört meine Tiefe auf? Ich bin in meinem Albtraum gefangen. Ich will raus, doch ich weiß nicht wie. Ich will rennen, so weit weg wie möglich, doch wohin? Wo hört mein Albtraum bloß auf? Ich will ihm entkommen, doch er umzingelt mich. Das Leben ist nicht fair. Es verändert Menschen, man verliert sie, verletzt sie, enttäuscht sie oder man wird selbst im Stich gelassen. Wann werde ich nur aufwachen und es wird alles wieder gut sein?

Anna Christina Nemeth
Staatliches Gymnasium Königsbrunn, Klasse 9d

Ein wunderschöner Traum von meiner Schwester Luisa

Luisa wachte mitten in der Nacht auf. Aber nicht in ihrem Bett, sondern in einer wunderschönen Winterlandschaft. Alles um sie herum war weiß und glitzerte. Luisa wunderte sich sehr und ging ein paar Schritte. Plötzlich hört sie die Stimme ihrer Mutter: „Luisa, aufwachen! Es ist Zeit zum Frühstücken und in die Schule zu gehen." Luisa wachte langsam auf und konnte erst gar nicht verstehen, wo sie jetzt ist. Bis sie bemerkte, dass alles nur ein Traum gewesen ist. Sie machte sich fertig für die Schule. In der ersten Stunde Deutsch fielen ihr die Augen wieder zu und sofort war sie wieder in der wunderschönen Winterlandschaft und ging wieder ein paar Schritte im glitzernden Schnee. Es war überhaupt nicht kalt. Einfach nur schön. Beim nächsten Schritt knackte es unter den Füssen und zack, brach sie ein und fiel nach unten. Aber ganz leicht wie eine Feder. Und landete in einer riesigen Höhle. Auch hier war es total schön und überall waren Eiszapfen und Kristalle. Sie hörte hinter sich ein Geräusch und Luisa drehte sich erschrocken um. Wie von Zauberhand stand da ein Einhorn da und Luisa fragte ängstlich: „Wer bist du?" Das Einhorn antworte freundlich: „Ich bin Sternchen. Aber alle nennen mich Stern. Ich wohne hier. Und wer bist Du?" Luisa antwortete erleichtert: „Ich bin Luisa und habe keine Ahnung wie ich hier hergekommen bin ..." Stern unterbrach sie: „Gut, dass Du da bist. Ich brauch Deine Hilfe. Ich habe im Wasser mein Diadem verloren. Du hast so leuchtend blaue Augen wie die Steine in meinem Diadem. Du kannst mir sicher helfen es zu finden. Ich bin sehr traurig, dass es weg ist." Luisa nickte unsicher und lief dem Einhorn hinterher. Sie gingen auf einem schmalen Weg durch ein kleines Waldstück. Auch hier war alles mit Schnee bedeckt aber Luisa war nicht kalt. Nach einigen Minuten lag ein glitzernder See vor ihnen. Sternchen sagte: „So wir sind angekommen. Hier auf dem Boden im Wasser liegt es irgendwo. Ich habe schon so oft gesucht, aber es leider nicht gefunden. Wenn wir jetzt ins Wasser gehen, brauchst Du keine Angst zu haben. Aber bleib immer bei mir, damit wir uns nicht verlieren!" Luisa nickte und zusammen gingen sie ins Wasser und tauchten tief auf den Boden. Es ging alles ganz leicht und Luisa wunderte sich, dass sie so einfach atmen konnte, aber es war so ein schönes, leichtes Gefühl. Auch der Boden glitzerte, aber sie konnten kein Diadem erkennen. Plötzlich sah Luisa etwas entfernt etwas blau leuchten. Erst ganz schwach und dann immer stärker. Sie zog Stern in die Richtung, und tatsächlich, das Diadem war gefunden. Glücklich tauchten die zwei wieder auf. Stern bedanke sich von ganzem Herzen bei Luisa und strahlte sie an. Zum Dank schenke sie Luisa eine Kette mit so einem schönen blauen Stein wie in dem Diadem. Stern sagte: „Wenn Du die Kette trägst, bist Du immer bei mir und wenn die Kette leuchtet, denke ich gerade an Dich." Luisa bedankte sich und war sehr glücklich so einen lieben Freund gefunden zu haben. Sie hörte eine leise Stimme: „Luisa, aufwachen! Wir sind hier doch nicht im Schlafzimmer, sondern in der Deutschstunde!" Luisa erschrak. Plötzlich stand ihre Lehrerin, Frau Sommer, neben ihr und lächelte sie kopfschüttelnd an. Hatte sie das alles nur geträumt. Aber in der Hand hielt sie eine Kette mit einem blauen Stein ...

Laura Anna Beutel
Grundschule Diedorf, Klasse 4a

Mein größter Traum

In einem riesigen, modernen Labor arbeite ich, Jan Yuma, als Forscher. Durch einen Zufall, der sich für alle zu einem Glücksfall entwickelt hat, habe ich eine chemische Substanz erfunden, die Menschen, Tiere und Pflanzen heilen kann.

Das von mir entwickelte Mittel heilt alle je entdeckten Krankheiten. Wie z.B. Corona, Windpocken, Krebs, Bauchweh, Husten, Halsweh usw. Sogar Kratzer, Prellungen, Brüche und Operationsnarben verschwinden.

Die Medizin funktioniert aber nur, wenn die Patienten nach der Heilung nicht lügen, fröhlich sind und tolerant anderen gegenüber.

Für Pflanzen wirkt die Substanz wie ein „Mega-Dünger". Die behandelten Pflanzen haben keine Läuse, Parasiten oder Verletzungen mehr. Sie brauchen sogar weniger Wasser und wachsen an kargen Stellen und Orten.

Bei Tieren wirkt meine Medizin ebenso erfolgreich. Die Tiere haben Kraft, brauchen weniger Futter und sterben nie aus.

Mein Labor produziert dieses Mittel Tag ein und Tag aus – für alle – umsonst!
DAS IST MEIN GRÖßTER TRAUM!

Jan Yuma Pleyer
Grundschule Fischach-Langenneufnach, Klasse 3 d

pinguine

Immer wenn ich schlafen gehe, kuschle ich mich in mein Bett zu meinen Pinguinen. Ich liebe Pinguine! Viele lachen mich aus, aber das ist mir egal. Ich wünschte, ich könnte mit ihnen reden. „Es ist Schlafenszeit", ruft meine Mutter. Nach dem Zähneputzen schlüpfe ich in mein Bett und bin sofort eingeschlafen.

Mir wurde fürchterlich kalt! Ich sah mich um. Überall war Schnee, alles war weiß.

Ein Geräusch ließ mich weitergehen, ein Schnattern und Scharren nicht weit weg. Ganz langsam ging ich durch die weiße Landschaft. Da war ein Hügel. Vorsichtig und ganz leise schlich ich um diesen herum. Ich war so angespannt, ich konnte mein Herz schlagen hören.

Ich rieb mir die Augen und konnte nicht glauben was ich sah. Pinguine! Tausende! Kaiserpinguine, wunderschön und ganz nah. Mit offenem Mund betrachtete ich meine Lieblingstiere, nicht im Zoo hinter Glas, sondern ganz nah.

Plötzlich drehte sich ein Tier um. Jetzt wurde es noch verrückter. Der Pinguin watschelte auf mich zu und öffnete seinen Schnabel. Ich konnte verstehen, was er schnatterte. „Hallo, du, wer bist du und was willst du hier?" Ich zuckte mit den Schultern: „Ich weiß nicht wie ich hierhergekommen bin, aber ich finde euch Pinguine toll. Mein ganzes Bett ist voll mit Pinguinen, aber natürlich keine echten so wie Du", versuchte ich zu erklären, was ich selbst nicht genau wusste. „Ach, ja! Mein Name ist Fabian."

Der Pinguin sah mich lange an. „Ihr Menschen wisst nicht, was ihr tut. Ihr wollt immer mehr und wollt immer schneller und besser werden. Aber was ist gut daran? Ihr vergesst alles, was wichtig ist. Die Natur, uns Tiere und euch selbst. Ihr macht alles kaputt! Unser Lebensraum wird immer kleiner und wir haben immer weniger zu fressen". Traurig schaute er sich um: „Wo sollen wir hin, wenn alles Eis weg ist? Aber wichtiger ist, wo wollt ihr Menschen hin, wenn das Eis zu Wasser wird und eure Städte überschwemmt."

Ich zitterte in der Kälte. „Komm, ich zeige dir, was wichtig ist!" Mit diesen Worten führte mich der Pinguin mitten in die Gruppe. Alle Pinguine kamen näher und rückten fest zusammen. Mir wurde ganz warm und ich fühlte mich geborgen.

„Siehst du, Fabian, wenn alle zusammenhalten, wird keinem kalt."

Ein schrilles Geräusch riss mich aus meinen Gedanken. Nein, es riss mich aus meinem Traum. Um mich herum lagen meine Pinguine. Was für ein schöner aber, auch trauriger Traum.

Ich möchte versuchen, dem Rat meines Pinguins zu folgen und besser auf mich, die Anderen und auf die Natur zu achten.

Vielleicht sehe ich wirklich mal Pinguine in der Antarktis.

Fabian Michael Prieglmeir
Mittelschule Fischach-Langenneufnach, Klasse 5bgtz

Der Albtraum

Ich stand da. Konnte mich nicht bewegen. Es war, als ob mein Körper mir nicht mehr gehörte, als ob meine Beine mit dem Boden unter mir verwachsen wären. Denn um so mehr ich versuchte, einen Schritt zu gehen oder gar zu blinzeln, stand ich einfach weiterhin da und starrte geradeaus, als mir auffiel, dass ich mich in dem Kinderzimmer eines Mädchens befand. In einem Regal, rechts von mir, konnte ich gerade so den Turm an Plüschtieren wahrnehmen und Kisten voller anderer Spielsachen. Links von mir befand sich ein großes Fenster, unter dem sich ein Kinderbett mit rosa Bezug befand, auf dem Bett saß ein junges Mädchen im Schneidersitz. Sie drückte ein kleines Häschen an sich und richtete den Blick nach draußen in die Nacht. Ihr langes schokoladenbraunes Haar war zu einem Zopf geflochten. Ich wollte zu ihr, denn sie kam mir merkwürdig bekannt vor, jedoch war ich noch immer nicht die Herrscherin meines eigenen Körpers. So stand ich also wartend da. Auf was genau, kann ich nicht sagen. Ich vernahm plötzlich Stimmen, einmal die eines wütenden Mannes und die eines jungen Mädchens. Was sie sagten, konnte ich nicht hören, dafür waren sie noch zu weit weg. Auf einmal hörte ich den Mann wütend rufen: „Es reicht jetzt, Eleanor, geh' auf dein Zimmer. Ich diskutiere nicht weiter mit dir!" Das Mädchen namens Eleanor rief ebenso wütend: „Nein, ich bin noch nicht fertig. Ich werde nicht zulassen, dass du sie mitnimmst, sie ist immer noch meine Schwester, egal ob Halbschwester oder nicht! DU. NIMMST. SIE. NICHT. MIT!" Für einen Moment war es beunruhigend leise, als ein lautes „KLATSCH" zu vernehmen war. Dann: näher kommende Schritte. Ein Mann um die 40 Jahre betrat das kleine Kinderzimmer und ließ sich schnaufend auf dem Bett neben dem Mädchen nieder, das sich während der ganzen Zeit immer fester an ihr Häschen geklammert hatte. Doch meine Aufmerksamkeit wurde schnell wieder von einer Bewegung aus dem Augenwinkel abgelenkt. Das Mädchen namens Eleanor betrat das Zimmer. Erschrocken stellte ich fest, dass ihre linke Wange den Abdruck einer Hand aufwies. Ich starrte sie an und versuchte, mich daran zu erinnern, woher ich sie kannte. Es wollte mir einfach nicht einfallen.

Ich gab's auf und entschloss mich, mich wieder dem Geschehen zu widmen. Das kleine Mädchen am Fenster drehte sich zu ihrem Vater um und sagte mit einer traurigen Gewissheit in der Stimme: „Eleanor ist wütend, weil ich gehen muss, oder?" „Ja, Kleines". Ihr Vater strich ihr sanft über die Haare. Doch auf einmal meinte Eleanor: „Scar, ich werde nicht zulassen, dass er dich mitnimmt. Wir sind doch eine Familie, wir sind füreinander da, also wird Vater erst an mir vorbei müssen, bevor er dich irgendwo hinbringt." „Schon gut, Ellie. Papa will nur das Beste für mich und dich, bald können wir uns wiedersehen, wenn du geheilt bist. Doch bis dahin musst du mir versprechen, ihn nicht wütend zu machen. Sonst werden wir uns wahrscheinlich nie wiedersehen", erwiderte Scarlett. Ihre Unterlippe bebte und doch erwiderte sie den Blick ihrer älteren Schwester, ohne zu zögern. Ich versuchte zu verstehen, was gerade gesagt wurde, denn ich verstand nicht. Warum sollte Eleanor geheilt werden, und warum war ihre kleine Schwester, die vielleicht gerade Mal sieben Jahre alt war, so erwachsen? Eleanor fragte noch, wann ihr Vater vor hatte, Scarlett mitzunehmen. Wohin, weiß ich noch immer nicht. Dieser meinte daraufhin, morgen früh. Ich sah noch, wie Eleanor bestürzt und wütend anfing, mit ihrem Vater zu diskutieren, als sich ihre Stimmen mit dem plötzlichen Schwindel vermischten und ich woanders wieder aufwachte.

Ein Ruck fuhr durch meinen Körper, als ich auf dem unebenen Boden aufkam. Doch wie zuvor konnte ich mich nicht bewegen. Ich begann mich umzuschauen, naja, wirklich umschauen kann man es nicht nennen, schließlich konnte ich meinen Kopf noch immer nicht drehen.

Das erste, was mir auffiel, war die Sonne, die vom hellblauen Himmel herabstrahlte. Anschließend bemerkte ich ein Mädchen, um die sechzehn Jahre alt, das mit dem Rücken zu mir stand. Anfangs erkannte ich sie nicht, doch nachdem ich genauer hinschaute, fiel mir auf, dass es Eleanor war. Auf einmal sah ich ein anderes Mädchen mit schokoladenbraunen Haaren, das auf Eleanor zulief. Eleanor schloss das Mädchen, vermutlich Scarlett, in ihre Arme. Zu meinem Glück stand ich nah genug, um die Unterhaltung mit zu verfolgen. „Uns bleibt nicht viel Zeit, bevor sie uns finden werden, also hör mir bitte genau zu! Vater hat seine neuen Methoden, Kinder zu Marionetten zu machen, an seinen neuesten Versuchsobjekten ausprobiert und …", meinte Eleanor gerade, als Scarlett sie unterbrach: „Schon klar Ellie, aber du weißt genau so gut wie ich, dass ich Papas Liebling bin und er mir niemals etwas antun wird. Also komm auf den Punkt." Scarlett wirkte leicht genervt, weshalb meiner Meinung nach Eleanor dementsprechend wütend reagierte: „Okay, Scar, nochmal, Vater würde alles für die Wissenschaft tun, auch wenn das bedeutet, mich und auch dich …," beim letzten Wort stach sie mit ihrem Zeigefinger gegen die Brust ihrer Schwester, „ … zu opfern. Bei mir hat er bereits angefangen, seine Methoden anzuwenden und glaub mir Scar, es tut weh. Ich habe immer mehr das Gefühl, den Verstand zu verlieren und du tust so, als ob alles okay sei?! Ich verstehe, dass du erst zwölf bist, aber bitte pass auf, dass du nichts von Papa annimmst. Noch nicht mal in seine Nähe gehst. Hast du mich verstanden, Scarlett." Ihren Namen sprach Eleanor mit solcher Dringlichkeit, dass ich das Gefühl bekam, meinen Körper zittern zu spüren.

Plötzlich hörte ich quietschende Reifen und zuschlagende Türen, näherkommende Schritte, doch das schienen die beiden Schwestern nicht mitzubekommen. Sie standen weiterhin angespannt da. Ich wollte ihnen zurufen, dass sie rennen sollen, bevor die Männer da sind. Überrascht hielt ich inne, woher wusste ich, dass Männer kommen würden? Schneller als gedacht, waren sie da und zerrten die Schwestern auseinander. Diese schrien, traten und kratzten. Doch nichts half. Eleanor schrie plötzlich: „Verärgere ihn nicht! Erinnere dich an unsere Regeln, die wir gemeinsam gemacht haben! Denk daran!" Scarlett hatte geweint, während ihre Schwester ihr die Befehle zugeschrien hatte. Denn insgeheim war ihnen klar, dass sie verloren waren. Wenn ihr Vater wütend wurde, war klar, dass einer von ihnen dafür büßen muss. Die Frage war: Wer?

Vom jetzigen Geschehen stand ich noch immer geschockt da. Okay, stimmt, ich kann mich nicht bewegen, trotzdem geschockt und vielleicht auch etwas ängstlich. Denn, wer wäre es nicht in meiner Situation? Ich kann mich nicht rühren und ich sehe immer wieder diese Mädchen. Verdammt, was geht hier vor sich? Scheiße, wer bin ich eigentlich? Woher komme ich?

Bevor ich in Panik verfallen konnte, wurde um mich herum alles schwarz. Grelles Licht weckte mich. Verwirrt blinzelte ich ein, zwei Mal, bis mir klar wurde, was anderes war. Dieses Mal bin ich in Eleanor aufgewacht, denn an sich konnte ich mich noch immer nicht bewegen. Ich war nur eine Seele in ihrem Körper mehr nicht. Doch das hieß nicht, dass ich nicht die Schmerzen empfinden konnte, die sie gerade empfand. Sie schlug ihre (unsere) Augenlider auf und versuchte, sich umzusehen und zu erkennen, woher der Schmerz genau kam. Als sie bemerkte, dass ihre Handgelenke, Fußgelenke und ihr Hals an einem Labortisch festgezurrt waren. Sie wollte um Hilfe rufen, doch ihr Hals war rau und kein Ton wollte ihre Kehle verlassen. Aufgeregt stellte sie fest, dass die rechte Seite aus Glas bestand und dahinter Scarlett zu sehen war. Auch sie lag auf einem Labortisch, jedoch schien sie noch zu schlafen. Als ihr plötzlich auffiel, dass getrocknetes Blut an der Schläfe klebte. Angst fuhr durch ihren Körper. Doch da ging vor uns die Tür auf, erschrocken versuchte sie, einen Blick auf die Person zu erhaschen, allerdings konnte sie aufgrund des Gurts um ihren Hals den Kopf nicht heben, also nicht erkennen, wer soeben den Raum betreten hatte. Jedoch erkannte sie die Stimme sofort. Es war ihr Stiefvater. Ein beklemmendes Gefühl ergriff mich, als ich an die Erinnerung im Kinderzimmer zurückdachte. Durch Eleanors Augen sah ich nun, wie ihr Stiefvater in ihr Blickfeld trat. Dieser grinste sie böse an und fragte: „Und, gut geschlafen? Du musst nicht antworten, es interessiert mich eh nicht. Oh, schau doch jetzt nicht so wütend, denn ich glaube, du weißt ganz genau, dass dein Handeln Konsequenzen haben wird." Eleanor versuchte, etwas zu sagen, doch ihr entwich nur ein Krächzen, woraufhin ihr Stiefvater lachte: „Hahaha, du wirst eine Weile nicht sprechen können. Du hast dich nämlich ziemlich gewehrt, als ich und meine Kollegen versuchten, dir unsere neueste Kreation einzuflößen. Weshalb ich überlegte habe und mir ist etwas eingefallen. Eleanor, deine Schwäche ist deine Schwester, denn du tust immer alles, um sie zu beschützen. Also dachte ich mir, was wäre, wenn ich dir das Wichtigste in deinem Leben einfach …", ein bösartiges Lächeln breitete sich auf seinem Gesicht aus, als er sagte: „… wegnehme!" Ein Ton entrang sich Eleanors Kehle, als sie begriff. „Okay, langsam wird es langweilig. Ich nehme dir jetzt dein Halsband ab, okay? Und dann können wir gemeinsam noch etwas quatschen. So erledigt." Eleanor schrie: „Bitte tu ihr nicht weh, sie ist deine Tochter, du Mistkerl. Ich erlaube dir, dass du deine kranken Spielchen mit mir spielen kannst, aber bitte tue ihr nichts, bitte!" Nun strömten ihr Tränen die Wangen hinab. Zu lange hatte sie versucht, stark zu bleiben, für ihre Halbschwester und für sich selbst, aber sie konnte nicht mehr. Ihr war klar, dass sie verloren hatte, aber zu akzeptieren und sich geschlagen zu geben, kam für sie nicht in Frage. Alles Betteln und Flehen half nichts. Über Eleanors Elend lachend, drehte er sich um und marschierte aus der Tür. Eleanor drehte ihren Kopf in die Richtung von Scarlett. Als sie sah, dass ihr Stiefvater das Zimmer von Scarlett betrat, schrie Eleanor auf. Sie zerrte an den Gurten in der Hoffnung, sich befreien zu können, um zu ihrer Schwester zu gelangen. Noch immer bin ich in Eleanors Körper gefangen, doch jetzt, in diesem Moment, möchte ich nichts mehr, als mich zu befreien und ihr und Scarlett zu helfen. Denn es tat so weh, all die Liebe, Verzweiflung und diese Hilflosigkeit mit ihr zu empfinden. Ich spürte, wie die heißen Tränen ihre Wangen hinunterrannen. Ich spürte, wie die Haut unter den Gurten riss und warmes Blut auf dem Boden tropfte.

Plötzlich hörte ich eine angenehme Stimme flüstern: „Es wird alles gut Ellie. Schlaf jetzt erst Mal ein bisschen. Um den Rest kümmere ich mich." Nachdem die Worte zu mir durchgesickert waren, stach schon eine Spritze in ihren Oberarm.

Das nächste Mal, als ich erwachte, stellte ich enttäuscht fest, dass ich noch immer in Eleanors Körper gefangen war. Sie schaute sich um, wodurch ich erkennen konnte, dass sie an einer nie fertig gebauten Brücke stand. An der Kante der Brücke saß ein junges Mädchen- Scarlett, wie mir klar wurde. Neben mir stand ein Junge – vielleicht ein oder zwei Jahre älter als ich. Sein welliges Haar reichte ihm bis zu den Schultern. Er drehte sich zu Eleanor um und lächelte ihr zu: „Schön, du bist endlich aufgewacht, deine Schwester wartet auf dich. Du kannst dir gar nicht vorstellen, wie schrecklich die letzte Woche war. Also geh endlich zu ihr." Verwirrt starrte Eleanor ihn an, bis sie sich endlich von seinem Anblick losreißen konnte und zu Scarlett lief. Sie setzte sich neben Scarlett; den Blick in Richtung des Horizonts gerichtet. Als Scarlett zu sprechen begann: „Ellie, du weißt hoffentlich, wie dankbar ich dir für alles bin und wie lieb ich dich hab. Aber du hattest Recht, ich hätte Papa niemals vertrauen dürfen. Weißt du, er hat mir diese Spritze gegeben und naja, seitdem war ich nicht mehr ich selbst. Er hat mich dazu gebracht, Leute zu töten, die ihm im Weg standen und ich kann einfach nicht mehr. Vor allem will ich nicht in seiner Gewalt sterben und ich wäre gern so stark wie du, doch das bin ich nicht, also lass mich bitte gehen. Vielleicht verzeihst du mir ja irgendwann." Eleanor starrte sie geschockt an, bis sie mit zitternder Stimme erwiderte: „Du willst dich umbringen? Aber du bist der letzte Mensch, der mir noch bleibt. Wenn du gehst, dann habe ich kein Lebensinhalt. Bitte verlasse mich nicht, Scar! Das ist doch das, was er will." „Er wird mich sowieso umbringen. Die Frage ist nur, wann. Stimmt's? Papa würde alles tun, um dich zu brechen, damit du seine Marionette wirst. Doch das wird nicht passieren, weil du stark bist und ich dir die Möglichkeit für einen Abschied gebe. In ein paar Minuten wird er mich wieder unter Kontrolle haben. Also bis dann Schwesterchen!" Eleanor schüttelte vehement den Kopf und mit Tränen in den Augen umarmte sie ihre Schwester zum letzten Mal. Doch als Scarlett springen wollte, hielt Eleanor sie fest. Plötzlich rissen starke

Arme sie von Scarlett. Diesen Moment nutzte Scarlett, um zu springen. Im selben Moment begann Eleanor zu schreien und die Welt wurde schwarz. Schreiend erwachte ich, Eleanor, aus dem Schlaf.

Izel Omar-Tan
Montessorischule, Klasse 10

Was für ein chaotischer Morgen!

Letzte Woche lag ich abends im Bett und konnte einfach nicht einschlafen. Das passierte mir meistens dann, wenn ich ein schlechtes Gewissen hatte. Meine Gedanken kreisten um die Schulaufgabe, die mein Deutschlehrer für den nächsten Tag angekündigt hatte. Ich hatte das Gefühl, zu wenig gelernt zu haben, und versuchte, alles nochmal gedanklich durchzugehen, was mir zu unserem aktuellen Thema einfiel. Irgendwann bin ich dann aber doch eingeschlafen …

Tief im Schlaf stupste mich jemand leicht an und eine Stimme aus der Ferne rief mir zu: „Luna, steh auf! Wir haben verschlafen!". Es dauerte eine Weile, bis ich halbwegs wach war, und bemerkte, dass es die Stimme meiner Mama war. Ich war immer noch total müde und verstand gar nicht, was sie von mir wollte. Erst gefühlte fünf Minuten später schaffte ich es aufzustehen, in die Küche zu gehen und mich auf meinen Stuhl am Esstisch zu setzen. Mir fielen fast die Augen zu.
Doch auf einmal war ich hellwach. „Oh Gott", schrie ich auf. „Heute ist ja Donnerstag! Wir schreiben Deutsch-Schulaufgabe! Ich darf auf keinen Fall zu spät in die Schule kommen!" Ich frühstückte, so rasch wie ich nur konnte, zog mich schnell um, packte meinen Schulranzen und verließ das Haus. „Tschüss, bis später!", rief ich meinen Eltern beim Verlassen des Hauses noch schnell zu. Dummerweise hatte ich keinen Blick mehr auf die Uhr geworfen und wusste deshalb nicht, wie spät es schon war. Ich lief unwissend und sehr aufgeregt zum Bahnhof. Mein Herz pochte, als ich sah, dass mein Zug schon am Gleis stand. Sofort rannte ich los. Doch es war zu spät. Als ich es zum Gleis geschafft hatte, fuhr der Zug bereits los und ich sah von ihm nur noch die Rücklichter. Ich rannte zur nächsten Anzeigetafel am Bahnhof, um zu schauen, wann der nächste Zug kommt, doch es wurde keiner angezeigt. „Was mach ich denn bloß", dachte ich. „Soll ich nach Hause laufen und meine Eltern fragen, ob sie mich mit dem Auto fahren können? Nein, das dauert zu lange. Dann schaff ich es sicher nicht mehr rechtzeitig zur Schulaufgabe."
Verzweifelt stand ich nun am Bahnhof, aber dann hatte ich die rettende Idee. „Ich könnte ja auch mit dem Bus zur Schule fahren. Genau so mach

ich es", dachte ich erleichtert und lief so schnell ich konnte vom Gleis Richtung Bushaltestelle. Schon wieder klopfte mein Herz und es durchfuhr mich ein eiskalter Schreck. Der Bus stand bereits an der Haltestelle. Ich rannte, so schnell ich konnte, zu dem Bus. Er war schließlich die letzte Chance pünktlich in die Schule zu kommen.

„Nur noch die Straße überqueren, dann habe ich es geschafft", war ich mir sicher. Doch plötzlich stolperte ich über eine kleine, runde Coladose und landete erst mit meinem Knie und dann mit meinem Bauch auf dem Boden. Ein Schmerz durchfuhr mich. Aber dafür war nun keine Zeit. Ich stand auf, und rannte weiter. Doch glücklicherweise bemerkte der Busfahrer mich und wartete. Erleichtert stieg ich in den Bus ein, bedankte mich und suchte mir einen Platz.

Nach ein paar Haltestellen war ich endlich an der Schule angekommen.

Beim Aussteigen hatte ich Schmerzen im Knie, aber das war halb so schlimm. Ich war überglücklich, dass ich es noch rechtzeitig zur Schule geschafft hatte.

Ein paar Minuten vor 8:00 Uhr betrat ich unser Klassenzimmer. Ich war so erleichtert, dass ich rechtzeitig hier war, denn pünktlich um acht Uhr schrieben wir die Schulaufgabe. Lustigerweise mussten wir einen Aufsatz über ein Kind schreiben, dass verschlafen hat und den Zug zur Schule verpasste. Da konnte ich praktisch alles aufschreiben, was mir soeben passiert war...

Während ich schrieb, hörte ich im Hintergrund einen Wecker, dessen piepsender Ton immer lauter wurde. Plötzlich bemerkte ich, dass ich im Bett lag. Schweißgebadet. Ich schaute auf mein Knie. Es war heil, ohne Schürfwunden. Erleichtert stellte ich fest, dass ich alles nur geträumt hatte, aber das Thema des Aufsatzes hätte ich gerne für meine eigene Schulaufgabe beibehalten.

Julia Kögel
Justus-von-Liebig-Gymnasium Neusäß, Klasse 7d

Zitat

Es gibt zwei Leben,
die Realität und den Traum.

Fabian Baierl
Staatliches Gymnasium Königsbrunn, Klasse 5f

Der Junge, der mit den Huskys lebte

Jonas lebte auf einer Husky-Farm. Er fütterte dort die Hunde. Das machte er morgens und mittags. Abends fütterte Papa die Hunde. Jonas sollte einkaufen gehen. Einmal war der Wind still. Plötzlich jaulte ein Hund auf. Jonas stieg ab vom Hundeschlitten. Der Anführer hatte sich irgendwie die Pfote verstaucht. Es war dunkel. Die anderen Hunde waren nicht stark genug, um den Schlitten zu ziehen. Da sah Jonas ein Haus, wo aus dem Schornstein Rauch aufstieg. In der Ferne hörte er es donnern. Er ging zur Tür und klopfte an. Der Wind heulte. Da erinnerte Jonas sich. Das war doch das Häuschen von seiner Oma und seinem Opa. Er klingelte. Mama und Papa würden mit dem Husky zum Tierarzt fahren und Oma und Opa würden ihn nach Hause bringen. Alles würde gut werden und dann würden seine Eltern noch einkaufen. Plötzlich wachte Jonas auf. Zum Glück war es nur ein Traum!

Jonas Birnmann
Grundschule Aystetten, Klasse 2a

Unvergesslich

Eines Tages wollten Julius und seine alleinerziehende Mutter Kristina zum Einkaufen fahren. Die Straßen waren rutschig, denn es war eine Woche vor Weihnachten. Julius und seine Mutter mussten sich beeilen, die Läden schlossen um 20:00 Uhr und es war schon 17:45 Uhr.
Julius Mutter fuhr sehr schnell, doch auf einmal rutschte das Auto aus und überschlug sich. Julius und seine Mutter schrien: „Aaaaaaaah!", doch auf einmal machte Julius Mutter keinen Mucks mehr. Das Auto prallte auf dem Boden auf und ging kaputt. Als die Rettungskräfte kamen, fiel Julius in Ohnmacht. Nach ein paar Stunden wachte Julius im Krankenhaus auf. Julius konnte für drei Tage nicht aus dem Krankenhaus, doch als er wieder aus dem Krankenhaus gehen durfte, war er überglücklich. Julius freute sich, doch kurze Zeit später hörte er den Namen Kristina. „Mama", rief Julius. „Julius deiner Mama geht es gut", sagte die Krankenschwester. „Können Sie mich zu meiner Mama bringen?", schluchzte Julius und fing an zu weinen. Die Krankenschwester sagte bemitleidend, dass das nicht gehen würde. Julius brüllte: „Aber Sie haben gesagt, meiner Mama gehe es gut!" „Geht es auch, aber sie liegt im Koma", sagte die Krankenschwester. „Und wohin bringen Sie mich jetzt?", fragte Julius mit einer traurigen Stimme. „Man hat mir gesagt, dass du, bis deine Mutter wieder aufwacht, bei deiner Oma bleiben wirst", sagte die Krankenschwester. „Ich habe eine Oma? Mama hat mir nie von ihr erzählt. Sie sagte immer, dass alle meine Verwandten

aus anderen Ländern kommen und dass nur die Verwandten meines Vaters da wären und dass sie nicht einmal weiß, wo ihre Familie ist!" „Es tut mir leid. Ich weiß nicht mehr als die Informationen, die mir gegeben wurden", sagte die Krankenschwester. Sie brachte Julius in den Warteraum und Julius wartete einige Minuten, als eine ältere Frau den Raum betrat. „Julius, bist du das?", fragte die ältere Frau. „Ja, ich bin es. Sind Sie meine Oma?", fragte Julius leise, denn er wollte nichts Falsches sagen. Die Frau sagte nichts und es sah so aus, als würde sie kurz innehalten. Sie hatte ihre Augen geschlossen und das für fünf Minuten. Julius geriet in Panik, da sie nichts sagte. Julius rief Hilfe und ehe er sich versah, standen fünf Krankenschwestern vor ihm und die ältere Frau riss ihre Augen auf. „Was ist denn hier los?", fragte die Frau verängstigt. „Sie leben noch, Gott sei Dank", sagte Julius erleichtert. Die ältere Frau guckte nur verwirrt und brach in Gelächter aus. „Was dachtest du denn?" Julius entschuldigte sich bei den Krankenschwestern und bei der älteren Dame und sie fuhren mit einer Straßenbahn zum Haus der älteren Frau.

Die Frau sagte: „Wir haben uns noch nicht richtig kennengelernt. Ich fange mal an, mich vorzustellen", schlug die ältere Frau vor.

Julius sagte leise. „Okay, also, ich bin Anette. Ich bin die beste Freundin deiner Oma gewesen", sagte die ältere Frau mit einem Lächeln im Gesicht." Julius zögerte erst und fragte dann:

„Wo ist meine Oma?" Das Lächeln verschwand und sie sagte traurig: „Deine Oma ist vor zwei Monaten verstorben." Julius war traurig, aber er konnte auch nicht weinen, denn er hatte sie noch nie gesehen.

Die Straßenbahn hielt an und Anette sagte, dass sie hier aussteigen müssten. Anette brachte Julius zu einem großen Haus. Es sah gruselig aus von außen und Julius überlegte kurz, ob er wirklich in das Haus gehen sollte. Doch dann nahm er seinen ganzen Mut zusammen und ging in das Haus. Julius sah sich um, es sah ganz anders von innen aus als von außen. Überall waren riesige Bilder und es sah alt aus aber auf eine schöne Art. Anette rief: „Julius kommst du? Ich bringe dich in dein Zimmer." Julius folgte Anette und sie brachte ihn in ein riesiges Zimmer. Julius setzte sich auf das Bett, um nachzudenken. Anette setzte sich neben Julius und fragte, ob es ihm gut gehe. Julius fragte Anette: „Was ist eigentlich im Krankenhaus mit dir gewesen?" Anette zögerte erst und dann sagte sie: „Es hat schon lange keiner mehr von deiner Oma gesprochen und ich musste einfach an sie denken. Deine Oma war einfach eine tolle Frau." Anette fragte Julius, ob er Hunger habe und Julius sagte ja. Sie gingen in die Küche und Anette machte einen Gemüseauflauf. Julius nahm ein bissen und sagte nur: „Hmm, wie lecker!" Danach fragte Julius, ob er ein bisschen raus gehen dürfe. Anette sagte: „Ja, aber nicht in den Wald." Julius nickte und ging nach draußen.

Er lief um die drei anderen Häuser neben dem von Anette herum. Julius sah, wie vier Kinder zusammen spielten, zwei Jungen und zwei Mädchen. Julius wollte mit ihnen spielen, doch er war zu schüchtern. Er wollte gerade gehen, als der Ball der anderen Kinder ihn an dem Kopf traf. Julius fiel hin! Die anderen Kinder rannten auf Julius zu: „Es tut mir so leid!", sagte eines der Kinder. „Jakob, kannst du nicht aufpassen!?", meckerte eines der Mädchen. Julius sagte: „Alles gut." Julius und die Kinder setzten sich auf eine Bank. Das Mädchen mit offenen blonden Haaren sagte: „Ich bin Zoi, das andere Mädchen mit dem Pferdeschwanz ist meine Schwester Bella, der Junge mit den braunen Haaren und der Brille ist Jakob und der andere dickere Junge ist Anton." Anton sah böse zu Zoi. Julius sagte fröhlich: „Und der Junge mit den orangenen Haaren und den Sommersprossen ist Julius." „Leute, lasst uns Fußball spielen!", rief Anton. Sie spielten, als ginge es um ihr Leben. Zoi kickte den Ball zu Anton und der kickte den Ball so fest, dass er mitten in den Wald flog. Anton sagte: „Komm, wir suchen den Ball." Julius stotterte: „Aber er ist im Wald und Anette hat gesagt, dass es im Wald zu gefährlich sei. Die anderen lachten und Bella sagte: „Julius, das ist nur ein Wald, nicht mehr." Schließlich ließ sich Julius überzeugen. Sie suchten die ganze Zeit, aber sie fanden den Ball einfach nicht.

Jakob lief zu einem Baum, um sich dort kurz auszuruhen. Er guckte auf den Boden und sah etwas Unheimliches. Direkt vor ihm war ein riesiges Loch. Jakob rief: „Leute, kommt schnell!" Die anderen rannten schnell zu Jakob. Anton rannte direkt auf Jakob zu. Sie stießen zusammen und fielen in das Loch. Zoi und Bella stritten sich, ob sie auch in das Loch springen sollten. Plötzlich stolperte Bella. Sie stieß aus Versehen Julius um und er fiel ebenfalls in das Loch. Zoi konnte Bella gerade noch auffangen, doch Bella war zu schwer und Zoi und Bella fielen auch in das Loch. Bella, Zoi, Jakob, Anton und Julius schrien. Sie landeten auf einer grünen Wiese. Die Kinder schauten sich verwundert um. Anton fragte: „Wisst ihr, wo wir sind?" Zoi meckerte: „Anton, woher sollen wir denn wissen, wo wir sind?" „Dort hinten ist etwas!", rief Julius.

Julius sagte: „Das ist eine Rätseltafel." Zoi fragte Julius, was eine Rätseltafel sei. Julius antwortete: „Eine Rätseltafel gibt es eigentlich nicht. Ich habe sie erfunden. Auf der Tafel sind Rätsel." Auf einmal kam eine Stimme aus dem Nichts und sie sagte: „Löst das Rätsel und ich lasse euch gehen. Aber ich mache es euch nicht so leicht. Ihr habt nur fünf Minuten Zeit." „Und was ist, wenn wir es nicht schaffen?" stotterte Anton. Die Stimme sagte: „Das werdet ihr dann schon sehen, aber eins kann ich euch sagen. Es wird nicht schön werden."

Alle hatten Angst.

Bella sagte,das Rätsel lautet: „Der … Buchstabe im Alphabet ist …, hier ist ein Tipp. Schaut euch um. Jakob sagte: „Das muss etwas mit Zahlen zu tun haben." Bella rief: „Ja, muss es, schaut euch nach Zahlen um." „Dort unten, ich sehe eine Stadt!", rief Zoi.

„Kommt schnell, wir müssen in die Stadt." Die Kinder rannten um ihr Leben. Sie liefen durch jede Straße, doch sie fanden keine auffälligen Zahlen. Doch auf einmal stieß Zoi einen Freudenschrei aus. „Ich weiß, welche Zahl es ist. Schaut euch mal die Hausnummern an." Anton schrie. „Sieben! Dort auch und dort! Sieben, sieben, sieben, sieben und sieben." Julius rief: „Kommt schnell, wir haben nicht mehr so viel Zeit." Sie rannten und schrieben sieben an die Tafel, doch es passierte nichts. Auf einmal kam die Stimme wieder und sagte: „Habt ihr nicht etwas vergessen?" Sie brach in teuflisches Lachen aus. Julius drehte sich zu den anderen um und sagte: „Wir haben den Buchstaben vergessen hinzuschreiben!" Bevor jemand etwas sagen konnte, wackelte der Boden. Die ganze Stadt, alles brach zusammen. Die Kinder schrien. Sie fielen ins Nichts.

Und auf einmal wachte Julius auf. Er befand sich im Krankenhaus und um ihn herum waren der Arzt, eine Krankenschwester und seine Mama. Julius rief. „Mama, wo bin ich? Was ist passiert?" Julius Mama sprang vor Freude von ihrem Stuhl auf. „Julius, dir geht es gut?", kreischte seine Mutter. Julius Mama erzählte ihm, dass er nach dem Autounfall im Koma gelegen hatte. Die Ärzte machten ein paar Untersuchungen und Julius durfte wieder gehen.

Und eines war klar. Er würde seinen Traum nie vergessen.

Ahyana Afo
Staatliches Gymnasium Königsbrunn, Klasse 5c

Akrostichon Schlafen

Sabbern
Charakter
Hören
Laufen
Albträume
Fantasie
Erinnerung
Nichts tun

Alex Stoppel
Helen-Keller-Schule Dinkelscherben, Klasse 6Gb

Die Liebe

Laura ist ein normales Mädchen, wie alle anderen auch. Sie lebt bei ihren Eltern, spielt mit anderen und lästert ab und zu einmal über Jungs. Heute aber hatte sie einen Traum.

Sie war in der Schule und dabei so müde, dass sie beinahe eingeschlafen wäre. In der Pause kam ihr etwas komisch vor. Sie sah plötzlich einen Jungen, der ihr gut gefiel. „Ach ist der süß", dachte sie sich. Er sprach sie an: „Möchtest du mit mir auf eine Party gehen?" Laura konnte gar nicht richtig antworten, da sie vor lauter Aufregung die ganze Zeit stotterte: „Ähhh, i- i-ich?"

Laura fiel in Ohnmacht. Doch plötzlich weckte ihre Lehrerin sie auf: „Laura, wieso schläfst du mitten in der Probe ein? Geht es dir nicht gut?" Erschöpft ging sie nach der Unterrichtsstunde heim und dachte sich: „Was bin ich doch für ein Tollpatsch? Hoffentlich bekomme ich keine Sechs."

Plötzlich hörte Laura eine zarte Stimme. Sie dachte zunächst, es wäre der Junge, der ihr so gut gefiel. Laura fragte ihn: „Was machst du hier? Wie heißt du?" Doch dann ertönte eine weibliche Stimme. „Ich bin deine Mutter und möchte dich wecken." Laura rieb sich die Augen. „Dann war alles nur ein Traum?", fragte sie enttäuscht und stand auf, um sich für die Schule fertigzumachen.

Bayan Alhussain, Lea Salaovic, Zuzanna Przybylska
Staatliche Realschule Neusäß, Klasse 5 e

mein guter schatten

du bist mein helles licht in der dunkelheit
meine freude in den regentagen
du bist das gute gewissen in meinen schlechten
du bist der grund
warum ich morgens aufwache und abends einschlafe
doch du warst auch nur ein schöner traum

Milena Walter
Mittelschule Gersthofen, Klasse 7c

Elfchen

Traum
zurückdenken an
die schönsten Tage
gerne träume ich zurück

Aufwachen

Fabian Kühner
Helen-Keller-Schule Dinkelscherben, Klasse 6Gb

Ein Ort für die Seele

Wenn ich älter bin, will ich ein kleines Holzhaus mit Balkon und einem besonderen Garten.

Mein Garten wird eine grüne Oase. Mit Blumen, Sträuchern, Obstbäumen und Hecken. Natürlich mit Nistkästen für Vögel, Platz für eine Brennnesselecke, und Igel gibt es auch.

Mein Lieblingsort ist eine Hängematte, nah bei dem kleinen Teich, an dem Libellen schwirren und abends Frösche quaken.

Mein Garten ist so ruhig, dass sich auch Elfen darin wohl fühlen. Sie tanzen abends mit Glühwürmchen um den Teich.

Wenn die Sonne aufgeht, legen sie sich in den Blumen schlafen. Es duftet nach Rosen, Flieder, Lavendel und wilden Kräutern, je nach Jahreszeit. Hier kann man entspannen und die Seele baumeln lassen.

Ob man noch so einen geheimnisvoll wirkenden Garten anlegen kann? In dieser Zeit? Mit der Hektik und Elektronik? Mit dem Lärm?

Wir alle brauchen doch solche Orte, um uns zu spüren und wiederzufinden. Ich möchte solch einen Ort für die Seele haben.

Mein kleiner Garten wird so sein.

Maria Pleyer
Mittelschule, Klasse 5bgzt

Die niemals zu besitzende Freiheit

Ich habe lange überlegt, in welche Richtung dieser Text gehen soll. Und mir sind viele Sachen eingefallen, die zu meinem Traum gehören. Doch all diese Dinge, die mir dabei durch den Kopf gegangen sind, waren nur materielle Dinge oder Luxusartikel. Jedoch, als ich mir konkret die Frage gestellt habe, „Was ist dein Traum?", war die Antwort zu leicht. Die Antwort kam ohne auch nur lange darüber nachzudenken. Es ist die Freiheit. Egal in welcher Situation ich bin, das Einzige, was mir immer fehlt, ist die Freiheit. Ob ich mit meinen Freunden unterwegs bin, oder auch zu Hause bin, das Einzige was nicht da ist, ist das Freisein. Immer habe ich das Gefühl, ich müsse mich irgendwie anpassen oder mich so verhalten, dass ich bei meinem Gegenüber gut ankomme. Und das nur, damit ich nicht das Gefühl haben muss, für mein Verhalten verurteilt werden zu können. Ich will nicht dieses ständige Druckgefühl haben, perfekt sein zu müssen, denn das bin ich nicht und möchte ich auch nicht sein. Denn dieses Gefühl engt mich ein und lässt mich fühlen, als wäre ich in einem Raum eingesperrt und komme nicht mehr heraus. Doch ich will frei sein und aus diesem Raum raus, um jeden Moment genießen zu können.

Das schlimmste Gefühl bei dieser Einschränkung, das ich fühle, ist, dass keiner mich versteht. Egal, was du sagst, letztendlich interessiert sich niemand für dich. Ob es Freunde sind, die mit dir reden, weil sie sich als Freunde dazu verpflichtet fühlen, oder Therapeuten, die für ihren Job Geld kriegen, am Ende vom Tag liegt jeder in seinem Bett und bemitleidet sich selbst. Keiner denkt über sein Gegenüber nach und versucht Lösungen zu finden. Wir Menschen sind Egoisten. Denn keiner fühlt sich verpflichtet, jemandem freiwillig zuzuhören und in jeder Sekunde dieses Gespräches auch nur hinzuhören, weil es niemanden auch nur irgendwie interessiert, was du von dir gibst. Und verstehen kann dich erst recht keiner, weil keiner weiß, wie du fühlst oder was in deinem Kopf drin ist.

Ich will nicht in diesem Gedanken leben müssen, dass man perfekt sein muss, um etwas zu erreichen. Ich will in dieser Gegenwart leben, wo Menschen für Taten gemocht werden und nicht für ihr Konto. All die selbstverständlichen Werte gehen verloren und ziehen einen mit in den Abgrund. Oft handelt man nur aus Gruppenzwang oder aus dem Gefühl heraus, dass man nur gemocht werden kann, wenn man dies und jenes macht. In dieser Welt läuft so vieles schief, dass man leider nicht mehr positiv denken kann. Die meisten Menschen hängen nur noch an ihrem Smartphone oder schlafen den ganzen Tag, um aus ihrem eigenen Leben entkommen zu können. Und allein schon dieser Gedanke nimmt mir jedes wohlhabende Gefühl und engt mich ein. Ich will meine eigene Freiheit leben, ohne auch nur über nicht relevante Dinge nachzudenken. Ich sehne mich nach Freiheit. Auch wenn das bedeutet, keine riesen Karriere machen zu können oder sonstiges. Mit dieser geschlossenen Tür fällt es schwer, irgendetwas auch nur richtig machen zu können.

Jil Thein
Mittelschule Zusmarshausen, Klasse 10

Träume! Träume! Träume!

Ist es nicht verblüffend? Ein Traum kann so real sein wie das Leben.

Ein Traum kann aber auch böse sein, er erinnert dich an Sachen, die du gesehen hast, oder auch an Erlebnisse, die du erlebt hast.

Auf jeden Fall sind Träume etwas sehr Besonderes. Sie können auch schön sein und dich an die guten Dinge in deinem Leben erinnern, zum Beispiel an deine Familie oder an andere Dinge, die wertvoll für dich sind.

Ein Traum kann auch verstorbene Menschen und Tiere wieder aufleben lassen, manchmal können Tiere auch sprechen oder andere ungewöhnliche Dinge tun. Manchmal ist es aber auch nur wie ein Bilderbuch ohne Ton, nur mit Bildern, die schön oder auch traurig sind.

Eines möchte ich festhalten. Es gibt doch nichts besseres, wenn man am Morgen nach einem schönen Traum aufwacht und sich erholt und glücklich fühlt.

Julius Veigel
Mittelschule Zusmarshausen, Klasse 8aM

Ein Spaziergang

Ich ging mit meinen Großeltern spazieren. Neben uns waren alte, mit Moß überzogene Bahngleise. Vor uns war ein Zugtunnel. Wir wollten noch nicht umkehren, aber der Waldweg, auf dem wir liefen, hörte hier auf. Also beschlossen wir, durch den Tunnel zu gehen. Überall an den Wänden waren Graffiti, und am Boden standen leere Bierflaschen. Wir wussten nicht, wie lange der Tunnel war, aber wir hatten sowieso genug Zeit. Nach ca. zwanzig Minuten schalteten wir unsere Taschenlampen ein. Umso tiefer wir hineingingen, umso weniger Graffiti waren an den Wänden zu sehen. Nach weiteren fünf Minuten sahen wir Ratten, die durch Löcher in der Wand flüchteten. Plötzlich hörte ich einen Geräusch. Ein Zug! Anfangs noch leise, aber dann immer lauter. Wir mussten hier raus! Wir sahen von vorne noch kein Tageslicht, aber wir rannten trotzdem weiter geradeaus. Meine Großmutter stürzte. Wir halfen ihr auf und humpelten weiter. Dann hörten wir neben dem Zuggeräusch auch ein Klopfen. An der Wand neben uns war eine große Metalltür. Ich zog und drückte daran, aber sie ging nicht auf. Dann öffnete sich die Tür und ich fiel nach hinten und hörte eine Stimme. „Der schläft ja immer noch. Hey aufwachen." Meine Mutter stand vor mir und sagte: „Kannst du noch schnell fertig staubsaugen, ich müsste jetzt einkaufen."

Marlon Reh
Mittelschule Zusmarshausen, Klasse 8aM

Mein Traumroboter

Stellt euch mal vor, ihr könntet einen Roboter bauen. Ich glaube, ich würde meinen Baymax nennen. Er würde ungefähr kniehoch sein und er soll zwei Arme, zwei Beine, einen Bauch und einen Kopf mit einer Antenne haben. Aber er soll auch noch eine ganz besondere Fähigkeit besitzen.

Baymax soll sich auch in Tiere oder in einen Gegenstand verwandeln können. Dann könnte er sich in einen Adler oder in eine Roboter-Maus verwandeln. Dann könnte ich ihn überall mit hinnehmen. Vielleicht kann er ja auch rechnen und schreiben. Und er soll kochen können, damit, wenn ich Hunger habe, er mir etwas zu essen machen kann. Aber ich will auch selber kochen, weil es Spaß macht, neue Rezepte auszuprobieren. Er soll nur manchmal kochen, wenn ich keine Lust habe oder wenn meine Familie und ich krank sind und es nicht schaffen zu kochen. Baymax soll auch schlau sein, er soll sich gut mit Technik und Sachwissen auskennen. Und er soll Wasser mögen und nicht kaputt gehen, wenn er es berührt. Das wäre mein Traumroboter.

Jule Hobl
Staatliches Gymnasium Königsbrunn, Klasse 5e

Stern ich bin wieder da

Liebes Tagebuch,

jetzt liege ich hier im Krankenhausbett. Und das alles nur wegen dem Springturnier. Stern und ich haben uns angemeldet und als wir dran waren, war beim dritten Hindernis eine Stange höher als sie eigentlich sein sollte. Das habe ich aber erst gemerkt, als Stern schon fast drüber war. Danach war alles schwarz. Ich kam erst wieder im Krankenhaus zu mir. Ich wollte gleich aufspringen, aber ich konnte nicht. Mein rechtes Bein und mein linker Arm waren in Gibs eingewickelt. In dem Moment kam eine junge Ärztin mit einem jungen Arzt rein. Sie traten an mein Bett heran und hörten mich ab. Nach einer Weile sagte die Ärztin zu meinen Eltern, dass ich mich am besten nicht bewegen solle. Als die Ärztin und der Arzt weg waren, riss jemand die Tür auf und schrie laut los. Es war meine beste Freundin Flori. Flori ist die Abkürzung von Floreana. Und Flori hasste ihren Namen über alles. Darum nennen sie alle außer ihre Eltern Flori. Flori hatte eine riesige Tasche dabei. Ich fragte sie, was in dieser Tasche drin ist. Sie zeigte mir die Tasche, und da waren Süßigkeiten und Schlafsachen drinnen. Meine Eltern wünschten mir eine gute Nacht und fuhren dann nach Hause. Ich konnte es kaum glauben, meine beste Freundin würde mit mir die Zeit im Krankenhaus verbringen, und meine Eltern kämen uns jeden Tag besuchen. Als ich schon einige Tage im Krankenhaus war, fragte ich die junge Ärztin, wann ich denn wieder reiten könnte. Und ihr glaubt nicht, was sie geantwortet hat. Sie sagte: „Wenn es blöd läuft, dann kannst du gar nicht mehr reiten. Außer deine Brüche verheilen wieder supergut." Ich habe gehofft, dass ich mich verhört habe, aber Flori hat das auch gehört. Diese Nacht träumte ich etwas Komisches. Ich träumte, dass die Ärztin reinkam und verkündete, dass ich wieder nach Hause gehen und auch wieder reiten dürfe. Als ich zu Hause war, setzte ich mich auf Stern und galoppierte los. Da hörte ich eine Frauenstimme und noch eine Kinderstimme. Ich öffnete meine Augen und sah, dass Flori mit der Ärztin sprach. Flori fragte tatsächlich, ob sie Nutella fürs Frühstück haben könnte. Flori liebt Nutella über alles. Jetzt bin ich schon seit zwei Monaten hier und heute kam die Ärztin rein und sagte, dass ich wieder nach Hause dürfte und auch so langsam wieder mit dem Reiten anfangen könnte. Als ich längere Zeit wieder zu Hause war und auch wieder richtig laufen konnte, schwang ich mich auf mein Pferd Stern und galoppierte wie in meinem Traum über die Felder.

Ganz liebe Grüße Ella

Elisa Retsch, Liana Pham, Klasse 5c
Staatliches Gymnasium Königsbrunn, Klasse 5c

Von der Antarktis zum Mond

Ich habe geträumt, dass ich plötzlich in der Antarktis war. Dort bin ich auf einem Eisbär geritten. Alle Bären um mich herum waren sehr nett zu mir. Ich konnte mit ihnen spielen und sogar sprechen. Wie schön alles war. Ich habe in einem Iglu übernachtet. In dem war es kuschelig und warm. Am nächsten Morgen bin ich am Südpol aufgewacht, dort haben mir Pinguine ein Frühstück zubereitet. Es war wie im Schlaraffenland. Dort gab es wirklich alles. Vom Rührei bis zum Pfannkuchen. Danach war ich pappsatt. Am Mittag bin ich mit den Seerobben auf Tauchkurs gegangen. Es war sehr spannend, die Tiere aus nächster Nähe zu betrachten und mit ihnen zu spielen.

Ich bin dann vor lauter Aufregung und Erschöpfung eingeschlafen. Diesmal in keinem Iglu, sondern inmitten der ganzen Pinguine. Sie haben mich gewärmt, wie Mama das immer macht. Am nächsten Tag bin ich dann auf dem Mond gelandet und habe dort Sterne gepflückt. Einen für Mama, einen für Papa, einen für meinen Bruder Lorenz, einen für meine kleine Schwester Viktoria und einen für mich. Die Sterne habe ich mit nach Hause genommen und sie wie einen Schatz aufbewahrt. Müde und kaputt bin ich in mein Bett gefallen und am nächsten Morgen zu Hause bei Mama aufgewacht.

Clemens Stegmann
Grundschule Gessertshausen, Klasse 2a

Mein Traumroboter

Mein Roboter soll Robi heißen und soll bestimmte Fähigkeiten haben: Es soll mir jede Medizin geben, die ich brauche, denn wenn meine Familienmitglieder und andere, die ich lieb habe, krank sind, will ich ihnen helfen, gesund zu werden. Mein Robi soll kochen können, denn ich liebe bestimmes Essen, das ich mir aber nicht herzaubern kann. Ich würde etwas sehr cool finden, wenn Robi das könnte, was aber sehr wahrscheinlich nicht sein kann, und zwar sollte mir Robi sagen, welche Menschen gerade an mich denken und über mich sprechen und ob sie über mich etwas Schlechtes sagen oder etwas Gutes. Und zudem will ich, dass Robi mir gibt, was ich möchte. Es sollen so Kleinigkeiten sein wie wenn ich sage: „Robi gib mir bitte ein Bleistift." Das wäre mein Traumroboter. Aber halt ! Ich habe an Robi auch einen Nachteil entdeckt und zwar, dass er mir sagt, welche Menschen über mich gut oder schlecht denken, das würde vieles verschlechtern. Deswegen wäre es nicht so gut . Das war's. Tschüss !

Zehra Kuzucu
Staatliches Gymnasium Königsbrunn, Klasse 5e

Ich wünsche mir, dass ich sicher bin

Ich wünsche mir, dass ich sicher bin.
Ich wünsche mir, dass es keinen Krieg gibt.
Ich wünsche mir, dass ich sicher bin.
Ich wünsche mir, dass ich sicher bin vor Erdbeben.
Ich wünsche ich mir, dass ich sicher bin vor Mobbing.
Ich wünsche mir, dass ich sicher bin.
Ich fühle mich sicher bei meiner Familie.

Sophia Winkels
Helen-Keller-Schule Dinkelscherben, Klasse 5Ga

Abenteuer eines Wolfes

Vor ein paar Monaten entschloss ich mich, mit meinem Hund Hexi im nahegelegenen Wald einen Herbstspaziergang zu machen. Doch wenn mir jemand gesagt hätte, was mich an einem so friedlichen und noch warmen Herbsttag erwarten würde, hätte ich diese Person für verrückt gehalten …
Unter einem Ahornbaum entschloss ich mich, eine kurze Pause zu machen, setzte mich hin und sah mich etwas genauer um. Ich entdeckte zu meiner Rechten ein aus Holz geschnitztes Amulett mit einem Wolfskopf. Meine Finger fuhren über die Kerben und Vertiefungen des Holzes, welche sich

sanft und geschmeidig anfühlten. Das Amulett war an einem Band aus braunem Leder befestigt und ich entschloss mich, es mir umzuhängen.

Doch als ich dies Tat, spürte ich einen brennenden Schmerz, der durch meinen Körper jagte. Das Amulett begann zu leuchten, meine Knochen verschoben sich und mir spross Fell. Ich schloss die Augen und wenige Minuten später stoppte alles und es wurde still.

Keuchend und mit rasendem Herzen öffnete ich vorsichtig die Augen. Hexi stand vor mir und blickte mich verdutzt an. Ich folgte ihrem Blick und sah an mir herunter. Ich sah Pfoten, die sich in das weiche Gras gruben, und ich richtete mich auf.

Ich war doppelt so groß wie Hexi und blickte mich verwundert in meiner Umgebung um, obgleich ich weniger Farben sah, hörte und roch ich alles viel intensiver.

Eine Vermutung machte sich in meinen Kopf breit, doch ein Teil von mir war immer noch unsicher. Vorsichtig legte ich mich wieder hin, sehr langsam und ruhig, um Hexi nicht zu erschrecken. Ich blickte in ihre bernsteinfarbenen Augen, die wie ein Spiegel reflektierten und meine Vermutung bestätigte sich. Ich war ein Wolf.

Ein Tier, das 1850 von Menschen in Deutschland vollständig ausgerottet worden war und dort erst 150 Jahre später wieder in freier Wildbahn lebte.

Ich stand unter Schock, jedoch wagte ich es, ein paar Schritte zu gehen. Doch sie waren wohl etwas zu hektisch, da Hexi vor Angst zitternd davonrannte. Aber in diesem Moment schien es mich nicht zu kümmern. Ich lief tiefer in den Wald hinein, ohne mir wirklich Gedanken zu machen, was mich dort erwarten könnte. Es wurde immer dunkler, allerdings machte es mir nichts aus, da ich auch im Dunkeln hervorragend sehen konnte. Doch je tiefer ich in den Wald lief, desto mehr Fragen stellte ich mir.

Wie war das möglich?

Komme ich je wieder zurück nach Hause?

Auf einmal wurde ich aus meinen Gedanken gerissen. Ein kleines, hundeähnliches Geschöpf mit rotem Pelz stellte sich knurrend vor mich. Ein Fuchs. Er sprintete vorwärts, geradewegs auf mich zu!

Gewandt tänzelte ich zur Seite und biss in seinen Schwanz. Woher wusste ich nur, wie man kämpfte? Dieser Gedanke verlangsamte meine Sinne, und ich bemerkte zu spät, dass ein anderer Fuchs zu uns gestoßen war. Ich reagierte zu langsam, sodass der andere Fuchs ebenfalls auf mich zu rannte und seine Zähne in meine Flanke grub. Jaulend spürte ich den stechenden Schmerz, der durch meinen Körper jagte. Ich musste hinkend weiterkämpfen. Doch diesmal behielt ich die Oberhand. Ich packte einen der Füchse am Nackenfell und warf ihn gegen einen Baum, wo er reglos liegen blieb.

Gerade noch schaffte ich es, nahe genug an den anderen Fuchs heranzukommen und legte meine Zähne über seine Schädelbasis. Er wagte es nicht, sich zu bewegen und ich ließ ihn los. Jaulend und winselnd machten sich die beiden Füchse aus dem Staub.

Ich blickte auf mein Hinterbein und sah das Blut, das in meinem Fell klebte. In Gedanken verloren bemerkte ich zu spät ein Tier, welches sich vor mir aufgebaut hatte. Doch diesmal besaß es keinen roten Pelz sondern einen grauen. Es war deutlich muskulöser und auf meiner Augenhöhe. Ein Wolf.

Ich wusste, wo ein Wolf ist, sind noch mehr, jeder Wolf gehört zu einem Rudel.

Wenn ich richtig lag, war ich von Wölfen umzingelt. Ich verfluchte es, immer recht haben zu müssen, und hoffte inständig, dass ich falsch lag. Ich wollte nur einmal in meinem Leben falsch liegen. Nervös blickte ich mich um, ich hatte recht behalten. Mal wieder.

Ich sah den dunkelgrauen Wolf wieder an und stellte fest, dass er der Alpha sein musste.

Der schwarze Timberwolf zu seiner Linken musste sein Beta sein. Muskulös und aggressiv. Plötzlich bemerke ich im Augenwinkel, das knappe Kopfnicken des Alphas und gerade noch rechtzeitig, das Hervorschnellen des Omegawolfes, der es auf die Sehne meines Vorderbeines abgesehen hatte. Hätte er es geschafft, mir eine Sehne durchzubeißen, wäre ich erledigt gewesen. Ich war bereits erschöpft und verletzt, wie sollte ich einen Kampf gegen zehn topfite, unverletzte Wölfe durchstehen?

Rennen würde mit meiner verletzten Flanke wohl auf kaum in Frage kommen, also blieb mir keine Wahl. Ich musste kämpfen.

Ein anderer Wolf mit rötlichem Fell schoss vor, doch ich reagierte rechtzeitig und grub meine Zähne in seine rechte Flanke. Offenbar hatte ich eine Sehne erwischt, da er sich jaulend aus dem Staub machte. Ich begann zu begreifen, dass mir Denken hier nichts bringen würde. Ich musste mich auf meine Sinne verlassen. Das war meine einzige Chance! Doch als ich dem dritten Wolf die Abreibung seines Lebens verpasst hatte, schoss mir ein Gedanke durch den Kopf. Ohne Alpha sind sie planlos.

Er ist das Gehirn des Rudels, ohne ihn sind die anderen aufgeschmissen.

Mit einem gewaltigen Satz sprang ich über die anderen Wölfe hinweg, auf den dunkelgrauen Wolf zu, der sich beim Kämpfen im Hintergrund aufhielt. Er schien sichtlich überrascht, doch er wich nicht zurück. Seine Körperhaltung verriet mir, dass er meine Herausforderung akzeptierte. Als ich ihn etwas genauer musterte, entdeckte ich ein Holzamulett mit einem Wolfskopf, das an einem Lederband befestigt war. Das Amulett kam mir bekannt vor, doch ich konnte mich nicht daran erinnern, wo ich es schon einmal gesehen hatte. Später fand ich heraus, dass, je länger ich mich in meiner Wolfsform aufhalte, desto mehr und mehr vergesse ich von meinem Menschenleben.

Der Alpha war nicht so unvorsichtig, wie die Omega- oder Betawölfe. Er wartete ab, was ich machen würde. Ich tat dasselbe, und so blickten wir uns eine Zeit lang nur in die Augen. Er knurrte wieder, doch diesmal formte sich das Knurren zu Worten. „Wer bist du, Fremde? Was willst du hier?", fragte er. Ich antwortete verwundert: „Ich bin Jasmin, und ich wollte nur einen Waldspaziergang machen." „Was willst du", antwortete er, „damit du mich in Frieden lässt. Du hast mein Rudel fertig gemacht, obwohl du ganz allein bist. Was du auch begehrst, du sollst es bekommen." „Ich würde gerne das Amulett haben, welches um deinen Hals hängt." Der Beta-Wolf trat hervor und riss dem Alpha das Amulett vom Hals und legte es vorsichtig vor mich auf den Boden. Ich hob es mit dem Zähnen auf und rannte zurück an den Waldrand, im Visier hatte ich einen Baum, der mir ebenfalls bekannt vor kam. Dort legte ich das Amulett ab und berührte es sanft mit der Schnauze.

Ein bekannter brennender Schmerz zuckte durch meinen Körper, das Fell verschwand, die Knochen verschoben sich und alles wurde schwarz.

Ich schlug die Augen auf und blickte in ein schwarzweißes Gesicht,dass mich freundlich anblickte..

Ich realisierte, was passiert war und sah auf mein Handy. Es war derselbe Tag, ungefähr zehn Minuten später und es war noch immer hell. Ich richtete mich auf und fragte mich, ob das real gewesen war.

In meiner rechten Hand spürte ich Kerben und ich sah in meine Hand. Ein Amulett mit Wolfskopf lag darin.

Jasmin Weh
Staatliche Realschule Bobingen, Klasse 8D

Lenas Traum

Draußen regnet es und Lena sitzt traurig in ihrem Zimmer und schaut aus dem Fenster! Eigentlich wollte sie mit ihrer Familie ein Picknick machen, aber das fällt leider Wasser. Sie kuschelt sich in ihr Bett. Langsam fallen ihr die Augen zu.

Sie wacht in einem Wald auf und schaut nach oben und sieht ein kleines rotes Eichhörnchen, das von Ast zu Ast hüpft! Verwundert läuft sie durch den Wald. Sie fragt sich: „Wie bin ich nur hierher gekommen!" In dem

Busch vor ihr raschelt es. Sie schiebt die Zweige weg und sieht ein Reh, das sich in einem Plastiknetz verheddert hatte! Lena will das Reh befreien und geht ganz langsam und vorsichtig zu ihm hin!
Es spürt, dass Lena ihm nur helfen will und hält ganz still! Als sie es befreit hat, steht das Reh auf und schaut sie für einen Moment an. Dann springt es fröhlich davon!
Lena hört ein Geräusch, erschrickt und findet sich in ihrem Zimmer wieder. Sie schaut aus dem Fenster, der Regen hat aufgehört! Lena freut sich und überredet ihre Familie zu einem Waldspaziergang! Auf die Traumwelt kann man sich eben immer verlassen!

Lea Wildegger
Grundschule Diedorf, Klasse 2a

Der Traum

hoch
die Kletterwand
sie ist steil
ich bin ein Klettermeister
toll

Dominik Sayer
Franziskus-Schule Gersthofen, Klasse 3b

Flaschenpost

Lieber Unbekannter,
ich bin Gökmen Sentürk, bin elf Jahre alt und wohne in Bobingen. Du hast meine Flaschenpost gefunden. Gratuliere, hier kannst du alle meine Wünsche finden. Vielleicht inspiriere ich dich ja auch, diese umzusetzen. Bei meinem ersten Wunsch kannst du mir sehr schlecht helfen, aber ich wollte ihn dir trotzdem sagen. Ich will nämlich auf Zauberwürfel- und Schachwettbewerbe gehen und Erster werden. Jedes Mal, wenn ich daran denke, Erster zu werden, stelle ich mir vor, wie ich zwei Goldpokale in die Luft strecke und jeder meinen Namen schreit. Mein zweiter Wunsch klingt zwar sehr verrückt, ist aber wahr. Ich will nämlich einen Roboter bauen, den Gökmen-2, abgekürzt G-2. Er ist super nett, cool, dein bester Freund, und weiß genau, was du magst. Außerdem löst er den Zauberwürfel in 0,1 Sekunden und spielt immer mit dir Schach, wobei er mich oder vielleicht auch dich auf die Schachwettbewerbe vorbereiten kann. Natürlich kann man auch einstellen, wie gut er spielen soll. Wenn du G-2 immer noch nicht cool findest, lies weiter. G-2 kann fliegen und dir alles mitbringen,

was du willst. Somit musst du nie mehr einkaufen gehen oder überhaupt rausgehen, denn G-2 erledigt alles für dich. Diese Funktion hat aber auch einen Nachteil, denn wo wäre der Spaß am Leben, wenn du einfach nur zu Hause sitzt und nichts tust. Er würde alles übernehmen und du wärst sogar so sehr verwöhnt, um überhaupt deinen kleinen Finger zu heben. Deswegen zweifle ich noch an dieser Funktion. Natürlich ist G-2 auch ein Superheld und hilft allen Menschen auf der Welt, egal ob sie in Gefahr sind oder hungern. Somit müsste niemand mehr hungern und jeder wäre glücklich. Doch jetzt kommt, abgesehen davon, dass niemand mehr hungern muss, das Beste: G-2 kann sich in eine Super-Kontrollier-Maschine verwandeln und kann somit alle Schulaufgaben und Exen dank seiner Hightec-Kamera, innerhalb von zwei Sekunden kontrollieren. Das wäre gut, denn wenn alle Lehrer so etwas haben, müssen die Schüler nicht mehr so lang warten. Aber ob das so gut wäre, weiß ich auch nicht, denn die Schüler müssen ja auch lernen, Geduld zu haben. Außerdem sieht G-2 sehr verrückt aus: Er hat blaue Schuhe, eine gelbe Mütze, sieht quadratisch aus und besitzt keine Knöpfe, weil er eine Sprachsteuerung hat. Das klingt richtig cool, ne! Aber leider ist das nur ein Traum und ist nicht möglich. Oder doch? Wie sehen denn deine Träume aus?

Gökmen Sentürk
Staatliches Gymnasium Königsbrunn, Klasse 5e

DER TRAUM

Der Traum, den ich neulich hatte:
Er handelt von einem Freund.
Rudolf war sein Name.
Täglich hat er viel geträumt.
Rudolf ging zur Schule.
Aber er hat viel versäumt.
Und nicht viel geschlafen.
Manchmal nur tagsüber gut geträumt.

Jannis Gebhardt
Staatliches Gymnasium Königsbrunn, Klasse 5c

Träume

Nachts, wenn ich zur Ruhe komme. Wenn ich alles um mich herum vergesse. Einfach ausblende. Da ist nun keine Schulaufgabe mehr, um die meine Gedanken bereits seit Tagen kreisen. Da gibt es keine alltäglichen

Probleme, welche mein Leben kompliziert machen. Nein. Das alles gibt es für diese eine Nacht einfach nicht.

In meinen Träumen lasse ich alle schönen, vergangenen Momente der letzten Wochen und Monaten noch einmal revue passieren. Jeden Einzelnen. Nach und nach. Ich tauche ein in vergangene Zeiten.

Und da sind sie plötzlich wieder. All diese Bilder.

Wie ich auf einem Segelboot über den See flitze, oder auf einem Gipfel stehe und das Tal überblicke.

Es sind Momente, die bleiben. Momente, die ich nicht vergessen werde. Für den Augenblick sind sie alle wieder da. Obwohl diese Ereignisse schon so weit in der Vergangenheit liegen. Momente, die für mich besonders wertvoll sind.

Solch ein Traum kann absurd, aber auch sehr realitätsnah sein. Gerade so, wie es einem in diesem Moment beliebt.

„Träume was Schönes!", bekomme ich immer von meinen Eltern zu hören. Ja, dass werde ich bestimmt. Da bin ich mir ganz sicher.

Gute Nacht.

Jonathan Hübner
Mittelschule Gersthofen, Klasse 9bM

Das Rennen

Ich bin in einem Autospiel. Ich laufe herum und sehe eine Rennstrecke. Am Start stehen ganz viele coole Autos. Ich laufe zwischen den Autos herum und schaue sie mir an. Ich sehe einen coolen Ford Mustang. Ich laufe um ihn herum. Ich steige ins Auto, es ist noch cooler von innen als von außen. Auf einmal kommt eine Ansage: Das nächste Rennen beginnt in wenigen Augenblicken. Ich fahre einfach mit. Es geht los: 3, 2, 1 … los! Ich drücke das Gaspedal durch, da ist eine scharfe Kurve. Ich lenke scharf ein. Geschafft! Das Rennen macht voll viel Spaß. Ich sehe das Ziel, ich gebe noch mal richtig Gas. Ich bin erster, ich fahre durchs Ziel. Ich habe gewonnen! Ich muss auf dass Podest steigen. Ich kriege den Pokal, weil ich erster bin. Auf einmal liege ich in meinem Bett und bemerke, dass es nur ein Traum war.

Marco Stritzl
Helen-Keller-Schule Dinkelscherben, Klasse 7G

Der verzauberte Traum

Es war an einem schönen Sonntagnachmittag, als ich mich mit einem Märchenbuch in mein Bett kuschelte. Ich las und las ein Märchen nach dem anderen. Bis ich bei dem Märchen „Brüderchen und Schwesterchen und die sieben Elfen" verwundert innehielt. Sieben Elfen? Neugierig begann ich zu lesen. Ich las: „Es war einmal vor langer, langer Zeit, als das Wünschen noch geholfen hat, als Brüderchen und Schwesterchen glücklich und zufrieden an einem schönen Tag im Wald Pilze sammelten. Es schien wie verzaubert, aber sie wollten einfach keinen Pilz finden. Doch halt! Was war dort? Brüderchen fand einen traumhaft schönen Pilz und sogleich noch einen und noch einen. Ganz, ganz viele! Da eilte Schwesterchen auch schnell herbei und wie sie so sammelten, vergaßen sie die Zeit und sammelten bis in den späten Abend." Tief in das Märchen versunken sah ich die Bilder vor meinen Augen. In meiner Nase breitete sich schon der Duft von frischen Pilzen aus.

Als ich bald darauf an mir herunter blickte, traute ich meinen Augen kaum. Anstelle meines T-Shirts und meiner Jeans war dort jetzt der grüne, verschlissene Blätterumhang eines Elfen.

Und plötzlich war ich mittendrin in meinem Traum. Ich träumte, dass ich als Elfe Brüderchen und Schwesterchen dabei beobachtete, wie sie fröhlich von Pilz zu Pilz sprangen und sammelten. Bald darauf folgte ich ihnen auf Schritt und Tritt.

„Die Bäume wurden hier immer dichter und es wurde immer dunkler. Brüderchen und Schwesterchen drangen immer tiefer in den Wald ein und sammelten und sammelten. Die Körbe wurden immer schwerer und sie immer müder. Jetzt wollten sie einfach nur noch nach Hause. Da merkten sie erst, dass sie sich verlaufen hatten. Der Wind pfiff um ihre Ohren. Gespenstisch stiegen die Nebelschwaden im Mondlicht auf. Kälte umgab sie. Die eigenen Hände waren vor den Augen nicht mehr zu sehen. Gerade als Schwesterchen ängstlich Brüderchen an die Hand nehmen wollte, stolperte es plötzlich über einen Ast und stieß gegen eine steinige Mauer. Sogleich versteinerte sie. Brüderchen war entsetzt und erschrak fürchterlich. Was war bloß geschehen? Was sollte er jetzt tun? Würde er sein Schwesterchen je zurückbekommen? Was war das unter dem Moos und dem Ast? Er sah einen Eisenring im Mondlicht schimmern. Mutig drückte er den Ring in die Öffnung. Es knarzte schauerlich und ein verborgenes Tor sprang auf. Ohne zu zögern, ging er hindurch. Ein langer, mit Kerzen beleuchteter Gang führte in die Dunkelheit. Ängstlich betrachtete er hundert versteinerte Statuen. Ganz leise drang traurige Musik an sein Ohr, und hinter der nächsten Abzweigung waren sieben winzige kleine Elfen. Mit großen Augen sahen sie sich gegenseitig an. Aber weil er so freundlich war und liebenswert aussah, erzählten die Elfen ihm schnell ihre Geschichte und baten ihn um Hilfe. So erzählten sie ihm, dass sie zu dreizehn friedlich in diesem Schloss gelebt hatten, bis eine böse Zauberin gekommen war und sie hier einsperrte. Sechs von ihnen wollten fliehen und Hilfe holen, doch alle wurden versteinert und kamen nie wieder zurück. Die böse Zauberin gab ihnen nichts zu essen, so verloren sie ihre Zauberkräfte. Nun erzählte Brüderchen seine Geschichte und zeigte auf seinen Korb mit Pilzen. Ach, wie begannen da die Augen der Elfen zu leuchten, als sie die Pilze sahen. Sofort aßen sie die Pilze gierig auf. Plötzlich hatten sie ihre Zauberkräfte wieder, weil sie durch die Pilze gestärkt waren. In diesem Moment stand die böse Zauberin hinter ihnen. Zornig vor Wut versteinerte sie Brüderchen. Doch was war das? Die Elfen zauberten Brüderchen ein magisches Schutzschild und der Bann prallte zurück auf die Zauberin. Sie versteinerte sofort. Zum Dank schenkten sie ihm das magische Zauberschild mit Zauberschwert und gaben ihm drei Wünsche. Vor lauter Freude wünschte sich Brüderchen sein Schwesterchen herbei. Sofort eilte er zu ihr und sie fielen sich in die Arme. Mit dem zweiten Wunsch wünschte sich Brüderchen, dass die sechs Elfen von ihrem Bann erlöst würden und dass die Elfen Brüderchen und Schwesterchen besuchten. Zu guter Letzt wünschte er sich immer genügend Essen für die Elfen, damit sie nie wieder ihre Zauberkräfte verlieren werden. Und so lebten sie glücklich und zufrieden bis an ihr Lebensende."

Laut klingelte der Wecker neben meinem Ohr. Ich wachte auf aus meinem zauberhaften Traum. Er war einfach verzaubernd. Glücklich dachte ich noch einmal über meinen Traum nach. Ein magisches Zauberschild und Zauberschwert hätte ich auch gerne. Leider war ich dieses Mal nur ein Elf und nicht Brüderchen...

Tim Wölfle
Paul-Klee-Gymnasium Gersthofen, Klasse 5b

Fernweh (2023)

Warum bei der Familie schwelgen, wenn die Ferne doch so nah.
Warum an einem Ort bleiben, wenn es so viele gibt.
Meine Gedanken bleiben doch nicht da.
Die Vertraute Nähe, die mich nicht liebt.
Das Zuhause, das kein Zuhause ist und mich meiner Freiheit bestielt.
Die Menschen, die mich nie kannten,
Sie haben mich nie verstanden.
Das Leben ist kurz, so nutze deine Zeit.
So viele Orte, doch so wenig Zeit.
Nicht stehen bleiben, sonst verrinnt die Zeit.
Die Welt ist zu klein, um nur an einem Ort zu sein.

Lea Manteuffel
Mittelschule Zusmarshausen, Klasse 10aM

Meine Träume

Manche Menschen träumen etwas, aber nicht alle erinnern sich daran, was sie geträumt haben. Ich träume nicht immer etwas. Ich habe manchmal verrückte Träume. Manchmal träume ich, dass ich Tierpflegerin werde. Das ist ein schöner Traum. Ich habe mir immer gewünscht zu träumen, dass ich Tierpflegerin werde. Tierpflegerin ist ein ganz toller Beruf, den ich auch einmal machen will. Ich möchte Tierpflegerin im Zoo werden. Dort möchte ich dann auf die Robben und auf die Pinguine aufpassen. Ich war schon oft im Zoo und weiß, was die Tierpflegerinnen so zu tun haben. Ich freue mich schon, wenn ich endlich Tierpflegerin werden kann.

Marina Schönemann
Grundschule Dinkelscherben, Klasse 3a

Wie der Traum zum Albtraum wurde und wieder zurück.

Ich wurde in Griechenland geboren und alles war super. Ich ging in die Kindergrippe hatte ein wunderbares Haus mit meinen Eltern, meiner großen Schwester und meinem Zwillingsbruder. Ich konnte Oma und Opa regelmäßig besuchen und lebte wie jedes normale Kind.
Doch eines Tages zogen wir nach Deutschland um. Der Traum wurde zum Albtraum. Alle sprachen eine andere Sprache, ich kannte niemanden und unser Haus sah komplett anders aus. In dem Kindergarten, in den ich jetzt ging, saß ich ganz alleine in einer Ecke, ohne ein Wort zu sagen. Doch eines Tages änderte sich alles. Ich lernte mein erstes deutsches Wort. Blume hieß es. Und an diesem Tag wurde der Albtraum wieder zum alten wunderbaren Traum. Ich lernte immer mehr neue deutsche Wörter.
Als ich in der ersten Klasse war, konnte ich schon gut Deutsch. Heute gehe ich in die vierte Klasse und kann perfekt Deutsch sprechen. Zwar, verstehe ich das eine oder andere nicht wirklich, aber das ist eigentlich egal. Den heute ist alles wie im Traum.

Ilektra Moumtzidou
Grundschule Meitingen, Klasse 4b

Die Dinos

Es war einmal ein Mädchen, das hieß Dana. Es begegnete vielen Dinos. Sie fraßen Menschen. Dana erwachte und war erleichtert: „Hu, es war nur ein Traum!"

Isabell Albu
Grundschule Aystetten, Klasse 2a

Mein Traum

Ich fliege ganz allein und mit sanften Flügelschlägen. Eine rosa Wolke schwebt vor mir. Sie ist weich und gemütlich. Ich lege mich auf die Wolke drauf. Ein Einhorn kommt vorbei. Es war das Einhorn Rosablume. Die Sonne strahlt auf mich und Rosablume. Rosablume forderte mich auf, auf ihren Rücken zu steigen. Wir flogen über das Süßigkeitenland. Hinter dem Süßigkeitenland ist der Kristallbach. Wir landeten. Ich stieg ab und es flog Feenstaub und Glitzer um mich herum. Meine Flügel wurden größer und bunter. Mein Kleid wurde schöner als alles auf der Welt. Meine Haare bekamen Zöpfe und auf meinem Kopf saß eine Kristallkrone. Ich wurde wunderschön. Rosablumes weißes Fell leuchtete, sie bekam ein buntes Horn und ihre Flügel wurden golden. Rosablume konnte sprechen. Sie sagte sanft: „Lina, komm mit." Wir hoben wieder ab und flogen über Felder und Bäume aus Süßigkeiten. Auf einem Berg landete sie. Sie streckte ihr Horn in die Luft. Feenstaub tanzte vom Himmel zu Boden. Ein Diamantenschloss. Die Türe öffnete sich und die Königin der Feen und Einhörner bat uns herein. Sie stellt sich vor. Sie heißt Sahra. Sie erklärt mir, dass Rosablume ihr Einhorn sei und das Rosablume mich mit Absicht hier her gebracht habe. Sie sagte, ich sei die Auserwählte, die das Diamantenschloss beschützen solle. Rosablume und ich wurden beste Freundinnen. Sie war tapfer und brachte alle zum Lachen. Rosablume und ich waren fest verbunden und unzertrennlich. Wir wurden älter.
Sahra starb und ich wurde die Königin der Feen und Einhörner.

Lina Lutz
Grundschule Fischach-Langenneufnach, Klasse 3d

Die verlorene und geheimnisvolle Insel

Auf einer prächtigen und wunderschönen Insel machte sich Professor Mikel wie jedes Mal auf dem Weg zum hellblauen See. Er war vor sechzehn Jahren mit seinem klitzekleinen Flugzeug, mit einer Cessna 172, in ein heftiges Unwetter geraten und anschließend war er auf der verlorenen Insel abgestürzt. Er war geschockt, aber zum Glück hatte er überlebt. Nach dem Absturz wusste er nicht, was geschehen war. Danach kapierte er nach und nach, dass er auf der verlorenen Insel abgestürzt war, die er gesucht hatte. In den folgenden Tagen wartete der Professor auf Hilfe und versuchte, mit seinem halbkaputten Handy die Wasserwacht anzurufen. Doch natürlich gab es keinen W-Lan und dann ging die Batterie aus. Er motzte genervt: „Verflixt noch mal!" Heutzutage lebt er mit außergewöhnlichen und verschiedene Tierarten. Er war sehr überrascht, wie die Tiere lebten, im Gegensatz zur echten Welt. Er baute sich ein großes, gemütliches Baumhaus. Nach seiner Ankunft waren viele Tiere verängstigend. Jeden Tag ging er zu den riesigen und farbenfrohen, lustigen Faltern der einsamen und verlorenen Insel. Jeden Abend beobachtete er die rot-orange glitzernde und warme, glühende Sonne. Am nächsten Morgen stand er mit Sonnenstrahlen im Gesicht auf. Der Professor roch den leckeren Fischgeruch vom Horizont des dunkelblauen Meeres. Er fügte hinzu: „Meer, Meer und nur das ruhige Meer."

Und damit meinte er, dass der Mann hier der einzige Mensch auf dieser hübschen Insel ist und keiner ihn retten kann. Zum Frühstück stampfte er in den schwarzen Tiefen des Waldes und suchte leckere Himbeeren und Erdbeeren. Dabei entdeckte er komische, außergewöhnliche und exotische Pflanzenarten. Der Professor konzentrierte sich auf die Suche. Plötzlich sah er ein Tier. Das Tier sah gefährlich aus und wollte ihn angreifen. Das fleischfressende Tier sah den Mann sehr, sehr, sehr böse an. Der Professor flitzte weg, aber das flinke Tier reagierte blitzschnell und verfolgte ihn. Er rannte um sein Leben, bog rechts ab, in Richtung Strand und bog anschließend links zum Ameisenhaufen ab. Er dachte jetzt nur an das Tier, das ihm hinterherlief wie ein Leopard, aber jetzt fing es auch an, ihn zu kratzen. Er jauchzte: „Was für ein Misttag!" Der Professor konnte jetzt nicht stoppen.

Der Mann stand jetzt vor einem grün-blauen Pfau und erwiderte genervt: „Das ist auch nicht besser", aber zum Glück war das holzige Baumhaus genau vor ihm. Es war schon sehr spät und der Professor erholte sich von der langen Jagd. Er legte sich auf das Bett und dachte dabei, dass diese Nacht jemand kommen und ihn dann retten würde.

Am nächsten Morgen wachte der Professor müde auf und warf einen Blick nach draußen. Er sah keine Natur, keine Pflanzen, weder Tiere und nichts war vom Meer zu sehen. Plötzlich realisierte er, dass alles nur ein wunderschöner Traum gewesen war. „Schade, ich hätte gerne die verlorene und geheimnisvolle Insel gefunden!", seufzte der Professor Mikel enttäuscht.

Oscar Duval
International School Augsburg/Gersthofen, Klasse 5K

Das Schattenmonster

Eines Nachts träumte ich ziemlich gruselig. Da stand plötzlich direkt vor mir ein Monster mit lila-schwarzen Augen.

Meine zwei Katzen schlummerten friedlich in meinem Bett, während ich bis auf die Knochen erschauderte. Wahrscheinlich war durch mein Zittern der eine Kater, der an meinen Bauch gekuschelt lag, aufgewacht.
Irgendwie brachte ich ein Stottern heraus: „W…wer b…bist d…du?"
Nun war der zweite Kater auch hellwach.
Das unheimliche Monster ging einen Schritt zurück, während es mir tief in die Augen sah. Seine lila-schwarz-funkelnden Augen machten ein seltsames, unheimliches Licht. Kurz blieb es stehen. Starrend. Meine Kater fauchten nun wie wilde Tiger.
Das Monster schwebte weiter rückwärts bis in die Küche. Dort riss es das Fenster auf und sprang hinaus.
Nun war meine Neugier geweckt. Schnell warf ich mir eine Jacke über und rannte aus dem Haus. Das Monster und sein großer Schatten liefen in Richtung Wald.
Ich gebe zu, ich hatte schon Angst, aber irgendwie musste ich diesem Wesen - diesem Schattenmonster folgen.
Wir liefen, nein, wir flogen fast schon durch den nachtschwarzen Wald. Schließlich kamen wir an eine Hütte. Wie durch Magie ging die Tür auf und das Monster verschwand. Es verschwand für immer und ewig.
Nie wieder kam es zu mir zurück. Ich denke es hatte fürchterliche Angst vor meinen wilden Katern Loki und Krümel.

Constantine Weyreter
Helen-Keller-Schule Dinkelscherben, Klasse 4 G

Der Traum mit vielen Fragen

von drei typen verfolgt
die von mir was wollten
zur brücke gerannt unter dem ein fluss fließt
bin in den fluss rein gesprungen
sah nur schwarz wie ein alptraum
ganz dunkel …
war das ein traum

Sevket Sevic
Mittelschule Gersthofen, Klasse 7c

Mein schönster Traum

In meinem Traum bin ich eine Fee und sehe den Zauberwald. Er ist wunderschön. Es gibt große Bäume dort, aber auch Büsche. Schade nur, dass ich noch nicht fliegen kann. Das muss ich erst lernen. Immer wieder denke ich mir: „Ach, irgendwann werde ich auch fliegen können wie die anderen Feen."

Endlich ist es dann soweit. Meine Abschlussprüfung zum Fliegen findet statt, und wenn ich die bestehe, darf ich alleine über den Zauberwald fliegen! Und … ich bestehe die Prüfung! Der Wald sieht von oben noch viel schöner aus!

Yara Sophie Weidinger
Grundschule Bobingen an der Singold, Klasse 3c

Flaschenpost

Hallo!
Ich bin Lisa, zehn Jahre alt,
Und bin im Königsbrunner Gymnasium
In der 5. Klasse. Mein Wunsch ist,
Dass meine Familie gesund bleibt,
Weil ich das sehr wichtig finde.
Ich wünsche mir auch noch ,
Dass ich gute Noten, für einen tollen
Job bekomme. Mein dritter Wunsch ist,
dass keine Erdbeben mehr auf-
treten, weil ich das Erdbeben in der Türkei
Und in Syrien sehr traurig und schlimm
finde. Zu viele Menschen sind gestorben,
und die jenigen, die überlebt haben,
haben nun kein Zuhause mehr,
und leben jetzt auf der Straße.
Wenn du diese Flaschenpost gefunden hast, dann wünsche ich mir,
dass du den Menschen in der Türkei
und in Syrien viel Geld spendest, damit
sie wieder ein Zuhause haben und
glücklich werden.

Lisa Schlesiger
Staatliches Gymnasium Königsbrunn, Klasse 5e

Veränderte Träume

Früher träumten wir vom Urlaub am Meer,
einen Hund wünschten wir uns sehr.
Wir haben uns wenig Gedanken gemacht,

und über alles unbeschwert gelacht.
Heute träumen wir von Klimaschutz und Frieden,
weil die Menschen sich sinnlos bekriegen.
Alles erscheint nun traurig und schwer,
wir fühlen uns machtlos und gedankenleer.
Vieles hat sich verändert,
überall wird gegendert,
das verunsichert uns noch mehr.
Doch wir wollen wieder unbeschwert denken,
lachen und anderen Freude schenken.
Ein hoffnungsvoller Traum – ohne Wiederkehr?

Leonie Knoll, Lilly Knoll
Justus-von-Liebig-Gymnasium Neusäß, Klasse 7b

Der Alptraum

Ich war ungefähr sechs Jahre alt, aber ich kann mich noch heute glasklar erinnern. Ich schlief ein und wachte im Traum auf.
Ich war in einer riesengroßen Villa. Es war sehr dunkel. Draußen war ein großer Garten mit Rosen. Ich war verwirrt. Wo war ich? Die Wände waren mit Blut verschmiert. Ich lief auf den Flur und ging zur ersten Tür von links. Doch sie war verschlossen. Nun ging ich zum Ende des Flurs. Doch dann hörte ich ein lautes Geräusch hinter mir. Ich lief schnell geradeaus und am Ende des Flurs war eine Tür. Aber sie war zu. Das laute Geräusch wurde immer lauter und lauter. Dann sah ich einen Schatten. Mir lief der Schweiß runter und mein Herz raste. Das „Etwas" kam immer näher. Vor Angst schloss ich die Augen. Als ich sie wieder öffnete, sah ich meinen Vater.

Eliah Henk
Mittelschule Schwabmünchen, Klasse 5ag

Die Flaschenpost

Hallo, du hast meine Flaschenpost gefunden!
Ich bin Luisa, elf Jahre alt und gehe in die 5. Klasse. Ich wollte dir ein bisschen was über meine Wünsche und Träume erzählen.
Mein erster Wunsch ist, dass alle Menschen das erreichen können, was sie sich vorgenommen haben. Immer gesund bleiben und nie an sich zweifeln, egal was ist!
Mein zweiter Wunsch ist, dass ich mal eine gute Turnerin werde und vielleicht irgendwann mal bei der Olympia turnen kann. Das wäre echt toll. Das Turnen ist eines meiner Hobbys und ich mag es sehr gerne. Und mein

dritter und letzter Wunsch klingt bestimmt etwas verrückt. Es wäre nämlich so toll, wenn ich mit meinen Haustieren sprechen könnte. Ich habe
zwei Hasen und einen Kater. Bei meinem Kater Johnny wäre ich echt gespannt, was er zu berichten hat, weil er gerne rausgeht und sicher viel erlebt.

Das waren meine Wünsche. Ich habe diese Flaschenpost geschrieben, um
dich ja vielleicht zu inspirieren, auch eine zu schreiben.

Ich weiß ja nicht, wer das liest, aber wer weiß, vielleicht kannst du mir einen der Wünsche erfüllen.

Tschüss

Nicole Daferner
Staatliches Gymnasium Königsbrunn, Klasse 5e

Mein größter Traum

Mein größter Traum ist es, mal Lehrerin zu werden, weil ich finde, es
macht Spaß, den Kindern etwas beizubringen. Außerdem lernt man immer was dazu, und wenn ich Lehrerin werde, dann verdient man ja auch
Geld, und wenn ich Geld verdiene, dann will ich mir ein Haus bauen und
vielleicht eine Familie gründen und Kinder bekommen. Da ich selbst gern
mit meiner Familie zusammen bin, will ich das auch meinen eigenen Kindern weitergeben.

Celia Meyer
Mittelschule Schwabmünchen, Klasse 5c

mon rêve ton rêve*

ich kann sie sehen
die träume anderer
friedlich düster
traurig finster
und seh ich hin merk ich ganz klar
die träume anderer kommen vom charakter

*franz.: mein Traum dein Traum
Amira Parhez
Mittelschule Gersthofen, Klasse 7c

Das Geheimnis im Keller

Lisa spielt mit ihrem Papa Uno. Nach einer Weile meint Lisa: „Ich mag nicht mehr. Ich hole ein anderes Spiel aus dem Keller. Rasch läuft sie nach unten. Plötzlich kreischt Lisa laut auf: „D-D-Da ist ja eine Spinne!" Aber schnell interessiert sie die Spinne nicht mehr, da sie einen ungewöhnlichen Stein entdeckt. Lisa rennt zu Papa, der sie nach dem Spiel fragt. „Ach ja, das Spiel …", fällt Lisa ein. „Das habe ich ganz vergessen, denn ich habe so einen komischen Stein gefunden. Schau mal, hier!" Papa wird bestimmt wissen, was es ist. Er ist nämlich Archäologe. Er weiß viel über Dinos und alte Dinge. Natürlich schaut sich Papa den Stein an und erklärt: „Das ist ein Ammonit. Ammoniten sind ausgestorbene, versteinerte Meeresbewohner in einer spiralförmigen Schale." Nachdenklich geht Lisa in den Keller zurück und legt den Ammoniten auf eine Decke auf dem Kellerboden. Auf einmal hört sie ein seltsames Geräusch und ein Portal tut sich vor ihr an der Kellerwand auf. „Hui, was ist denn jetzt los? Boah, das zieht aber ganz schön!", findet Lisa, die durch das Portal auf eine weite Fläche schaut. Fasziniert schreitet Lisa durch das Portal hindurch und schaut sich um. Da! Da steht doch tatsächlich ein Langhals! Oder ist es sogar ein Stegosaurus? Lisa kann es nicht glauben, aber der Dino kommt näher, bückt sich und lässt sie aufsteigen. „Hallo!", hört Lisa ihn sprechen. Sie kann es kaum glauben. Während sie auf dem Rücken des Tieres dahinreitet, kommt ein Flugsaurier, der Lisa mit auf eine Fläche mit vielen anderen Dinosauriern nimmt. „Wow, sind die schön!", flüstert Lisa. Sie steigt ab und läuft auf einen kleinen Saurier zu. „Unglaublich, wie weich der ist! Der hat gar nicht so eine raue Haut, wie ich dachte!", findet sie. Als ein weiterer Dino mit länglichem, großem Schädel kommt, schreckt Lisa auf und geht langsam rückwärts. Da steht sie plötzlich auf einem kleinen Hügel, in dem Eier liegen. „Ein Nest mit Dino-Eiern!", freut sich Lisa. Eines knackt, springt und heraus kommt ein kleiner Dinosaurier. Lisa nimmt ihn sanft in die Hände und staunt. Auch die anderen Eier zerbrechen und lauter kleine Dino-Babys schlüpfen heraus. Lisa streicht jedem über den Kopf und staunt: „Wow, wie weich und klein sie noch sind. Jetzt muss ich mich aber auf den Heimweg machen!" Sie bittet einen Triceratops, sie zum Portal zu bringen. Dort geht sie hindurch und findet sich wieder auf dem Kellerboden. „Uahh", gähnt Lisa. „Das habe ich wohl nur geträumt. Schade eigentlich!"

Jannik Mikowski
Grundschule Bobingen an der Singold, Klasse 3c

Mein Traum

Jeder Mensch träumt von Dingen oder Sachen, die er erreichen möchte, so auch ich. Auch wenn nicht jeder Traum in Erfüllung gehen kann, ist es gut, Träume zu haben und immer an sie zu glauben. Doch was ist mein Traum?

Natürlich träume ich auch von materiellen Dingen, wie ein Haus oder ein Auto. Doch es gibt Träume, die nichts mit materiellen, sondern mit alltäglichen Dingen zu tun haben. Ich träume davon, in einer gewaltfreien und friedlichen Gesellschaft zu leben. In diesen Tagen ist dieser Traum sehr weit entfernt. Doch ich weiß, wenn sich alle anstrengen und alle es wollen, kann dieser Traum in Erfüllung gehen. Warum sollte man sich bekriegen, wenn man eigentlich im selben Boot sitzt? Warum sollte man sich gegenseitig nicht grüßen? Warum sollte man sich gegenseitig schlagen? Warum, warum, warum? Es gibt auf diese Fragen keine wirkliche Antwort. Dieser Traum ist mir sehr wichtig, da ich in sechzig Jahren immer noch auf dieser Welt leben möchte. Durch den ganzen Krieg zerstört man nicht nur Leben, sondern auch die Welt. Ich träume davon, dass meine Kinder einmal ohne Krieg aufwachsen, ohne Gewalt und ohne Hass. Natürlich weiß ich, dass dieser Traum eigentlich nicht erfüllt werden kann, doch Träume sind da, um daran zu glauben und vielleicht geht der Traum irgendwann in Erfüllung. Ein anderer Traum von mir ist eine erfolgreiche Berufsausbildung und ein erfolgreicher Schulabschluss. Für diesen Traum bin ich aber auch selbst zuständig, ich kann entscheiden, ob ich mich hinsitzen möchte und lernen möchte oder lieber draußen bin und nicht lerne. Für diesen Traum bin ich also selbst verantwortlich. Ein letzter Traum von mir ist es, einmal an einer Deutschen Leichtathletik Meisterschaft teilzunehmen. Dieses Gefühl, das man dort haben muss, einmal zu erleben, ist ein Riesentraum von mir. Die Süddeutschen Meisterschaften vergangenes Jahr haben sich schon großartig angefühlt, und mich würde es wirklich interessieren, wie sich die Deutschen Meisterschaften anfühlen. Natürlich muss ich für diesen Traum alles geben und auch viel trainieren, doch zu schaffen ist es bestimmt, da lege ich mich fest.

Ich träume also vom Frieden, von einer erfolgreichen Karriere und einer erfolgreichen Sportkarriere. Ich denke, der erste Traum mit dem Frieden auf der Welt ist am schwersten zu erfüllen, da es einfach nie Frieden geben wird und dafür auch die ganze Menschheit mitspielen müsste. Bei den anderen beiden Träumen bin ich selbst dafür verantwortlich, ob ich diese Träume in die Realität umsetze oder nur weiter davon träumen kann. Ich bin mir aber sicher, dass jeder dieser Träume erfüllt werden kann.

Moritz Möckl
Mittelschule Zusmarshausen, Klasse 10aM

Mein Traum

Ich habe von meinem Papa geträumt.
Ich habe geträumt, dass mein Papa mit mir im Dach Fussball gespielt hat und mir Tricks beigebracht hat. Danach sind wir ins FCA Stadion gefahren. Das hat uns immer sehr viel Spaß gemacht. Dort hat er mir Pommes gekauft und was zu trinken. Bei diesem Spiel hat der FCA gewonnen und wir haben gemeinsam gejubelt. Nach dem Spiel sind wir heimgefahren und zum Abendessen gab es Pizza. Es hat sehr lecker geschmeckt, und es war ein sehr schöner Tag. Schade, dass es nur ein Traum war.
Ich vermisse dich Papa.

Luca Luichtl
Grundschule Diedorf, Klasse 3c

Mein verrücktes Traumland

Eines Nachts hatte ich einen verrückten Traum:
Ich stand vor einem großen Tor. Das Tor bestand aus zwei großen Zuckerstangen. Darüber war ein Schild aus Schokolade angebracht, auf dem in verschnörkelter Schrift stand: „Süßigkeitenland". Voller Neugier betrat ich die fremde Welt. Plötzlich stand ich auf einer Wiese mit bunten Lolli-Blumen, Zucker-Gras und Marzipan-Bäumen. Als ich mich umdrehte, war das Tor verschwunden. Ich schaute hinauf und sah, dass an den Marzipan-Bäumen rosarote und blaue Zuckerwatte hing. Fröhlich setzte ich mich ins Gras und pflückte eine Blume. Sie schmeckte köstlich, süß und sauer zugleich. Verwundert stellte ich fest, dass an der leeren Stelle eine neue Zuckerpflanze wuchs. Nun blickte ich mich noch ein bisschen um. Auf einmal entdeckte ich in der Ferne ein Haus. Voller Vorfreude rannte ich dorthin. Als ich mich näherte, sah ich, dass es aus Lebkuchen gebaut war. Gerade wollte ich ein Stück abbrechen, als ich plötzlich Schritte aus dem Inneren hörte. Die Tür öffnete sich und eine alte, geheimnisvolle Frau trat heraus. „Bin ich etwa in dem Märchen *Hänsel und Gretel* gelandet?", fragte ich mich für einen kurzen Moment. Doch schon kam die alte Frau auf mich zu und sagte: „Willkommen im Süßigkeitenland!" Sie klang sehr freundlich und bot mir an, das ganze Land zu zeigen. So gingen wir los, und kamen nach einiger Zeit an zwei traumhaft duftende Seen. In dem einen floss

weiße und im anderen dunkle Schokolade. Bei dem Anblick lief mir das Wasser im Mund zusammen. Doch die Unbekannte zog mich zu einem kleinen Stand, in dem ein Mann saß. Widerwillig folgte ich ihr. So gerne hätte ich von der Schokolade genascht. Am Stand angekommen fielen mir die Kisten Obst auf. Der stumme Mann drückte mir einen Apfel und einen langen Stock in die Hand. Ratlos sah ich die Frau an. Diese lachte und holte sich ebenfalls einen Stock. Danach ging sie mit mir zu einem der Seen, steckte den Apfel auf den Stock und tunkte ihn in den braunen Schokoladensee. Dann zog sie ihn heraus und biss hinein. So machte ich es ihr nach und genoss den himmlisch schmeckenden Apfel. Mit vollem Bauch spazierten wir weiter und erforschten noch viele weitere leckere Sachen. Langsam wurde es dunkel, und mein voller Bauch machte mich müde. Da sprach die alte Frau: „Bleib wach! Eine Sache werde ich dir noch zeigen." Auf einmal sah ich ein überdachtes Schwimmbad, gefüllt mit allen möglichen Süßigkeiten, die ich mir vorstellen konnte. Ein Sprung in den Pool und ich aß, schleckte, lutschte und trank so viel ich bekam. Im schönsten Augenblick meinte die gute Frau: „Es ist Zeit zu gehen." So stopfte ich meine Taschen randvoll und folgte ihr zurück. Kurze Zeit später stand ich wieder vor dem Tor. Ich blickte mich um, doch die nette alte Frau war verschwunden, und ich trat traurig durch das Tor. Plötzlich lag ich wieder im Bett. Automatisch griff ich in meine Taschen und holte erstaunt viele bunte Süßigkeiten heraus. War der Traum vielleicht doch kein Traum, sondern Wirklichkeit gewesen? Oder hatte ich vergessen, nach dem Kindergeburtstag gestern meine Taschen zu leeren?

Leonie Tiessen
Staatliches Gymnasium Königsbrunn, Klasse 5c

Mein großer Traum

Manchmal träume ich vor mich hin,
dass ich ein ganz großer Sportler bin.
Sitze dann nicht in der Schule über einem Lexikon,
sondern stehe in Antholz beim Massenstart vom Biathlon.
Das Stadion ist voll, die Zuschauer sind laut,
ich spüre die kalte Luft auf meiner Haut.
Auch wenn mein Atem fast gefriert,
denke ich an mein Rennen und bin ganz fokussiert.
Für Deutschland gehe ich bei Olympia an den Start,
weiß aber genau, einen Sieg zu holen, das wird hart.
Gespannt warte ich, bis der Startschuss fällt,
dann geht es endlich los und ich fühle mich wie in einer anderen Welt.

Raus aus dem Stadion, den ersten Anstieg rauf,
überhole ich meinen Vordermann, das Rennen nimmt seinen Lauf.
Angetrieben wie durch einen Propeller,
laufen meine Skier immer schneller und schneller.
Voller Adrenalin komme ich kurz darauf am Schießstand an,
die Rufe der Fans ziehen mich voll in ihren Bann.
Erst liegend und dann stehend fallen alle Scheiben,
ich denke mir nur eins, so könnte das Ergebnis bleiben.
Auf dem Weg zum Zieleinlauf,
geht es noch ein letztes Mal bergauf.
Vorbei am norwegischen Topathlet,
sehe ich, wie die deutsche Flagge weht.
Es ist der Wahnsinn, ich kann sagen kein Wort,
ich habe sie gewonnen, die langersehnte Goldmedaille an diesem ganz
besonderen Ort.

David Beyer
Staatliches Gymnasium Königsbrunn, Klasse 7e

Mein Traumland

Als ich von der Schule zurückkam, steckte ich meine Hausaufgaben in den
„Hausaufgabenerlediger". Der erledigte meine Hausaufgaben. Als ich ins
Wohnzimmer kam, klingelte schon das Telefon. Ich langte an mein Ohr
und drückte auf einen Knopf, so konnte ich telefonieren, egal wo ich war,
ohne dass ich ein Telefon mitnehmen musste. Marko, der meine Pferde
versorgte, rief gerade an: „Hallo, du müsstest jetzt deine Pferde reiten, sie
warten schon!" „Ja, ich komme gleich, ich hatte lang Schule", sagte ich.
„Ich bin gleich da." Ich lief hoch in mein Zimmer und zog mich um. Als ich
beim Stall war, stand mein Pferd Stern schon da. „Fertig zum Ausreiten!",
rief Marko. Nach dem Ausritt sah ich, dass Lucie (die die Hunde versorgte),
die Hunde schon in den Garten gelassen hatte. Ich gab Marko mein Pferd.
„Gib ihm bitte was zu fressen". Danach ging ich zu den Hunden und legt
meinem Lieblingshund das Halsband an und ging mit ihm Gassi. Kurze
Zeit später stand mein Lieblingshund „Europa" mit mir am Waldrand. Als
wir den kleinen Pfad entlang liefen, kam Lucie auf uns zu mit „Tornado",
einem schönen weißen Hannoveraner. „Hallo, Lucie", lachte ich. „Ich habe
dich ja schon lange nicht mehr gesehen". Lucie seufzte: „Ich hatte sehr viel
zu tun mit deinen fünf Pferden. Ich muss jetzt auch weiter, ich muss noch
Elena ausreiten", rief sie. Zu Hause angekommen ging ich zu den Hühnern
und holte Eier. Papa und Mama waren schon da, als ich zurück zum Haus

kam. Papa erzählte: „Ich musste heute die Kühe melken, die Hasen ausmisten ...", und Mama sagte: „Ich hatte heute viel in meiner Arztpraxis zu tun. Erst kam einer mit fünf Eseln und dann kam ..." Mein Bruder Anton kam und erzählte: „Ich musste heute die Hühner ausmisten und bei den Kühen habe ich den Selbstausmister eingestellt, den müssen wir nachher noch ausschalten." Da erwiderte ich: „Das mache ich!" „Ok", lachte Mama. Ich rief Maja, das war unser Abspül-Essen-Putz-Roboter. Zu ihr sagte ich: „Bring uns bitte was zum Essen." „Ja, mache ich", antwortete Maja. Als wir alle satt waren, spülte Maja ab. Zufrieden gingen wir ins Bett. Am nächsten Morgen waren Mama und Papa schon wach. Ich stand auf der Treppe, als Mama sagte: „Wenn das wirklich wahr ist, können wir nichts mehr tun." „Ja", seufzte Papa. Als ich das hörte, ging ich runter und fragte Mama, was los sei. Aber sie sagte nur: „Es ist nichts Wichtiges." Nach dem Frühstück, ging ich Richtung Pferdestall und überlegte auf dem Weg dorthin, was Papa und Mama wohl gesprochen haben könnten. Plötzlich stand mein Onkel vor mir. Es war der Bruder von meiner Mama. Ich fragte ihn, warum er hier sei, und er antwortete: „Weil ihr den Hof bald verkaufen müsst!" „WAS?", rief ich entrüstet. „Tut mir leid", sagte Onkel Margo mitfühlend. Ich rief: „Aber irgendwas müssen wir doch tun können!" „Ja, da gibt es etwas", überlegte Onkel Margo. „Und was", fragte ich. „Wenn du und Stern an einem großen Turnier teilnehmt und einen der ersten Plätze belegt, dann gibt es viel Geld zu gewinnen", sagte Onkel Margo. „In einer Woche ist hier in der Nähe ein großes Turnier. Da könntest du mitmachen." Ich rief: „Da mache ich mit!" „Aber vorher musst du trainieren!", warnte Onkel Margo. „Ja", antwortete ich.

In der Zwischenzeit, als Onkel Margo es meinen Eltern erzählte, ging ich zu meinem Pferd Stern und sattelte es. Als ich fertig war, ging ich auf den Springplatz und trainierte es. Als Onkel Margo zurückkam, sagte er: „Deine Eltern sind einverstanden!" „Super", freute ich mich. In den kommenden Tagen trainierte ich fleißig weiter, bis es endlich soweit war. Nach einer Woche fuhren wir auf das Turnier. Wir waren alle sehr gespannt. Nach langem Warten war ich endlich dran. Meine Startnummer wurde aufgerufen. Endlich ging es los. Das erste Hindernis kam schnell auf mich zu und schon waren mein Pferd Stern und ich drüber. Stern wusste genau, wo es lang ging. Plötzlich wurde Stern langsamer. Vor lauter Aufregung bemerkte ich gar nicht, dass wir schon fertig waren. Auf der Anzeigetafel stand, dass Stern und ich keine Strafpunkte hatten und eine Top-Zeit. Es erklang tosender Applaus. Stern und ich, wir hatten gewonnen. Meine ganze Familie und viele andere jubelten mir zu. Ich strahlte bei der Siegerehrung wie ein Weihnachtsbaum. Die Jury überreichte mir den Pokal und die Siegerprämie. Ich ritt glücklich zum Ausgang und übergab Stern an Marko. Dieser versorgte Stern und brachte ihn in den Anhänger zurück. Gemeinsam mit meiner Familie fuhren wir zurück auf unseren Hof. Zu Hause angekommen, kamen Freunde, und wir feierten noch lange in die Nacht hinein. In der Nacht besuchte ich Stern in seiner Box und lobte ihn und gab ihm viele Leckerlis. Ich beschloss, dass ich diese Nacht bei Stern im Stall schlafe. Am nächsten Tag kam Mama zu mir in den Stall und lobte mich und Stern noch einmal. Mit dem gewonnenen Geld konnten wir den Hof behalten und alles blieb wie es war. Somit ging ein großer Traum in Erfüllung.

Leonie Letroe
Staatliches Gymnasium Königsbrunn, Klasse 5c

Meine Traumgeschichte

Ich war ca. sieben oder acht Jahre alt, als ich das geträumt habe und ich werde diesen Traum nie vergessen. Ich träumte, dass ich in einem Süßigkeitenland mit meiner besten Freundin war.
Wir waren zusammen auf einem Wackelpudding-Feld. Es hat Süßigkeiten geregnet. Wir sind zusammen gerannt, gesprungen und so viele Male hingefallen. Wir haben gelacht und Spaß gehabt. Als ich dann aufgewacht bin, habe ich gelächelt und mir gedacht:
"Das war ein schöner Traum, schade, dass er schon vorbei ist."

Julia-Katharina Radat
Mittelschule Schwabmünchen, Klasse 5ag

Der Traum

In meinem Traum,
ich glaube es kaum,
lag ich auf einem Baum.
Affen redeten und lachten
während sie Obst herbeibrachten,
Löwen jagten Möwen
und Elefanten
waren die besten Musikanten.

Oliwia Terlecka, Mia Hartmann
Justus-von-Liebig-Gymnasium Neusäß, Klasse 6d

I HAVE A DREAM

Ich habe einen Traum, nämlich, dass eines Tages die Welt vereint, zusammenarbeitend sich gegenseitig hilft. Dann müsste niemand hungern und jedermann könnte sich einfach irgendwo hinlegen und müsste nicht ängstlich sein, da kein Krieg oder etwas anderes Bedrohliches naht.

Andreas Ostermeier
Staatliches Gymnasium Königsbrunn, Klasse 5e

Mein Traum

Im Traum wandere ich in den Bergen.
Ich sehe Wiesen.
Auf den Wiesen sind Hasen. Sie hüpfen.
Es ist schön. Das Wetter ist schön und warm.
Ich liege in der Sonne.

Matilda Janisch
Grundschule Gessertshausen, Klasse 1b

Meine Traumgeschichte

Ich war circa sieben bis acht Jahre alt. Ihr müsst wissen, ich habe Prinzessinnen geliebt und werde den Traum bis heute nicht vergessen.
Ich wünschte mir schon lange, dass ich Prinzessin werde. Es war draußen schon dunkel und ich musste langsam ins Bett. Ich war schon echt müde. Auf einmal wachte ich in einem schönen, weichen Bett auf. Überall hingen hübsche Kleider. Ich war so erstaunt, dass ich ein paar anprobiert habe. Dann sah ich eine Klingel. Ich schlug vorsichtig auf die Klingel, und ein paar Sekunden später kamen fast zehn Leute zu mir, um mich fertigzumachen für den Prinzen. Sie haben mich gewaschen, angekleidet, geschminkt und mir die Haare schön gemacht. Als ich endlich fertig war, wurde ich in eine große Halle geführt. Meine Eltern waren erstaunt, wie gut ich aussah. Ich durfte mich in der großen Halle zwischen meine Eltern auf einen großen Thron setzen. Der Prinz musste bald kommen. Endlich klopfte es und der Prinz kam rein. Er war erstaunt über meine Schönheit. Er sagte, dass er noch nie so eine schöne Prinzessin gesehen hätte. Er sagte: „Ich will dich heiraten!", und ich willigte ein. Wir heirateten nach ein paar Tagen. Die Hochzeit war sehr schön.
Dann wachte ich auf.

Leonie-Sophia Kümmerle
Mittelschule Schwabmünchen, Klasse 5ag

Der Traumfänger

Es war einmal ein kleines Mädchen, namens Moon. Moon und ihre Eltern mussten in ein neues Haus umziehen. Moon war sehr traurig darüber, dass sie ihre Freunde verlassen musste. Ein paar Stunden später waren sie in dem neuen Haus angekommen. Sie sah gerade nicht sehr glücklich aus. Aber Moons Mutter sagte: „Ach komm, von innen schaut es ganz bestimmt besser aus." Moon grinste und sie gingen hinein. Naja, besser sah es nicht aus, aber Moons Mutter war ein sehr positiv denkender Mensch und stellte sich schon vor, wie es bald da drinnen aussehen würde. Moon ist da eher anders. Moons Mutter sagte: „Geh doch schon mal nach oben in dein neues Zimmer". Sie ging nach oben und machte die Tür auf. Sie bemerkte, dass in ihrem Zimmer irgendwas Seltsames hing. Sie ging nach unten, um ihre Mutter zu fragen. Moons Mutter ging mit hoch und sah es auch.

Sie sagte: „Es ist ein Traumfänger." Moon fragte: „Was ist ein Traumfänger?" Moons Mutter antwortete: „Er fängt deine bösen Träume ein." Moon glaubte nicht an so etwas, aber sie ließ ihn trotzdem hängen. Den Rest des Tages brachten sie noch Kartons in das Haus und packten sie aus.

Am Abend war Moon kaputt. Sie wollte nur noch ins Bett. Leider hatte sie nur ihren Schlafsack. Sie konnte stundenlang nicht einschlafen, doch plötzlich fiel der Traumfänger herunter. Moon stand auf.

Sie nahm den Traumfänger in die Hand und irgendwie begann es ihr schwindelig zu werden. Sie kippte um.

Nach einiger Zeit wachte sie auf, aber sie war nicht mehr in ihrem Zimmer. Sie war auf einer Wiese. Die Wiese duftete frisch und sie war so hell, mit wunderschönen Blumen. Moon roch an den Blumen. Sie dufteten sehr gut. Moon legte sich noch ein paar Minuten hin. Doch plötzlich sah sie eine Katze, eine schneeweiße Katze. Moon wollte die Katze streicheln, aber die Katze hatte andere Pläne. Die Katze lief davon. Moon folgte ihr. Die Katze sprang in einen riesigen Spiegel. Moon war geschockt. Sie stand vor ihm und streckte ihre Hand in den Spiegel. Moon hatte ein schlechtes Gewissen, doch sie ging auch hinein. Auf der anderen Seite tobte ein heftiger Schneesturm. Moon wollte wieder zurück und drehte sich zum Spiegel um. Doch der Spiegel war nicht mehr da. Moon weinte, sie wusste nicht mehr, wie sie nach Hause kommen sollte. Doch plötzlich spürte sie hinter ihrem Rücken was Weiches. Sie drehte sich erschrocken um. Moon sah die Katze, aber die Katze war nicht wie alle anderen Katzen. Sie leuchtete. Die Katze hob ihre Pfote leicht und plötzlich schoss ein heller Blitz aus ihrer Pfote und wies ihr den Weg. Moon rannte dem Blitz hinterher. Aber Moon konnte nicht mehr weitergehen, weil vor ihr ein sehr riesiges, schwarzes Loch war. Aber der Blitz führte hinein. Moon ging schnell weg von dem Rand und setzte sich etwas weiter weg. Moon hatte Angst und weinte. Da sah sie plötzlich in dem schwarzen Loch das Bild des Traumfängers. Sie nahm ihren ganzen Mut zusammen und sprang hinein. Ein lautes Geräusch riss sie plötzlich aus dem Schlaf. Ein Müllwagen fuhr an ihrem Haus vorbei und leerte die Tonnen.

Das Erste, was Moon sah, war der Traumfänger, der immer noch an ihrer Wand hing.

Selena-Marie Weber
Helen-Keller-Schule Dinkelscherben, Klasse 6Ga

Schwachsinnige Träume

Es war dunkel. Dunkler als die Nacht und dunkler als jedes Schwarz auf dieser Welt. Ich sah nichts vor meinem inneren Auge. Keine Wut, keine Selbstgefälligkeit. Keine Zerstörung und keinen Frieden. Ich sah nur die Wahrheit, so, wie es eben ist. Ich hörte die Stille in meinen Ohren, die so angenehm war, dass es fast schon wehtat. Wann hatte ich zum letzten Mal dieses Schweigen gespürt? Diese Leere, in die man fällt und es zu lässt, weil das das einzige ist, worauf man sich verlassen kann.

Dann wachte ich auf. Meine müden Augen wagten, eine Tür zu erkennen. Sie war verschlossen, an ihren Seiten reihten sich blaue Sitze. Ich war im Bus. Links neben mir saß eine Mutter mit blauer Skinny-Jeans und einem dreiviertel-Shirt mit Querstreifen. Ihre weißen Converse verrieten ihr Alter, zu alt für Sneaker, zu jung für Ballerinas. Vielleicht Anfang dreißig. Neben ihr stand ein schreiender Kinderwagen, der durch das Schütteln nur noch aufgebrachter wurde. Ich sah auf die Uhr, kurz vor halb fünf, und dann zum Monitor, um herauszufinden, wo ich war. Verdammt. Noch drei Minuten bis zu meiner Haltestelle. Hektisch stopfte ich die dunkelblauen Kopfhörer in meine Tasche und riss den Reisverschluss nach rechts. Dann sprang ich auf und bereitete mich wie ein Boxer vor seinem nächsten Kampf auf das Ringen zur Tür vor. Ich stand direkt davor. Was sollte schon passieren? Umrennen wird mich sicher keiner.

Der Bus hielt. Die Sekunden, bis die Tür aufging, fühlten sich wie Stunden an. Man hatte das Gefühl, jemand hätte die Zeit angehalten. So als wäre für einen Moment alles um einen herum bedeutungslos geworden, es zählte nur das Ziel. Dann hörte ich das Zischen der Bustüren und schlagartig peitschte ein kalter Luftzug mein Gesicht. Aus allen Ecken des Busses strömten Leute. Geschäftsfrauen im Anzug, händchenhaltende Männer. Freundlich sahen sie mich an, doch ich erkannte den Stress in ihren Augen. Die Angst, die nächsten Wohnungsbesichtigung zu verpassen, und die Sorge, was die Sponsoren über die neue Geschäftsidee denken. Was würden sie wohl sagen? Werden sie ihre Unterstützung anbieten?

Jedem einzelnen war der Alltagsstress ins Gesicht geschrieben, und dennoch warteten alle geduldig darauf, bis die junge Mutter neben mir als erstes ausstieg. Dann der kleine Junge mit seiner Schultasche, in der sich kein einziges Buch befand, weil die Klassensätze in der Schule aufbewahrt wurden. Keine Rückenschmerzen.

Sobald ich auf dem frisch asphaltierten Gehweg nach Hause lief, spürte man vom Sommer nichts mehr. Es war kalt und windig. Warum regnete es wieder so viel? Die letzten Jahre waren die Sommer heißer denn je geworden, aber jetzt kühlte es wieder ab. Ein greller Schrei durchbrach meine Gedanken, und ich zuckte erschrocken zusammen.

Auf der anderen Straßenseite war eine alte Frau hingefallen. Sie muss auf dem Flyer ausgerutscht sein. Jede Spende zählte. Ich wollte zu ihr, doch ein junger Mann war schneller. Er hatte eine dunkle Jeans an und trug seine schwarzen Haare offen, die ihm seine dunkle Haut bis zu den Schultern verdeckten. Er sah sie besorgt an und half ihr auf. Ich konnte nicht erkennen, was sie sagte, aber sie schien darüber so glücklich zu sein, dass sie ihn von einer gescheckten Apfeltasche vom Bäcker gegenüber überzeugen wollte. Aufgeregt sah sie ihn an und umschloss seine Hände mit ihren. Die beiden tauschten einen aufmerksamen Blick aus, woraufhin sich ihre Augen erneut mit Zuversicht füllten. Ich war erstaunt darüber, wie schnell man eine alte Frau glücklich machen konnte. Dennoch lehnte er ab.

Ich fragte mich, warum. Es wäre eine nette Geste gewesen und die Frau hätte ohne schlechtes Gewissen, sich nicht ausreichend bedankt zu haben, nach Hause gehen können.

In Gedanken überquerte ich den Zebrastreifen, der mich vor den Autos schützte. 50, das Schild fiel mich sofort in die Augen, und ohne nachzudenken lief ich los. Ich hatte das Auto nicht gesehen, das um die Kurve fuhr. Es kam viel schneller näher, als ich im ersten Moment gedacht hatte. Binnen weniger Sekunden hörte ich es direkt hinter mir, dann wurde es schwarz.

Ich wachte auf. Meine Gedanken waren noch bei der Frau (Welche Gedanken macht sie sich über die Frau?). Alles drehte sich. Ich musste mehrmals blinzeln, um die Sozialkundeeinträge zu erkennen. Ich war auf der Hausaufgabe eingeschlafen. Ich sah auf die Karikatur, auf der eine alte Dame hilfesuchend auf dem Boden lag. Sie war auf einem Flyer für Spendenaufrufe ausgerutscht und blickte böse zu dem Schwarzen auf, der ihr seine

Hand hinstreckte. Ausländer, alles wegen euch! zeigte die Blase über ihrem Kopf. (Vergleich der Frau aus dem Traum mit der Frau „heute"). Die gesellschaftlichen Auswirkungen von Rassismus und Vorurteilen. Darunter stand die Anweisung, man solle einen Kommentar zu der gesellschaftlich-politischen Situation heutzutage verfassen. Wo sollte ich anfangen (Problemstellungen des heutigen Rassismus aufzählen)? Ich wollte wieder zurück. In meine Vorstellung einer besseren Welt. Wann hatte ich zum letzten Mal diese – dennoch schwachsinnige – Hoffnung gespürt? Diese Leere, in die man fällt, und es zu lässt, weil es das einzige ist, worauf man sich verlassen kann. Auf seine Träume.

Ella Lisa Dobrindt
Leonhard-Wagner-Gymnasium Schwabmünchen, Klasse 9a

Traum

Jeder versteht etwas anderes unter „Traum".
Für manche ist es eine Zukunftsvorstellung, für andere sind es Geschehnisse, welche sie Nachts erleben.
Einige enden gut, andere schlecht. Aber egal, worum es sich handelt, alles ist Fiktion, Ereignisse, die aus unserer tiefsten Vorstellungskraft kommen. Und solange man selbst nichts daransetzt, diesen Traum zu verwirklichen, wird er genau das bleiben, was er ist:
Ein Traum.

Dana Winne
Andere, Klasse F-A11b

Traum oder doch real?

An einem sonnigen Tag rannte Eileen die Treppe zum Dachboden rauf. Keiner war im Haus, weswegen sie sich gerade diesen Tag ausgesucht hatte, um wieder einmal den Dachboden zu besuchen. Ganz oben an der Tür angekommen, hielt sie erst einmal inne, um tief Luft zu holen. Danach drückte sie ganz vorsichtig die Türklinke hinunter und – nichts geschah. „Mist", fluchte sie und lehnte sich mit ihrem ganzen Gewicht auf die Klinke. Knirschend schwang die Tür schließlich doch auf und Eileen erhaschte einen Blick auf den Dachboden. Altes Gerümpel lag dort herum und noch einige andere Dinge. Sofort fiel ihr auf, dass heute etwas anders war als sonst. Ihr Blick wanderte durch den Raum und blieb an einer alten Kommode hängen. Eine ihrer Schubladen stand offen, wobei genau diese sonst immer verschlossen gewesen war. Langsam betrat sie den schumm-

rigen Raum und ging direkt auf die Kommode zu. Sie öffnete die Schublade und war überrascht, was sie darin fand. Ein altes, vergilbtes Buch. Sie nahm es vorsichtig heraus und strich ganz sanft über das Buch. Es fühlte sich samtig an. Sie erkannte an dem feinen Schriftzug, der auf dem Buchdeckel zu sehen war, dass es ein Märchenbuch sein musste. Ein roter Apfel war in der Mitte zu sehen. Um ihn rankte sich eine Rose mit einigen Dornen. Der Apfel trug auf der linken Seite eine kleine Krone. Der Schriftzug, der sich über das ganze legte, lautete: „Buch der wahren Geschichten."
„Buch der wahren Geschichten, was für ein bescheuerter Name?", murmelte Eileen vor sich hin. Sie schlug eine Seite auf und … „Spieglein, Spieglein an der Wand, wer ist die Schönste im ganzen Land?", schallte eine Stimme aus dem Buch. Erschrocken ließ Eileen das Buch fallen und die Stimme sprach nun mit dem Boden: „Rotkäppchen, meine Königin!" „Rotkäppchen, das stimmt aber nicht!", sagte Eileen laut in den Raum. „Das ist richtig", sagte eine kalte männliche Stimme hinter ihr. Ganz langsam drehte sie sich um und sah einen Mann, gehüllt in einen schwarzen Mantel. „W-W-Was wollen Sie?", fragte Eileen zittrig. Der Mann antwortete nicht, kam aber immer näher. Eileen war wie gelähmt, als sie zusah, wie der Mann das Buch umdrehte und mit der Hand darüber wischte. Ein unnatürlicher goldener Lichtschimmer stieg langsam aus dem Buch empor. Er war so unglaublich, dass sie ihre Hand nach dem goldenen Schimmer ausstreckte. Sie war wie in Trance, aber als ihre Hand dann mitten durch den Schimmer glitt, war es wie ein Erwachen für sie. Nur leider war es in diesem Moment schon zu spät.
Sie wurde irgendwo hineingesaugt, es war furchtbar! Es fühlte sich so an, als würde sie durch eine Waschmaschine gehen, nur ohne die Nässe und die Maschine. Nach einer gefühlten Ewigkeit nahm es dann ein Ende und sie knallte auf kaltes Parkett. Eileens Blick wanderte von unten nach oben, und dort sah sie etwas, was, was sie erschaudern ließ. Dort stand eine elegante Frau mit dem kältesten Blick, den sich Eileen auch nur hätte vorstellen können! Die Frau blickte sie so böse an, dass Eileen vermutete, dass wenn ihre Blicke töten könnten, sie jetzt schon fünfmal gebraten wäre. „Wachen", sagte die Frau ganz leise, aber Eileen vermutete, dass es trotzdem alle hörten. „Wer sind sie?", fragte Eileen tapfer, obwohl sie bemerkte, dass diese Frage wohl eher die Frau hätte stellen müssen. Trotzdem antwortete sie ruhig: „Ich bin Grimhilde." „Und wo sind wir hier?", fragte Eileen weiter. „In meinem Gemach", antwortete sie weiterhin. „Und …", begann Eileen, doch Grimhilde unterbrach sie: „Meinst du nicht, dass ich jetzt mal dran bin mit Fragen?", sagte sie so eiskalt, dass Eileen das Blut in den Adern gefror. „Ja, klar, tut mir leid!", murmelte Eileen. „Willst du

meiner Tochter Schneewittchen etwas tun? Sie ist im Märchen von Rotkäppchen gefangen!", sagte die Königin. „Nein, ganz im Gegenteil, ich will sie retten!", flunkerte sie ein bisschen, um sich weitere unangenehme Fragen zu ersparen. „Ja, und du kannst das?", fragte Grimhilde skeptisch. „Ja, ja, das kann ich!", sagte Eileen schnell. „Okay, dann rette sie", sagte die Königin und verließ damit den Raum. Draußen auf dem Flur hörte Eileen noch das Klick – Klack – Klick – Klack ihrer Stöckelschuhe. „Na toll", schnaubte Eileen, als sie sich fragte, auf was sie sich da eingelassen hatte. Da fiel ihr Blick auf eine Landkarte, die das gesamte Königreich umfasste. Schnell fand sie, was sie suchte: den Wald von Rotkäppchen. „Gar nicht so weit weg von hier", bemerkte sie. So machte sie sich auf den Weg und fand, was sie suchte. Sie klingelte am Haus der Großmutter, und als diese öffnete, erzählte sie dieser die ganze Geschichte: „Und nun bin ich hier", sagte sie zum Abschluss. „Tja, du hast zwar recht, das Schneewittchen hier war, aber eben nur war. Jetzt gerade ist sie im Schloss Morningstar, bei Aurora. Tut mir wirklich leid, Liebes", meinte diese und schloss die Tür. Nun ging Eileens Reise also nach Schloss Morningstar! Nach einer langen Reise mit dem Pferd kam sie schließlich an. Sie erkannte das Schloss sofort aus dem alten Buch, das ihr ihre Großmutter immer vorgelesen hatte. Sie hatte immer einmal geträumt, vor diesem Schloss zu stehen, und nun tat sie es tatsächlich! Aber leider wurde sie auch hier abgewimmelt: „Tut mir leid, Mylady, aber Schneewittchen ist gerade mit der lieben Circe abgereist", sagte der Butler vornehm. „Okay, da kann man wohl nichts machen, außer sie wollen mir vielleicht doch verraten, wo die beiden Frauen denn hingereist sind", fragte Eileen hinterhältig. „Na gut, der Wald der Toten", sagte der Butler und drehte sich weg und schloss dabei die Tür. „Super, wie nett", sprach Eileen mit sich selbst. Sie setzte sich erstmal auf die Stufen des Schlosses und genoss die Sonne. Danach stemmte sie sich wieder auf ihr Pferd und ritt weiter zum Wald der Toten. Sie erreichte gerade den Waldrand, da kamen ihr sieben Frauen entgegen. Darunter waren drei identische Frauen, die sich nicht unterschieden, zwei wunderhübsche auch ältere Damen und Schneewittchen, zwar etwas älter wie in ihrem Märchen aber eindeutig Schneewittchen. Neben ihr lief noch eine junge Dame, das musste dann wohl diese Circe sein. Sie hatte Schneewittchen gefunden, nun musste sie aber noch etwas sagen: „Deine Mutter macht sich Sorgen um dich, sie sucht dich, Schneewittchen!" „Aha, und wer bist du, wenn ich fragen darf?", sagte sie genauso skeptisch wie ihre Mutter. „Das tut nichts zur Sache", meinte sie. In diesem Moment erschien direkt vor mir das Märchenbuch. „Ich glaube, ich muss jetzt gehen, und besuch deine Mutter mal. Circe, du bist wunderschön, so wie ihr alle!", sagte Eileen. Nun öffnete sie das Buch und glitt sofort hindurch ohne noch den goldenen Schimmer zu erzeugen. Während sie in die Waschmaschine hinein gezogen wurde, sah sie die verdutzten Gesichter der anwesenden Personen. Eileen war überaus glücklich, ihre Mission erfüllt zu haben. Hart landete sie auf dem Holzboden ihres Dachbodens. „Wow, was für ein Abenteuer. Aber war das alles ein Traum oder doch real?"

Hanna Frank
Leonhard-Wagner-Gymnasium Schwabmünchen, Klasse 5c

Die dunkle Villa im Wald

Ich erzähle euch heute von meinem Traum. Alles begann so wie immer. Ich machte mich fertig und ging ins Bett. Auch ein Hörbuch schaltete ich mir wieder an. Naja, also zum Traum.
Ich lag auf einer Wiese und chillte. Plötzlich hörte ich etwas. Aber was? Ich stand auf und sah mich um. Da war niemand. Ich dachte mir nichts dabei und döste einfach weiter. Da war plötzlich ein helles Licht, das aus einem dunklen Wald kam. Diesen hatte ich gar nicht bemerkt. Ich rief: „Hallo! Ist da jemand?" Ein helles Kreischen kam aus dem Wald. Das war also das Geräusch, das ich gehört hatte. Ich lief hinein. Der Wald war riesig. Woher kam das Kreischen? Da entdeckte ich einen Fuchs. Als er bemerkte, dass ich ihn sah, rannte er weg. Ich hinter ihm her. Er führte mich zu einer dunklen, alten Villa. Ich wollte einfach wieder wegrennen, aber meine Neugier siegte. Als ich drinnen war, schloss sich die Tür hinter mir. Mühsam versuchte ich, sie wieder aufzukriegen, aber sie blieb verschlossen. Ich konnte nur weiterlaufen. Alles war voller Spinnweben. Ich lief trotzdem durch einen schmalen Gang, der zu einer Tür führte. Ich öffnete sie und war in einem Schlafzimmer. Ich erschrak, als ich sah, wer dort schlief. Das war ich. Und ich war es auch, die die ganze Zeit geschrien hatte. Ich sah mich aufstehen und zitternd das Licht anmachen. Plötzlich schrak ich hoch. Das Licht war an und ich hatte es eingeschaltet. Ich hatte wohl einen Albtraum und war schlafgewandelt.

Sophie Oehme
Grundschule Steppach, Klasse 4b

Mein Traum

Ich setzte mich auf die Bank neben dem See und dachte über die Zukunft nach:

Ich werde in Schweden wohnen und in einer Zahnarztpraxis arbeiten und ein kleines Haus außerhalb der Stadt haben mit einem großen Garten und vielen Fenstern. Ich werde ein Haustier haben, einen Hund, genauer gesagt einen American Staffordshire Terrier. Sie wird Zara heißen. Ich werde einen Dodge Charger Hellcat fahren.

Irgendwann werde ich einen Mann finden und eine große Hochzeit in Kroatien am Meer machen, ob's ihm gefällt oder nicht, und ich werde ein richtig schönes Kleid tragen. Danach wünsche ich mir zwei Kinder, einen Jungen und ein Mädchen, Aaron und Xamira. Sie werden eigene Zimmer haben und sie gestalten, wie sie's wollen.

Es war alles so schön, doch dann kam ein älterer Herr zu mir und hat mich gefragt, ob's mir gut geht, da ich schon zwei Stunden auf der Bank sitze und in den Himmel schaue. Ich sagte ja, und bedankte mich bei ihm. Hoffentlich werden meine Träume irgendwann wahr.

Petra Babic
Mittelschule Langweid am Lech, Klasse 7a

Mein Bauernhof

Ich wohne auf einem Bauernhof. Dort gibt es Hühner. Eines davon hat zwei Eier ausgebrütet. Zwei Küken sind geschlüpft. Ich gehe jeden Tag zu ihnen hinaus und gebe ihnen Futter. Von Tag zu Tag werden sie größer. Irgendwann sind sie so groß, dass sie selbstständig ihr Futter finden. Dann legen beide Eier, ein weißes und ein grünes Ei. Ausserdem gibt es Schafe auf dem Bauernhof. Ich gehe jeden Tag zu ihnen hinein und räume ihnen das Futter hin, damit sie besser dran kommen. Ausserdem stelle ich ihnen ab und zu einen neuen Leckstein hinein. Ich habe auch Kühe, bei denen miste ich mit meinem Papa. Dann fahren wir den Mist auf den Misthaufen. Danach fahren wir wieder zu den Kühen und streicheln sie umd räume das Futter hin. Ich fahre auch gerne mit meinem Papa auf dem Bulldog aufs Feld. Mein Papa lässt mich auch ab und zu ans Steuer. Das macht riesengroßen Spaß. Am Abend fahren wir wieder nach Hause und verstauen die Maschinen. Dann gehen wir ins Haus und machen Brotzeit. Danach gehen wir ins Bett und träumen von unserem Bauernhof.

Anton Abold
Grundschule Graben, Klasse 2a

Das Traumkuchen-Rezept

Zutaten:
200 g sehr weiche Kissen
3 kg warme Decken
400 g Traumfänger
1 l warme Milch mit Honig
2 kg Sterne
8 kg Mondschein
1 große Wärmflasche
3,5 kg schöne Düfte
100 g Traummusik
1 kg Kuscheltiere

Die sehr weichen Kissen zusammen mit den warmen Decken in eine mit den Traumfängern ausgelegte Schüssel geben und cremig rühren.
Warme Milch mit Honig langsam einfließen lassen.
Sterne und Mondschein vorsichtig unter den Teig heben.
Den Teig in eine Backform füllen und auf der großen Wärmflasche 45 Minuten backen.
Den fertigen Kuchen aus der Form herauslösen und abkühlen lassen.
Die Düfte und die Traummusik über der Wärmflasche schmelzen lassen und gleichmäßig auf dem Gebäck verteilen.
Zuletzt den Traumkuchen mit den Kuscheltieren dekorieren.
Wir wünschen Euch schöne Träume!

Lukas Foerster, Ida Centmayer
Grundschule Leitershofen, Klasse 4c

Mein trauriger Traum: „Mein zweiter Bruder"

Ich habe viele Träume:
Ich will einen Freund.
Ich will meine Mama sehen.
Ich will meinen 2. Bruder sehen.
Ich will Babysitterin werden.
Ich will meinen Kater sehen.
Ich will, dass man mich nicht mobbt.
Ich will eine Familie gründen.
Ich will für meinen Bruder dasein.
Ich will für jeden dasein.
Ich will jedem helfen.

Naomi Schilling
Andere, Klasse 5a

Traum

Catherine war an diesem Tag sehr aufgeregt, denn in paar Stunden hatte sie einen wichtigen Wettbewerb. Sie konnte nicht normal schlafen, jedes Mal wenn sie einschlief, träumte sie entweder davon, wie sie einen Sprung nicht landete und sich etwas braich oder wie sie in einem sehr einfachen Teil ihrer Kür hinfiel. Sie konnte gar nichts normal machen, da sie wirklich sehr krasse Angst hatte, dass sie nicht den ersten Platz macht. Sie hatte sehr lange für diesen Wettbewerb geübt und sie würde sich selber nicht verzeihen, wenn sie nicht gewinnt. Aufgrund ihrer Aufregung lief sie in der Umkleide hin und her und konnte sich nicht beruhigen. Als ihr gesagt wurde, sie solle ihre Schlittschuhe anziehen, denn sie wäre in zwanzig Minuten dran, wurde alles noch schlimmer. Plötzlich hatte sie starke Bauchschmerzen und ihr wurde schwarz vor den Augen. Ihre Trainerin bemerkte, dass etwas nicht stimmt und versuchte, sie zu beruhigen: „Das ist nicht dein letzter Wettbewerb, selbst wenn du nicht gewinnst wirst du es nächstes Mal schaffen. Es geht ja gerade nicht darum, dass du sofort den ersten Platz machst, sondern dass du ein Gefühl bekommst, wie es ist, dort auf dem Eis zu stehen. Ich bin mir zwar hundert Prozent sicher, dass du die beste sein wirst, weil du es wirklich sehr schön im Training machst, aber wenn es nicht so sein wird, dann ist es wirklich kein Weltuntergang!"
Auch wenn es schwer war, versuchte Catherine, sich wieder zu beruhigen, und die Worte ihrer Trainerin halfen sehr in diesem Augenblick. Sie konnte wieder normal atmen und es ging ihr besser. Also zog sie ihre

Schlittschuhe an, schaute in den Spiegel, ob ihr Kleid gut aussieht und anschließend ging sie in die Richtung der Eisfläche. Während ihre Trainerin ihr die Jacke abnahm, sagte sie Catherine noch ein Paar letzte Tipps: „Ich weiß, dass du das kannst, du hast sehr lange dafür geübt. Ich glaube an dich und glaub mir, du wirst die beste sein! Vergiss aber nicht bei deinen Sprüngen, deine Arme zu heben. Viel Glück, du schaffst das!"

Catherines Name wurde aufgerufen und sie stellte sich auf die Eisfläche in ihre Anfangsposition, atmete tief ein und wartete bis ihre Musik anging. Als sie ihre Musik hörte, blendete sie alles und jeden aus, lächelte und fing an ihre wunderschöne Kür zu laufen. Sie fühlte sich so sicher und glücklich, als alle Sprünge geklappt hatten und sich das Ende näherte.

„I feel so good …" Mit diesem Satz endete ihr Lied. Sie machte einen Knicks zu der Jury und einen zum Publikum und ging erleichtert und fröhlich von der Eisfläche zu ihrer Trainerin.

Eine Stunde später wurden ihre Punkte schon berechnet und die Siegerehrung began. Jetzt kommt es zu ihrer Gruppe.

„Den ersten Platz in der Gruppe Kürklasse 7 hat die …"

Catherine hielt ihren Atem an.

„… Catherine Blanc!"

Catherine konnte es nicht glauben. Sie war noch nie so glücklich wie in diesem Moment, denn ihr Traum war in Erfüllung gegangen und sie konnte endlich stolz auf sich selbst sein, denn ohne des ständigen Trainings und täglich mehrerer Stunden auf dem Eis hätte es niemals geklappt.

Paulina Fahnenstiel
Staatliches Gymnasium Königsbrunn, Klasse 9ei

Der tollste Waldspaziergang

Einmal war ich sehr müde und bin gleich eingeschlafen. Ich dachte mir noch: „Ich möchte von einem Waldspaziergang träumen." Dann schlief ich ein.

Ich war in einem Wald. Naja, ich stand vor einem Wald. „Aber ich möchte ja Abenteuer erleben und gehe wohl lieber erstmal in den Wald, weil es ja draußen keine Abenteuer gibt, sondern nur drinnen." Im Wald war sehr viel los. Überall waren Eichhörnchen, die für den Winter Nüsse sammelten. Und so viele Igel, die Blätterhäuser bauten! Außerdem auch noch viele schöne Vögel, die die letzten Insekten suchten. Und manche Vögel sangen schöne Lieder, das war toll. Schließlich ging ich doch noch weiter in den Wald hinein. Auf einmal hörte ich eine leise Stimme. Sie sagte: „Kannst du mir bitte helfen, ein Blätterhaus zu bauen?" Ich dachte mir schon: „Ich glaube, ich weiß, wer da spricht!" Ich fragte den kleinen Igel, der hinter einem großen Busch hervorlugte: „Hast du mich gerade um Hilfe gebeten?" „Ja, habe ich! Und, kannst du?", antwortete er. Natürlich sagte ich ja. Der kleine Igel sagte: „Ich heiße übrigens Leonie." „Freut mich, dich kennen zu lernen", sagte ich. „Ich heiße übrigens Klara. Genug Blätter gibt es ja, dass ich dir helfen kann." „Da hast du Recht", sagte Leonie. Wir machten uns an die Arbeit. Ich kehrte die Blätter mit meinem Fuß auf einen Haufen und Leonie tat sie dann so hin, wie es ihr gefiel. Ab und zu hat allerdings auch der Wind wieder was verzerrt. Aber das war gar nicht schlimm. Wir haben dann einfach wieder von vorne begonnen. Das hat ja auch Spaß gemacht. „Wow, es ist ein wunderschönes Igelhaus geworden! Das hat wirklich Spaß gemacht. Aber nun möchte ich weiter den Wald erkunden. Tschüss, kleine Leonie. Und schlaf schön in deinem neuen Igelhaus!" Und auch der Igel sagte tschüss und bedankte sich für meine Hilfe. Dann ging ich weiter in den Wald hinein. Nach einer kleinen Ewigkeit hörte ich schon wieder eine Stimme. Diesmal kam sie direkt von über meinem Kopf! Eine kleine, zärtliche Stimme sagte: „Kannst du mir helfen, Nüsse für den Winter zu finden? Dann wird es nämlich so eiskalt." Uns schwupps sprang ein kleines Eichhörnchen direkt vor meinen Füßen auf den Boden. Ich hatte mich zwar ein bisschen erschreckt, aber das ging sehr schnell wieder vorbei. Ich frage das Tier: „Warst du das gerade?" Das Eichhörnchen antwortete: „Ja, das war ich! Und hoffentlich habe ich dich nicht erschreckt!" „Doch, du hast mich zwar ein bisschen erschreckt, aber ich helfe dir gerne, einen kleinen Snack für den Winter zu finden. Ich heiße Klara. Und wie heißt du?" Das Eichhörnchen sagte: „Ich heiße Alexander. Und es ist richtig nett von dir, dass du mir hilfst." Da fiel mir etwas ein und ich sagte zu Alexander: „Ich glaube, ich habe noch was in meiner Tasche. Warte kurz, ich schau mal nach. Ja, tatsächlich, ich habe noch Nüsse! Hier, die sind für dich. Die schenke ich dir. Und dann helfe ich dir, noch mehr Nüsse zu finden." Alexander sagte: „Das ist richtig nett von dir, Klara. Ich kann auf die Bäume klettern und werfe sie dir runter. Dann kannst du sie aufsammeln oder gleich mit deinem T-Shirt auffangen. Und als nächstes suchen wir noch auf dem Boden." „Das mit dem Boden ist eine gute Idee, vielleicht finden wir da auch noch etwas", sagte ich. Am meisten hatten wir dann aber in den Höhlen von anderen Eichhörnchen gefunden. Die waren nämlich leider schon ein bisschen mit Moos und Büschen überwachsen, so dass die Eichhörnchen sie nicht mehr gefunden haben. Am Ende sagte ich: „Schön, das ist eine sehr gute Ernte geworden." Nun war es aber an der Zeit, dem kleinen Eichhörnchen tschüss zu sagen. Alexander sagte noch: „Das war ja ein echt tolles Abenteuer. Ich hoffe, dass sich unsere Wege mal wieder kreuzen. Tschüss, Klara!"

Als ich weiter in den Wald ging, wurde es auf einmal immer dunkler. Da musste ich wirklich sehr aufpassen, dass ich nicht stolpere oder irgendwo reintrete. Oder aus Versehen gegen einen Baum laufe. Das kann nämlich ziemlich wehtun. Doch meine Befürchtungen wurden wahr. Ich bin doch tatsächlich mit meinem Fuß in einen Wühlmausbau reingerutscht! Dabei habe ich mir mein Bein verdreht, oder verstaucht, das wusste ich nicht so genau. Aber mein Bein tat mir sehr weh und ich konnte es nicht herausziehen, denn ich konnte gar nicht genau sehen, wo mein Bein war. Ich konnte es nur spüren. Da tauchten auf einmal orange leuchtende Augen hinter einem Busch auf. Ich bekam so einen Schreck! Ich wusste ja nicht, wer das war. Ein gefährliches Raubtier vielleicht? Ich konnte ja nur Augen sehen, den Rest gar nicht. „Hei du, kleines Menschlein! Hab keine Angst. Ich bin nur eine alte, harmlose Katze. Mein Name ist Lea. Ich kann meinen Menschenfreund bitten, dir zu helfen." Erst dachte ich, lass mich nicht alleine hier, aber dann sagte ich: „Vielen Dank, Lea, für deine Hilfe. Bitte lauf schnell los und hol Hilfe, das wäre ganz toll von dir." Nach einer ganz kurzen Weile war Lea wieder da. Doch diesmal war etwas anders. Sie hatte nämlich einen Menschen neben sich herlaufen. Er hatte eine schöne, beruhigende Stimme und sagte: „Ich heiße schneller Pfeil, vom Stamm der wilden Bären. Brauchst du Hilfe?" „Ja, die brauche ich. Ich kann nämlich nicht sehen, wo mein Bein ist, und es tut auch ganz schön weh." Er streckte seine Hände aus, hielt meine kleinen Pfoten fest und zog mich aus dem Loch. Das war eine Kleinigkeit für ihn, denn er war ein großer Indianer und sehr stark. Und ich dachte verwundert: Moment mal, meine Pfoten? Ich blickte an mir hinunter und sah, dass ich tatsächlich vier kleine Pfoten hatte! Und einen Schwanz, und überall weiches Fell. Ich war ein Waschbär! Und dann sagte der Indianer: „Ich nehme dich mit, kleines Tierchen, zu unserem Stamm. Und dort pflegen wir dich gesund. Die anderen werden nichts dagegen haben, denn ich bin der Häuptling von unserem Stamm der wilden Bären. Magst du mitkommen?" „Ja, ich komme gerne mit." Der Indianer lächelte und hob mich hoch. Jetzt gingen wir zu den Tipis. Als wir endlich da waren, sagte schneller Pfeil: „Schau, jetzt bring ich dich zu unserer Heilerin, die wird dich pflegen." Die Kräuterfrau tat Kräuter auf meine verletzte Pfote. Die Kräuter hatten auch die Wirkung, dass ich gleich einschlief. Als ich wieder aufwachte, waren die Schmerzen an meinem Bein schon wieder ganz weg. Schneller Pfeil gab mir Suppe zu essen, die schmeckte mir sehr gut. „Vielen Dank für deine Hilfe. Aber jetzt mag

ich wieder in den schützenden Wald zurück." „Tschüss, und viel Glück auf deinem Weg kleiner Waschbär! Vielleicht treffen wir uns mal wieder."
Ich rannte schnell wieder in den Wald. Da sah ich auf einmal wieder das Eichhörnchen. „Hallo, Alexander!", rief ich. „Huh, ich hab dir gar nicht kommen kommen hören. Schön, dass sich unsere Wege wieder kreuzen." Alexander schien gar nicht verwundert zu sein, dass ich jetzt kein Mensch mehr war. Er lachte und sagte: „Du warst doch schon immer ein Waschbär." Und ich lachte glücklich mit ihm mit. Eigentlich wollte ich weiter in den Wald hineinwandern, als es plötzlich zu schneien anfing. „Oh, ist das schön!", sagte Alexander. „Das ist wunderschön. Klara, schau mal. Diese Schneeflocken sind wirklich wie kleine Kristalle." Nach einer kleinen Weile war alles dick mit Schnee bedeckt. „Klara, wenn du magst, kannst du bei mir in meinem Bau schlafen", sagte Alexander. „Ok, überredet", sagte ich. „Ich schlafe heute bei dir!" Alexander musste ganz schön oft auf Bäume rauf und runter klettern, weil ja alles weiß war und er erst seinen Baum nicht mehr finden konnte. Endlich sagte er: „Klara schau, das ist mein Baum." Wir kuschelten uns ganz eng aneinander und schliefen ein. Das Geräusch von fallendem Schnee weckte uns langsam auf. Wir reckten uns und streckten uns und spielten eine Weile im Schnee. Wir hatten auf einmal großen Hunger und aßen etwas aus seinem Nussvorrat. Das schmeckte richtig gut. Gerade als wir weiterspielen wollten, ruckelte und zuckelte es um mich herum.
Ausgerechnet jetzt war meine Mutter ins Zimmer gekommen und zog mir die Decke weg! „Guten Morgen, meine Schlafmütze! Hast du was Schönes geträumt? Komm, steh auf. Der Frühstückstisch ist schon gedeckt", sagte sie. Ich lugte auf meine Pfoten. Doch die waren keine Pfoten mehr, sondern meine ganz normalen Hände. Darüber war ich auch ein bisschen froh, und darüber, dass ich wieder ich war. „Uaaah, guten Morgen, Mama. Weißt du was? Ich hab was ganz, ganz Schönes geträumt. Soll ich es dir erzählen?" „Au ja, mach das, während wir frühstücken", sagte Mama. Und schon fing ich an zu erzählen.

Lucia Bomm
Grundschule Altenmünster, Klasse 4a

Zwei Traumwünsche verschmelzen

Das Wort Traum bedeutet ein Abenteuer oder ein Erlebnis. Es gibt viele verschiedene Arten von Träumen. Es gibt Albträume, die sind gruselig, es gibt normale Träume, dort ist es immer schön und deine Leidenschaften sind immer da. Es gibt Traumwünsche und es gibt Traumziele. Ich habe mich für meine Traumwünsche entschieden (Ich habe nämlich zwei Traumwünsche).

Mein innigster Wunsch ist, dass mein Hund wieder lebt. Ich hatte einen Hund, der leider verstorben ist, und mein Wunsch wäre, dass er wieder lebt. Wenn er wieder leben würde, hätte ich mit ihm gespielt, ihn gefüttert und ich wäre mit ihm spazieren gegangen. Er war ein schwarz-weißer Border Collie und ich liebte ihn wirklich. Er hätte sich gefreut, mich und meine Familie wiederzusehen. Die schönsten Momente, die ich mit meinem Hund hatte, waren immer die, wenn ich mit ihm und mit meinen Eltern Gassi gegangen bin. Er gehörte zehn bis elf Jahre zu unserer Familie. Die Erinnerung an meinen alten Hund wird niemals verlorengehen

Weil das nicht möglich ist, dass er wieder lebt, sondern nur im Traum, habe ich einen zweiten Wunsch. Mein anderer Wunsch ist eine neue Hündin zu bekommen. Diese Hündin wird ein Zwergdackel sein, die Maja heißen wird. Denn es soll eine Hundedame sein und ich hoffe, ich werde mit ihr viel erleben und Spaß haben wie bei meinem alten Hund.

Das sind meine Traumwünsche

Benjamin Abraham
Grundschule Neusäß am Eichenwald, Klasse 4b

Das Traummedaillon

Es war einmal ein Mädchen namens Louisa. Sie war zwölf Jahre alt.

Ihre Oma hatte ihr zu ihrer Geburt ein Medaillon geschenkt, bevor sie gestorben war. Sie hatte es seit ihrer Geburt noch nie abgelegt. Eines Abends lag sie in ihrem Bett und schlief ein.

Das Medaillon hatte zum Leuchten begonnen. Louisa merkte das aber nicht, da sie schon eingeschlafen war. Sie träumte davon, dass ihre Oma mit ihr sprach, und sie sagte, dass das Medaillon magisch sei, ein sogenanntes Traummedaillon, und dass es seit Generationen weitervererbt wurde. Sie wachte auf und überlegte, ob das vielleicht eine Vision gewesen war.

Sie ging runter zu ihrer Mutter und fragte: „Hast du schon einmal was von einem Traummedaillon gehört?" Ihre Mutter wurde blass. „Woher weißt du davon?", rief sie panisch. „Ich habe heute Nacht eine Vision gehabt", antwortete Louisa. „Was ist hier los?", fragte sie erschrocken.

„Okay, ich muss dir wohl einiges erklären", erwiderte ihre Mutter. „Also, deine Oma Rosalie war die Wächterin der Sterne. Mit dem Medaillon konnte sie die Träume der Leute sehen und sie fiel dann in einen sogenannten Tagtraum. Nachts hatte sie Visionen, wenn jemand schlecht träumte, so wie du letzte Nacht. Nur, dass du noch nicht so starke Kräfte hast. Jedem zweiten Mädchen in der Familie wird es vererbt. Also deine Oma hat es von ihrer Oma geerbt und so weiter."

Louisas großer Bruder kam nach unten. „Wusstest du davon?", fragte Louisa.

„Ja, ich wusste davon!", sagte Finnjan. „Okay, dann werde ich der Sache auf den Grund gehen." „Sei bitte vorsichtig, okay?", sagte ihre Mutter besorgt. „Ja, Mama, mach ich. Ich werde zuerst in der großen Bibliothek in der Villa nachschauen."

Sie fand ein großes dickes Buch auf dem „Die Wächterin" stand. Dort stand zum Beispiel, wo sie herkam und wie lange sie Wächterin war. Doch was war das?

Da war eine Seite herausgerissen.

Ein paar Stunden später lag sie in ihrem Bett. Auf einmal erstarrte sie. Sie hatte eine Vision. Sie sah eine Kammer. Es war ein dunkler Gang. Sie erkannte nur, dass am Ende des Gangs etwas lag. Aber sie sah nicht, was da lag. Sie erwachte. Ich muss morgen noch mal in die Bücherei. Sie schlief ein. Am nächsten Morgen sprang sie aus dem Bett und zog sich an. Sie schnappte sich einen Apfel und lief aus der Haustür. Als sie in der Bibliothek angekommen war, suchte sie in dem Regal, wo sie am Tag zuvor das Buch gefunden hatte. Sie fuhr mit ihrer Hand über die kalte Ziegelwand, bis sie einen Ziegel spürte, der locker war.

Sie drückte ihn rein. Auf einmal schob sich das Bücherregal auf und dahinter war ein dunkler Gang zu sehen. Auf jeder Seite hingen Fackeln. Als sie den Gang betrat, gingen die Fackeln an und sie lief den Gang entlang bis ganz nach hinten. Am Ende des Gangs sah sie einen Buchhalter, auf dem ein Blatt Papier lag. Louisa nahm das Blatt und rannte nach draußen. Sie hatte das Buch dabei und schlug die Seite auf, wo das Blatt herausgerissen war. Sie legte das Blatt drauf, und es passte tatsächlich. Das war die verschwundene Seite. Sie las diese Seite. Sie wurde blass. Auf dem Blatt Papier stand, dass, wenn man das Medaillon zu lange trägt, man dann krank und verrückt wird. Sie ging betrübt nach Hause und bat ihre Mutter um Rat. Die Mutter sagte, dass sie das Medaillon am besten gut verstecken solle. Es wurde Abend und sie sah ihr Medaillon an. Vielleicht hatte Mama Recht. Auf einmal wurde ihr schwindelig und sie fiel in Ohnmacht. Nach einiger Zeit wurde Louisa wieder wach. Sie lag immer noch in ihrem Zimmer. Es war mittlerweile wieder hell. Ich muss das Medaillon verstecken, bevor ich noch verrückt werde. Sie überlegte sich einen guten Ort zum Verstecken und ging zur Bibliothek.

Sie hatte herausgefunden, dass man in der Kammer, wo sie die Seite gefunden hatte, Fallen aktivieren konnte. Zurzeit waren sie aber nicht aktiviert, so dass man einfach durchgehen konnte. Sie legte das Medaillon in eine Schatulle und legte die Schatulle mit dem Buch zusammen auf den Buchhalter. Sie aktivierte die Fallen und ging hinaus. Das Medaillon ist nie wieder aufgetaucht.

So lebte sie glücklich und zufrieden bis an ihr Lebensende.

Sindia Alicia Höfling
Helen-Keller-Schule Dinkelscherben, Klasse 6Ga

Ein Traumleben

Hey, ich erzähle euch heute die Geschichte eines Mädchens namens Elena, das einen verrückten Traum hatte.

Elena ging wie jeden Tag in die Schule und als sie dort ankam, sah sie auch schon ihren Freund Stefan.

Sie rief ihm zu: „Hey, Schatz, wie war dein Fußballspiel gestern?"

„Hey Elena! Wir haben gewonnen", antwortete Stefan freudig.

„Sehr toll, ich freue mich für dich. Bei deinem nächsten Spiel werde ich wieder dabei sein", sagte Elena.

Sie wollten gerade in die Schule gehen, als Elenas beste Freundin Hayly zu den beiden kam.

„Hey, ihr zwei, wir haben ja bald die Abschlussfeier. Geht ihr da hin?", fragte Hayly.

Elena antwortete darauf: „Klar, sowas lass ich mir doch nicht entgehen."

Da läutete die Schulglocke und die drei gingen in den Unterricht.

Der Schultag verging zum Glück sehr schnell und Stefan und Elena gingen nach der Schule in Elenas Wohnung, in der sie ganz alleine wohnte.

„Möchtest du etwas zum Trinken?", fragte Elena Stefan.

Er antwortete: „Ja, gerne! Freust du dich eigentlich auf die Arbeit?"

Elena holte ihm etwas zu trinken und antwortete: „Ja, sehr. Aber erstmal müssen wir die Schule fertigmachen."

Die Jahre vergingen, Elena wurde Ärztin und heiratete Stefan.

Als sie eines Abends nach Hause kam, war Stefan schon da und hatte Essen für sie beide gekocht. „Hey, ich hoffe du hast Hunger?", fragte er.

Elena nickte und setzte sich neben ihn, um ihm eine unglaubliche Neuigkeit zu erzählen: „Stefan, wir beide werden Eltern."

Stefan freute sich und umarmte sie.

Die Monate vergingen und Elena war mittlerweile im neunten Monat schwanger. Ihr Bauch wurde immer größer und sie aß komische Sachen, wie zum Beispiel Nutella mit Essiggurken.

„Morgen ist die Party, wo wir endlich das Geschlecht unseres Kindes erfahren, Stefan", sagte Elena eines Abends.

Zu der Party waren alle Freunde und Familienmitglieder von Stefan und Elena gekommen.

Elenas Eltern holten den Luftballon, der entweder mit pinken oder blauen Rauch gefüllt war und gaben den beiden eine Nadel, mit der sie ihn zerplatzen konnten. Stefan und Elena zählten bis drei und ließen den Ballon anschließend platzen.

Aber was war das? Es kam pinker und blauer Rauch aus dem Ballon.

Elena konnten es kaum glauben und rief: „Es werden Zwillinge!"

Stefan umarmte sie, und die beiden freuten sich riesig und feierten bis spät am Abend.

In der Nacht bekam Elena auf einmal Wehen im 5-Minuten-Takt und weckte Stefan auf. Stefan fuhr sie sofort ins Krankenhaus und nach kurzer Zeit waren die Zwillinge Lisa und Leon endlich da.

Beide waren sehr süß, aber als Elena sie in den Armen hielt, hörte sie von ganz weit weg ihren Wecker klingeln.

„Oh nein, es war nur ein Traum!", seufzte Elena.

Mia Gossing
Christophorus-Schule Königsbrunn, Klasse 6a

Der magische Schnipser

Als ich am 02.02.2023 aufwachte, hatte ich noch so ein Gefühl von Freude im Bauch. Ich hatte einen tollen Traum, den ich dir jetzt vorstellen möchte. An einem wunderschönen Morgen weckte mich mein Wecker auf. Er hatte die Klänge wie von einer Schulglocke. Doch ich ging ja nicht mehr in die Schule! Ich machte mich fertig, aß etwas und fuhr zur Arbeit. Inzwischen war ich auf der B17. Plötzlich staute sich ein großer Haufen Autos auf. Mir war so langweilig, denn ich musste sehr lange im Stau stehen. Ich machte das Radio an und spielte mit den Fingern. Auf einmal fragte ich mich: „Kann ich überhaupt noch schnipsen?" Ich probierte es mehrmals aus, und es klappte! Noch ein letztes Mal schnipste ich und wünschte mir leise, dass sich der Stau auflösen solle. Ich öffnete die Augen und der Stau hatte sich aufgelöst. „War das ein Zufall?", fragte ich mich und fuhr zur Arbeit.

Dort angekommen testete ich weitere Male mein Glück.

Schnips!! Und jeder meiner Wünsche ging in Erfüllung.

Mit einem lachenden Gesicht wachte ich auf und wünschte mir, dass ich so eine Superkraft auch in der Realität kriege.

Delia Rose Dietrich
Pestalozzi-Grundschule Gersthofen, Klasse 4c

Ob mein Traum wohl wahr wird?

Mein großer Traum ist es, Gitarristin zu werden. Nachts aber auch tags träume ich, dass ich auf einer Bühne stehe, berühmt bin und Gitarre spiele. Ich möchte das so gerne und träume davon, weil ich zeigen will, was ich kann. Mit fünf Jahren habe ich angefangen akustische Gitarre zu spielen. Damals hatte ich noch keine Ahnung, mal so einen Traum zu haben. Aber dann, im Laufe der Jahre, hat es sich so entwickelt, dass ich immer besser geworden bin. Bei meinem ersten Auftritt in der Musikschule war ich sehr aufgeregt. Kurz bevor ich an der Reihe war, fing ich an zu zittern. „Ob ich das wohl schaffen werde?", dachte ich. Ich hatte plötzlich alles vergessen. Doch dann spielte ich einfach los. Auf einmal konnte ich wieder alles und meine Finger spielten wie von selbst. Als ich fertig gespielt hatte, klatschen alle, und ich war sehr erleichtert. Bis jetzt habe ich bereits siebenmal vor einem Publikum gespielt und mir hat es dann immer mehr Spaß gemacht, weil ich immer weniger aufgeregt war. Zu meiner Kommunion habe ich eine E-Gitarre bekommen. Das heißt, dass mein Traum schon ein bisschen näher ist. Und wer weiß? Vielleicht stehe ich in ein paar Jahren auf einer riesigen Bühne, viele Menschen schauen mir zu und ich bin ganz berühmt wie ein Rockstar.

Jana Bruckbauer
Grundschule Thierhaupten, Klasse 4b

Als es plötzlich geschah

Ich fahre mit meiner Mutter zu dem Faschingsball. Der findet in der Schule statt. Verkleidet habe ich mich als Indianerin.
Ich öffne die Tür und es macht ZISCH! BOOM! KNALL! ZISCH!
Ich blieb abrupt stehen, schrie laut auf: Ahhh! Ich schloss meine Augen, doch es war zu spät. Ich hatte furchtbares Muffensausen, mein Herz raste. Als ich meine Augen wieder öffnete, war es schwarz, oder war es kalt? Oder vielleicht auch beides?
Ich wusste nicht, wohin mit meinen Gedanken. Hoffentlich war es nur ein Albtraum, dachte ich. Doch dann piepste ein Vogel, die Landschaft wurde bunt. Nun erkundete ich meine Umgebung. Eigentlich ist es hier ganz schön, aber ungewohnt, dachte ich.

Hier stand ein Tipi, dort ein Marterpfahl. Neben dem Tipi war ein kleiner Bach. Ich lief sofort hin. Währenddessen stellte ich fest, dass ich in einer Indianerlandschaft war. Dort am Bach waren sogar zwei Indianerkinder. Ich lief sofort zu ihnen. Es wurden immer mehr Tipis und auch immer mehr Indianer. Es waren sogar Pferde da.

Dann war ich am Bach. In dem klaren Wasser sah man sein eigenes Spiegelbild. Mir blieb der Mund offen stehen. Mein Indianerkostüm war nicht mehr aus Kunstleder, sondern aus echtem Leder. Meine Kunstfedern waren echt und so weiter. Ich war happy!

Wie ferngesteuert ging ich zu den Pferden. Irgendetwas zog mich zu den Pferden. Da sah ich es. Der Stall brannte. Ich rief um Hilfe, bis jemand kam. Endlich war ein Mensch da. Es war ein Mädchen namens Tinkabella. Was sollten wir tun??

„Hole einen Eimer und fülle ihn am Brunnen mit Wasser. Ich sage den anderen Bescheid", sagte Tinkabella.

„Wo ist denn der Brunnen?"

Doch sie war schon weg. Ich war verzweifelt. Mein Herz raste. Doch dann sah ich plötzlich einen Weg, der zum Brunnen führte. Ich war gerettet, doch das Feuer würde bald auf den Brunnen übergreifen. Oh neeeiiiinnnn …

Dann hörte ich eine sehr vertraute Stimme.

„Wach auf, wir sind da." Ich öffnete meine Augen. Meine Mutter stand vor mir. Steig endlich aus dem Auto oder träumst du?

Ja, so in etwa dachte ich …

Greta Jakob
Grundschule Thierhaupten, Klasse 3b

AllTagTraume

Eins. Zwei. Drei. Endlich frei. Kaum so leicht fühlt sich ein jeder Schritt, als dort, wo jeder Schritt nur ein Gedankenkonstrukt ist. Oder doch nicht? Wie real ist meine Welt, wenn sonst niemand davon weiß? Und wie imaginär ist sie, wenn sie vorübergehend doch meine gesamte Realität ist? Wo die Wolken wie Zuckerwatte schmecken könnten und ich dies wüsste, ohne je davon probiert zu haben. Wo die Schwerkraft kaum kräftig wirkt und sich eher leicht als schwer anfühlt, dort ist keine Grenze gesetzt. Überhaupt ist dort nichts gesetzt, denn alle Gesetze sind nur Gesetze, sollte ich ihnen erlauben, solche zu sein. Das ist Traum und Traum zugleich: Mein Rückzugsort und meine Sehnsucht, mein Ruheort und meine Hoffnung, meine Flucht und mein Ziel.

Plötzlich: Tiefste Dunkelheit. Bewegung. Ein Schritt später fliegen Schüsse auf mich zu, die ich mit einer Handbewegung stoppe oder denen ich einfach ausweiche. Aber vielleicht lasse ich mich doch einmal treffen und dann ist da dieses brennende Gefühl, das ich mit der Macht meiner Gedanken langsam verfliegen lasse, aber ich weiß: Ich lebe! Dort bin ich ein Held, den niemand sieht, an den niemand denkt, der immer nur da ist und darauf wartet, dass die Situation ihn erfordert. Nur zwei Sekunden später stehe ich am anderen Ende des Schlachtfeldes, alle Gegner am Boden, nur um nach Öffnen des Gefängnisses aller Menschen, die mir wichtig sind, wieder im Nichts zu verschwinden. Gesehen zu werden, wäre schön, aber nicht mein Stil, denn ich habe Größeres zum Ziel.

Der nächste Schritt ins Nichts und nun falle ich … weiter und weiter bis ich nach einem doppelten Salto mit einer Superheldenlandung auf den Boden krache. Aber hier ist es immer noch dunkel. Autsch! Was ist denn das? Oh, nur eine Türklinke. Da geht es weiter… „Papa! Papa!" Was? Da läuft mir ein Mädchen in den Arm. „Du bist zurück!" Kann es wirklich sein? Davon habe ich immer geträumt: Eine Tochter im Arm. Aber wo bin ich hier, ich habe doch noch nicht eimal jemanden, den ich heiraten wollte … trotzdem fühle ich mich hier zu Hause, dort, wo mein ganzer Stolz und mein ganzer Sinn sich in dem Einen wiederfindet, das mit mir kaum etwas zu tun hat. Sie läuft wieder weg, denn sie hat viel vor und ich will nichts davon verpassen. Ich will ihr die Welt machen, wie sie sie braucht. Wäre sie doch nur für immer in meinem Traum, dann stände dem nichts im Weg.

Doch langsam dröhnt es in meinen Ohren. Die Glocken läuten, aber es drängt sich ein tiefer Bass auf … Was ist da draußen los? Stürzt die Welt zusammen? Nein, ich kenne dieses Lied und nicht als Klingelton … Es ist wohl Zeit zu gehen. Auf Wiedersehen, mein Königreich, bis später!

Nicolas Hepe
Staatliches Berufliches Schulzentrum Neusäß, Klasse F-S12e

Der Weg in seinen Augen

Ich schaute in seine glühenden Augen. Seine himmelblauen Augen. Seine verträumten Augen. Sie waren mir schon immer ein Mysterium. Aber sie waren mir gegenüber so glanzvoll. Hals über Kopf verliebt. Sie legten seine Gefühle wie ein offenes Magazin da. Sie erzählten mühelos Geschichten und mit voller Begeisterung. Sie waren die Tür zu seinem Herzen. Sie zeigten einen Pfad, der mit Blumen geschmückt war und glühend warm, wie Sonnenstrahlen, die sich auf der Haut einnisten. Doch zugleich waren da diese Abzweigungen und dieses unerkennbare Etwas in der Ferne. Diese waren ungeheuerlich kalt und trostlos. Ich hoffte, dass diese kühlen Abzweigungen nur Albträume waren, die sich in seinen Augen verfangen hatten. Verliebt, ignorierte ich alles.

Ich begegnete diesem Weg. Es war schon eine Weile her, es war was Neues, was anderes. Noch nie konnte ich den Weg zu einer Person so einfach sehen und mich direkt damit verbinden. Der Schnee und das ganze Eis, das den Weg beschützte und unbetretbar machte, schmolz. Er ließ mich in seine Welt, und ich ihn in meine. Es war noch ein bisschen frostig, aber langsam merkte ich, wie wohl ich mich fühlte und ich alles mit unserer Wärme auftaute. Schon sehr bald fingen die Blumen an zu blühen, und die kahlen Bäume verkleideten sich mit lebensfrohen, quietsch-grünen Blättern. Ich verliebte mich in diesen bezaubernden Weg. Mit jeder Erinnerung, die wir machten, tauchten neue Pflanzen und Flüsse auf, sie waren so unbeschreiblich schön. Unsere Wege führten zusammen und verschmiedeten sich zu einem. Doch es dauerte nicht lange und dann kam unerwartet der Herbst. Blätter wurden braun, starben ab und fielen sanft zu Boden. Blumen knickten, eine nach der anderen, und wuchsen nicht mehr nach. Der erste Sturm, Gewitter, Dreck, überall. Restliche Blätter wurden von den einst bunt-blühenden Bäumen gerissen und Blumen aus der Erde gezogen. Zu zweit, jedoch so alleine. Zusammen, jedoch so fern. Wir rappelten uns wieder auf und pflanzten neue Bäume und Blumen. Ich gab mir so viel Mühe. Doch die folgenden Stürme waren nicht zu stoppen und trotzdem liefen wir einfach weiter und weiter. Immer mehr Albträume formten sich an der Seite des Weges.

Dann standen wir auf einmal davor. „Es ist vorbei." Ein Riss, ein großer Riss, da waren sie, unsere Wege, wieder in zwei geteilt. Nein, nein, nein, das muss doch ein ganz großer, falscher Traum sein.

Ein lauter Knall und die Tür zu seinem Weg war geschlossen. „Aber halt, du hast alle meine Bäume behalten und all die Blumen, die ich aufgezogen und versorgt habe, egal welcher Sturm sie kaputt gemacht hat."

Es war wohl kein Traum, auch kein Albtraum.

Ich schaute ein letztes Mal in seine versteinerten Augen. Seine gefrorenen, eis-blauen Augen. Sie sind glanzlos mir gegenüber, beinahe sieht man ihnen an, dass sie gelangweilt und angewidert von mir sind. Das Magazin ist zugenagelt. Und die Tür ist mit Schlössern verschlossen. Doch unter dem Türschlitz ließ sich noch ein letztes Mal etwas blicken, allerdings nicht mehr der atemberaubende Weg, der mir immer zum Vorschein kam, es war abschreckend und abweisend. Es ging nicht weiter, es stoppte dort. Ich wollte aber auch nicht mehr zurück, es war alles so anders. „Heißt das, dass letztendlich diese Abzweigungen, die ich anfangs schon sah, keine Albträume waren?"

PS: Es liegt in den Augen, immer in den Augen.

Paula Ströbel
International School Augsburg/Gersthofen, Klasse 8

Blinde Träume

Kannst du mich sehen? Ich kann dich nicht sehen. Ich will dich aber gerne sehen. Ich will wissen, wie Farben aussehen. Ich will wissen, wie die Welt aussieht. Mein größter Traum ist es, Tagebuch zu schreiben. Mit einem Stift und Papier zu schreiben. Mein größter Traum ist es, normal zu sein. Mein größter Traum ist es, mit den Augen optische Eindrücke wahrnehmen zu können. Mein größter Traum ist es, ohne Diktierfunktion Tagebuch schreiben zu können. Mein größter Traum ist es, Autorin zu werden und Bücher zu schreiben, aber ich bin blind.

13.07.2020: Heute ist Sonntag. In einem Tag werde ich das erste Mal auf eine richtige Schule gehen. Ich habe Angst, weil ich anders bin. Für mich ist alles schwarz, für andere Menschen bin ich durchsichtig.

Manchmal frage ich mich, wie es wäre , wenn bei meiner Geburt dieser Fehler nicht passiert wäre? Wenn auf einmal nicht alles dunkel geworden wäre? Würde ich an sich anders sein? Würde ich Freunde haben? Echte Freunde?

14.07.2020: Heute war mein erster Tag an einer richtigen Schule. An einer Schule mit Kindern in meinem Alter, mit Lehrern und verschiedenen Klassenzimmern. Es war so komisch. Ich fühlte mich anders. Ich fühlte mich ausgeschlossen. Ich fühlte mich eingeschränkt. Ich fühlte mich alleine und unverstanden.

Ich will sehen können! Ich will nicht anders sein. Ich will wissen, wie Farben aussehen. Ich will wissen, was ich für Klamotten trage. Ich will wissen, wie ich aussehe. Bin ich hübsch?

Es ist so selbstverständlich für jedes Mädchen in meinem Alter, sich in einem Spiegel zu sehen. In einem Spiegel zu sehen, ob es hübsch ist. Ich hab mich noch nie gesehen. Ich kenne mich selbst nicht. Ich will mein Leben genießen können und es nicht hassen. Ich will mich lieben können!

Ich werde dieses Tagebuch behalten und erst wieder reinschreiben, wenn ich sehen kann, wenn ich normal bin, wenn ich mein Leben endlich leben kann!!

20.11.2022: Es hat sich so viel und doch so wenig geändert. Sehen bedeutet für mich nicht mehr, mit den Augen optische Eindrücke wahrnehmen zu können. Sehen zu können bedeutet für mich, mich selbst zu sehen, mich selbst zu kennen und zu akzeptieren.

Ich bin aus der Schule ausgestiegen und bin in den letzten zwei Jahren viel gereist. Vor einem Jahr habe ich offiziell mein erstes gedrucktes Buch veröffentlicht. Inspiriert von meinem früheren Ich. Und auch wenn mein Traum nicht so in Erfüllung gegangen ist, wie ich es mir zuerst erhofft hatte, will ich nichts an meinem Leben ändern. Wenn ich die Zeit achtzehn Jahre zu meiner Geburt zurückdrehen könnte, würde ich nichts ändern. Ich will ändern, wie Kinder sich selbst sehen.

Ich habe gelernt, mich selbst zu akzeptieren. Ich bin zum ersten Mal in meinem Leben richtig glücklich. Einzigartig zu sein, ist nicht schlimm. Anders zu sein, sollte zur Normalität dazugehören und niemand sollte sich dafür schämen. Mein Traum ist es, andere Leute zu inspirieren. Ihnen zu zeigen, dass es nicht schlimm ist, anders zu sein. Ich will Menschen zeigen, dass sie ihr eigener Spiegel sein können. Ich kann mein Leben leben und meine Träume und die Träume von anderen erfüllen, auch wenn ich nicht so sehen kann, wie ich es mir früher gewünscht habe.

Clara Lehnert
International School Augsburg/Gersthofen, Klasse 8K

Der Ticketgewinn

Ein Mädchen namens Julia saß an einem Freitagabend gemütlich auf ihrer Couch und hörte Radio. Plötzlich sagte ein Kommentator, dass sie zwei Tickets für das Champions League Finale von Real Madrid und Bayern München an die Person, die am schnellsten anrufen würde, verlosen würden. Der Radio-Moderator sagte: „Die Nummer lautet 389714210." Julia tippte schneller als der Blitz die Nummer ein und schaffte es tatsächlich, Erste von allen zu werden. Der Moderator sagte: „Wir haben eine Gewinnerin, Julia aus Bayern." Jetzt musste sie nach München fahren, um die Tickets abzuholen. Sie fuhr mit ihrer Mutter am nächsten Tag nach München und holtr die Tickets ab. Sie bedankte sich für die Tickets, und sie fuhren wieder nach Hause. Sie hat überlegt, wen sie mitnehmen wollte. Sie fragte ihre Mutter: „Mama, willst du mit zum Spiel mitkommen?" Aber die Mutter sagte: „Mach doch einem anderen eine Freude." Und somit ging Julia zu ihrer besten Freundin Tina und fragte sie, und Tina wollte auf jeden fall mitkommen. Und so sind sie nächsten Freitagabend zum Flughafen gefahren, um dann nach Frankreich zu fliegen, um dann mit der U-Bahn nach Paris zu fahren. Denn das Spiel fand in Paris statt. Aber sie sind vor dem Spiel in eine Bäckerei gegangen, um sich ein Baguette zu holen, um nicht zu verhungern. Die beiden Mädchen sind ins Stadion gegangen, und das Stadion war richtig toll, weil es viel Platz gab, und die Stimmung war am besten und es gewann ihr Favorit.

Aber dann fiel sie aus dem Bett und bemerkte, dass es nur ein Traum gewesen war, und erzählte alles ihrer Mutter und ihrer besten Freundin.

Rawan Haji
Mittelschule, Klasse 5a

Die erste Orange auf dem Mond

In einer kalten Nacht an Silvester lag eine lebende Orange unterm Sternenhimmel und konnte nicht einschlafen. Die Orange hieß Max. Max überlegte schon lange, was ihn zum Einschlafen bringen konnte. Doch plötzlich fiel ihm etwas ein. Die Orange rannte zu ihrem Schuppen. Ein wenig später kam sie mit einer Silvesterrakete zurück. Max wollte mit ihr zum Mond fliegen. Er setzte sich auf die Rakete. 3, 2, 1 – die Orange flog los. Nach zwei Tagen kam die Frucht endlich auf dem Mond an. „Oh, wie toll. Hier sind überall Löcher", stellte Max erstaunt fest. Auf einmal kam ein grünes Wesen auf die Orange zu. Es fragte: „Wo kommst du denn her?" Max antwortete: „Ich komme vom blauen Planeten. Auf dem konnte ich nicht einschlafen, da dachte ich mir, dass ich mal ganz woanders hingehen könnte." Das Wesen erzählte, dass es Pontenegro hieße und schon lange auf dem Mond wohne. Es freute sich sehr, dass Max zu ihm gekommen war, denn er war immer alleine auf dem Mond gewesen. So freundeten sich Max und Pontenegro an.

Es war schon ziemlich spät, und die beiden Freunde legten sich in eins der vielen Löcher, die es auf dem Mond gab. Am nächsten Morgen beschlossen Max und Pontenegro, den ganzen Mond zu erkunden. Das hatte sogar Pontenegro noch nie getan. So ging das nun jeden Tag. Die beiden Freunde standen auf, wanderten und erkundeten den Mond.

Doch an einem Tag war es anders. Der Mond bebte schon eine Stunde lang. Plötzlich brach der Mond in viele kleine Stücke auseinander. Max und Pontenegro hatten unglaubliche Angst. Aber das grüne Wesen sah nach unten und rief Max zu: „Achtung, wir landen gleich auf dem Mars." So wie es Pontenegro gesagt hatte, geschah es. Sie landeten auf dem Mars, der unter dem Mond war. Die beiden Freunde waren unglaublich traurig, weil der Mond zerbrochen war. Wo sollten sie nun wohnen? Da hatte die Orange eine supergute Idee. Sie rief aufgeregt: „Komm, Pontenegro, lass uns den Mond wieder zusammenbauen. Also ich meine, wir suchen dein Haus auf einem dieser Mondteile und holen dann den Kleber aus deinem Haus. Dann können wir den Mond wieder zusammenkleben." Pontenegro antwortete: „Ja, das ist eine supergute Idee. Dafür nehmen wir meinen superguten Spezialkleber.". Also machten sich die Freunde an die Arbeit. Sie schalteten ihre Düsen an ihren Weltraumanzügen an und suchten das Haus von dem grünen Wesen. „Dort, auf diesem Teil", rief Max. „Ja, genau, das ist mein Haus", freute sich Pontenegro. Schnell flitzten die beiden Freunde zu Pontenegros Haus. Er sperrte es mit seinem Schlüssel auf. Fünf Minuten darauf kam er mit seinem Superspezialkleber wieder heraus. Der Kleber war riesig. Er war mindestens einen Meter hoch und 50 cm breit. Die zwei Freunde klebten auf jeden Mondteil außenrum eine Klebespur und klebten alle Teile nacheinander zusammen. Pontenegro jubelte: „Jipie, der Mond ist wieder ganz." Max entschied sich: „Ich glaube, lieber Pontenegro, ich bleibe für immer bei dir."

Die beiden waren sehr zufrieden, dass der Mond wieder ganz war, und sie blieben für immer und ewig die besten Freunde.

Emilia Schalk
Grundschule Thierhaupten, Klasse 4 b

Der Urwald

Ich liege auf der Wiese in meinem Garten. Auf einmal bin ich eingeschlafen. In meinem Traum sitze ich jetzt auf einem Baumstumpf. Doch was ist das? Der Baumstumpf ist im Wasser! Um mich herum ist eine schöne Palmenwelt. Ich springe vom Baumstumpf. Da ist ein merkwürdiger Vogel. Ich gehe weiter in die Palmenwelt hinein. Jetzt entdecke ich erst den Fuchs. Anscheinend will er mir etwas zeigen. Ich gehe weiter. Und plötzlich bin ich in einer Fallgrube! Ich wache auf. Ich liege im Garten. Alles war nur ein Traum

Clara Kubiciel
Grundschule Gessertshausen, Klasse 2b

Flaschenpost

Hallo, du da! Ich bin Jule, und ich bin elf Jahre alt und habe einen Traum. Ich habe diese Flaschenpost geschrieben, weil ich jemandem meine Wünsche erzählen wollte. Vielleicht hast du ja die gleichen Wünsche? Eigentlich habe ich zwei Wünsche. Ich wünsche mir einen Hund. Egal welchen. Hunde sind tolle Tiere. Ihnen kann man sehr viel beibringen. Hunde sind auch sehr schlau, spielen und kuscheln gerne. Mein zweiter Wunsch ist Frieden. Frieden auf der Welt und zwischen den Menschen. Dass kein Krieg mehr ausbricht und dass kein Mensch mehr seine Heimat und sein Zuhause verlassen muss. Ich wünsche mir, dass alle Menschen friedlich zusammenleben können. Ohne Angst und Armut. Und ich habe noch einen dritten Wunsch. Ich wünsche mir ein bisschen Magie und Zauberei auf der Welt. Das manchmal auch unmögliche Dinge passieren können.

Dass Tiere mit einem sprechen können oder dass man plötzlich etwas kann, was man davor noch nie gekonnt hat. Das sind meine Wünsche. Ich hoffe ich habe dich mit meiner Flaschenpost inspiriert und du denkst über meine Wünsche nach. Vielleicht wünscht du dir ja auch einen Hund oder findest, dass manchmal ein bisschen Magie alles ein wenig schöner machen würde.

Deine Jule

Jule Hobl
Staatliches Gymnasium Königsbrunn, Klasse 5e

Der Hase und der Luchs

Es war einmal ein kleiner Hase. Der Hase hatte einen Alptraum und konnte deshalb nicht schlafen. Er ging zum Luchs und fragte: „Kannst du mir bitte helfen?" Der Luchs war eigentlich schon zu müde, um dem Hasen zu helfen. Aber der Luchs sagte: „Ich kann dir eine Geschichte erzählen." Der Hase schlief dabei sofort ein. So ging das mehrere Wochen, bis der Hase eines Abends nicht zum Luchs kam, um sich erzählen zu lassen. Der Luchs wartete und wartete und ging schließlich zum Bau des Hasen, um nachzusehen, wo der Hase blieb. Dieser schlief bereits und wachte auf, als er den Luchs hörte. Der Luchs fragte: „Darf ich dir vorlesen? Ich fühle mich so einsam und kann ohne dich nicht einschlafen." Der Hase freute sich sehr, dass auch er dem Luchs helfen konnte und so schliefen beide ein. Auch der Helfende braucht manchmal Hilfe.

Marie Repasky
Grundschule Ustersbach, Klasse 3a

Albtraum

Ich saß hier Tage oder Stunden
Im Albtraum ist mir die Zeit entschwunden
Hinter mir Kreischen und Singen sie
Als wollten sie mich zerfleischen
Ich folge gespannt dem traurigen Lied
Sie kreischen nun lauter, dass ja niemand flieht
Doch ich war so erschöpft wie ein Niedergehauner
Ich keuchte wie ein Luftbeklauter.
Ich ging an sterbenden Leuten vorbei
Ihre Wehklagen und Schreie lasten wie Blei
Doch bald werde ich bei ihn liegen
Um mich schmerzhaft in den Tod zu wiegen.

Von oben erschlug mich ein kleiner Wicht
Und schon erfasste mich das warme Licht
Schwesterlein meinte du brauchst nicht zu schaun
Das war alles nur ein böser Traum.

Amelie Stöckl
Montessorischule, Klasse Pegasus 8

Mein Pokémon-Traum

Am Wochenende habe ich von Pokémons geträumt.
In meinem Traum war ich selbst ein Pokémon. Ich war der Drache Glurak.
Er ist ziemlich stark und kann fliegen. Ich flog zu einer großen Wiese. Dort
waren viele Arten von Pokémons versammelt. Ein Pokémon davon war
Bisaflor. Er wollte gegen mich kämpfen. Die anderen Pokémons machten
uns Platz und schauten bei unserem Kampf zu. Bisaflor griff mich mit So-
larstrahl an. Ich konnte gerade noch ausweichen. Nach einem langen
Kampf besiegte ich Bisaflor. Plötzlich hörte ich meinen Wecker klingeln
und wachte auf.
Leider war es nur ein Traum.

Sebastian Knoll
Grundschule Fischach-Langenneufnach, Klasse 3d

Die Brotzeitdose

Eigentlich schimpft mich meine Mama immer, wenn ich meine Brotzeitdose nicht rechtzeitig zum Spülen gebe. Diesmal habe ich mich aber
selbst übertroffen.
Ich musste meinen Schulranzen nach den Sommerferien aufräumen. Die
Arbeitsschritte waren folgende: Staub abwischen, durchklopfen, alle Fächer durchsuchen und eventuell sauber kriegen.
Also habe ich mich an die Arbeit gemacht, alles ordentlich geleert, ge-
klopft, gesäubert. Nur war da noch diese eine Tasche ganz vorne. Die war
richtig zu, und der Verschluss mit dem Nici-Tierchen hat ein wenig ge-
klemmt.
Das Tierchen hat mich recht blöd angeschaut, als ich mit der Zange von
der Werkstatt meines Vaters zurückgekommen bin. Na warte, dachte ich
mir, dich kriege ich noch auf. Mit ein wenig angemessener Gewalt und das
ganz ohne dem Tierchen den Kopf abzureißen, war die Tasche doch offen.
Und dann ... Oh Du Schreck! Da war sie! Meine Brotzeitdose! So schön

glänzend, wie ich sie noch in der letzten Woche vor den Ferien in Erinnerung hatte. Nur der Inhalt …

Der Inhalt schien durch die dünnen Wände ein bisschen dunkler geworden zu sein. Und ich glaube, er hat sich sogar verflüssigt. Wie konnte denn das passieren? Ich nahm die Dose vorsichtig aus der vorderen Tasche des Schulranzens heraus. Oh je, es hat schon geblubbert.

Na gut, dachte ich mir, jetzt kommt der Moment der Wahrheit. Ich musste die Dose aufmachen und reinschauen. Ich habe den Deckel vorsichtig geöffnet. Der Anblick hat mich überwältigt.

Alles drinnen war ein bisschen vernebelt wie eine Landschaft aus einem historischen Film. Ich habe noch nie so viele Töne von Grün gesehen. Von blass wie Salbei bis fast tiefschwarz. Fast wie eine Schuhsole, nur mit ein wenig Glanz.

Ich sah kleine Flüsse, die durch die Hügel aus grüner Masse schwammen. In der Mitte von dem Ganzen bemerkte ich eine kleine Höhle. Sie war ziemlich tief, mit feinen Rändern. Und ich schwöre, da war ein Türchen! Ein kleines braunes Türchen.

Und dann konnte ich dieses „la la la la la la" hören. Irgendwie kannte ich es. Das Türchen öffnete sich. Ich hielt den Atem an.

Alles was ich im ersten Moment gesehen habe, waren die großen Augen voller Überraschung.

„Wer bist du?", habe ich gefragt. Das Wesen starrte mich verblüfft an.

„Eine Schlumpfine?" Keine Antwort.

„Papa Schlumpf?" Auch keine Antwort.

Hmm …

Und dann hörte ich diese Stimme: „Hast Du Zehennägel?"

„Zehennägel"? Echt jetzt?

„Ja. Ich habe einen solchen Hunger …", sagte die Stimme leise.

Ach, du lieber Schieber. Und was jetzt? Kommt das Wesen heraus aus meiner Brotzeitdose und knipst mir meine Zehennägel ab? „Nichts wie weg damit", dachte ich mir. Ich wollte die Dose sofort zumachen, aber ich stolperte an der Teppichkante und das Innenleben aus der Dose flog durch das ganze Zimmer Richtung Wand. Oh weiha …

Auf einmal war alles still. Ich lag auf dem Bauch noch mit der leeren Dose in der Hand.

Ich hob den Kopf. Der Picasso-würdige Fleck auf der weißen Wand war imposant. Ich wollte von meinen Knien aufstehen und dann spürte ich es. Es knabberte etwas und zwar an meinen Füßen. Ich drehte mich um. Das kleine Wesen biss sich schon durch meine Socke bis zu meinen großen Zehen. Seine Zähne waren scharf wie von einem Piranha …

Und dann bin ich in Ohnmacht gefallen.

Zwei Tage später, nachdem ich aufgewacht war, haben mich meine Eltern vom Krankenhaus abgeholt. „Eine schwere Schimmelpilzvergiftung", sagte der Arzt. Aber hoffentlich ohne bleibende Schäden.

Seitdem bin ich sehr vorsichtig, wenn sich der Inhalt meiner Brotzeitdose undefinierbar verfärbt …

Josefina Kreszentia Schmid
Staatliches Gymnasium Königsbrunn, Klasse 5c

Traumland

Ein Ort, an dem ich immer sicher bin,
wo Geborgenheit und reinste Sehnsucht beginnt.
Alles ist möglich in meinem Reich,
doch muss ich bedenken, ist das nur ein Streich?
Es scheint mir so unrealistisch, so perfekt und fehlerlos,
hier finde ich in Gedanken viel Trost.
Keine Sorgen, die mich beschäftigen und plagen,
frei davon muss ich nicht mehr klagen.
Ruhe und Frieden werden hier vereint,
sodass die Welt mir makellos scheint.
Abenteuer lassen mein Herz schneller schlagen,
ist es gefährlich, es dennoch zu wagen?
Normalerweise gehe ich nicht so weit,
doch mein Innerstes fühlt, ich bin bereit.
Mit voller Energie gleite ich durch Raum und durch Zeit,
aber dann merke ich langsam, es ist bald soweit.
Was passiert nun, ich kann es nicht glauben.
Der Morgen wagt es, meinen Traum mir zu rauben.

Nicole Peter
FOS Neusäß, Klasse A 11 b

Unser Traum

Als wir vom Erdbeben in Syrien gehört haben, hatten wir den Traum, dass kein Mensch mehr vernachlässigt wird und dass es keinen Krieg mehr gibt. Wir wachten mitten in der Nacht auf und dachten darüber nach, wie die Erde sei, wenn alle Menschen so sein können, wie sie sind und jeder Nein sagen kann. Wir hatten den Traum, dass jeder fröhlich sein kann, dass Freunde anderen helfen, dass kein Mensch wegen seiner Meinung unterdrückt wird und kein Kind mehr arbeiten muss. Wir träumten, dass die Menschheit eine tolle Gemeinschaft ist, dass alle mitgeholfen haben, sichere Häuser zu bauen, die stabil gegen Erdbeben und Tsunamis sind, auch in Japan, Indonesien und vielen weiteren Ländern. Wir hatten den Traum, dass arme Menschen mit Lebensmitteln versorgt werden und alle ein Dach über dem Kopf haben. Wir wünschten, dass alle Menschen sich ihre Träume erfüllen können und ein Dach über dem Kopf haben. Und wie Martin Luther King, dass es keinen Rassismus mehr gibt.

Jakob Hartmann, Daniel Glück, Benno Schubert
Staatliche Realschule Neusäß, Klasse 5e

Böse Träume

An einem sonnigen Samstagmorgen ging ich mit meinem Hund Fluffy im Hundepark spazieren. Er spielte fröhlich mit den anderen Hunden. Doch auf dem Rückweg bemerkte ich, dass Fluffy sehr schwach war. Als wir zu Hause waren, legte er sich erschöpft in sein Körbchen. Das war sehr merkwürdig, da wir ja sonst auch immer diese Runde gingen. In den nächsten Tagen wurde Fluffy immer schwächer. Ich machte mir große Sorgen um ihn. Nach einer Woche brachten meine Eltern ihn in die Tierklinik, um ihn untersuchen zu lassen. Bei dieser Behandlung kam heraus, dass er Rattengift gefressen hatte. Nach dieser Nachricht war ich sehr traurig und fragte mich: „Wird er wieder gesund?" Als ich abends in meinem Bett lag, dachte ich daran, wie wir vor zwei Jahren nach Australien gezogen sind. Zum Umzug durften sich mein Bruder und ich jeweils ein Tier aussuchen. Da sich mein Bruder schon immer eine Katze wünschte, bekam er seine Bengalkatze Sydney, und ich meinen Goldendoodle Fluffy. Seitdem waren Fluffy und ich beste Freunde.

Doch nun war er sehr krank, deshalb konnte ich in dieser Nacht nicht besonders gut schlafen. Ich träumte davon, dass Fluffy starb und wir ihn in unserem Garten beerdigten. Schweißgebadet und weinend wachte ich auf. Ich sah auf die Uhr. Es war halb drei. Ich ging in die Küche und holte mir ein Glas Milch. Auf einmal stand meine Mutter vor mir, und ich erzählte ihr, was ich geträumt hatte. Sie umarmte mich und begleitete mich in mein Bett zurück. Am nächsten Tag in der Schule war ich total verwirrt. Blöderweise wurde ich auch noch in Geographie ausgefragt. Mrs Miller fragte mich, was das höchste Gebäude der Welt war. Eigentlich wusste ich die Antwort, sagte aber etwas völlig Falsches. Vor Scham lief ich aufs Klo, aber eigentlich war ich einfach so traurig wegen Fluffy, und ich fing erneut an zu weinen. Dann ging ich ins Sekretariat und ließ mich abholen. Zu Hause legte ich mich in mein Bett und dachte darüber nach, was wohl sein wird, wenn Fluffy nie wieder gesund wird? Später rief ich meine beste Freundin Lilly an. Sie fragte: „Hi, Sophie, alles okay mit dir? Du klingst so traurig." Da erzählte ich ihr alles, und sie fragte, ob sie vorbeikommen solle. Dann gingen wir zusammen in den Park. Lilly durfte sogar bei mir übernachten, damit ich nicht so allein war. In dieser Nacht träumte ich wieder diesen schrecklichen Traum. Wir standen unter dem großen Magnolienbaum in unserem Garten. Vor uns lag Fluffy in einem von uns gegrabenen Loch. Tot. Als ich ihm sein Lieblingsfutter ins Grab legte, weckte mich Lilly. Sie merkte wohl, dass ich wieder diesen Traum hatte. Diesen Traum träumte ich immer wieder erneut. Doch nach ein paar Tagen änderte sich mein Traum plötzlich. Ich tobte mit Fluffy durch den Garten. Er war wieder gesund, und das Grab unter dem Magnolienbaum war verschwunden. Nach diesem Traum war ich wieder glücklicher. Mittlerweile ist es schon ein Monat her, dass wir Fluffy in die Tierklinik brachten. Jedoch gab es keinen einzigen Anruf aus der Klinik. Deshalb dachte ich mir, dass es vielleicht doch noch Überlebenschancen gibt. Am nächsten Tag nach einem erneuten schönen Traum, saß Fluffy schwanzwedelnd auf meinen Beinen und schleckte mein Gesicht ab. Er war wieder gesund, und meine Eltern haben ihn heimlich abgeholt. Nach ein paar Wochen war er wieder ganz der Alte und tobte mit mir im Garten herum.

Emma Schwarz, Lena Mettler, Magdalena Steffe
Justus-von-Liebig-Gymnasium Neusäß, Klasse 6d

Der zauberhafte Traum

Wie immer ging ich nach einem langen Schultag nach Hause. Ich erledigte meine Hausaufgaben, aß etwas, spielte ein bisschen Videospiel und ging schlafen. Aber als ich heute ins Bett ging und einschlief, wachte ich in einer farbenfrohen und nicht ganz realitätsgetreuen Welt auf. Alles war viel bunter und lebendiger. An mir ritten zwei wilde Pferde vorbei. Was mich sehr wunderte, da überall jegliche Tierarten harmonisch und friedlich zusammenlebten. Und es gab keinerlei Anzeichen von Zivilisation. Anfangs stand ich nur wie angewurzelt da, weil ich von der Schönheit der Landschaft und der wilden Tiere beeindruckt war. Plötzlich hörte ich ein leises, Bumm! Es war ein Apfelbaum der gerade ein Apfel fielen ließ. Ich lief langsam zum Baum hin, ich hob den Apfel auf und biss hinein. Aber zur meiner Verblüffung, schmeckte er nach gar nichts. Zu dem Zeitpunkt wurde mir klar, dass ich träumte. Ich wusste, dass ich nicht viel Zeit habe. Als mir Plötzlich einfiel, dass ich alles mit meiner bloßen Vorstellungskraft erschaffen kann. Als erstes aß ich alle Eissorten, die es gibt, aber leider schmeckten alle gleich. Danach hörte ich mir eine Vorlesung von Albert

Einstein über die Relativitätstheorie an. Ich spielt eine Schachpartie gegen Magnus Carlsen. Wie erwartet, bin ich gegen ihn gnadenlos untergegangen. Nach unser Partie zeigte er mir noch ein paar Tipps und Tricks. Mir fiel ein, dass ich nicht mehr viel Zeit habe, und mir kam in den Sinn, dass ich immer schon mal mit einem Porsche mit 400 km/h über die Autobahn brettern wollte. Dies tat ich auch. Ich fuhr los. Nach kurzer Zeit erreichte ich schon die 300 km/h. Der Tacho stieg und stieg , nun war ich kurz vor den 400. 397, 398, 399, und 400! Ich hab's geschafft. Ich war überglücklich. Plötzlich wachte ich auf, und mein ödes Leben ging weiter. Aber dafür hatte ich einen mordsmäßigen Spaß genossen.

Daniel Papp
Mittelschule Zusmarshausen, Klasse 8aM

Der Traum

Ein Traum kommt und geht.
Ein Traum kann auch bleiben und in Erfüllung gehen.
Ein Traum kann schön aber auch schlecht sein.

Dawid Hudalla
Franziskus-Schule Gersthofen, Klasse 8b

Mein Traum vom Ball im Moulin Rouge

Ich bin schon so gespannt, wer er ist, geschweige denn, wie er aussieht und was er von mir hält. Ich hoffe, er kommt überhaupt, denn ich habe mir extra mein pinkfarbenes Lieblingskleid, meinen schönsten und ausergewöhnlichsten Hut und den weichen Pelzkragen meiner Großmutter angezogen.
Sie stand über eine halbe Stunde nur da und wartete auf den mysteriösen Briefschreiber, mit dem sie schon Monate lang heimlich Briefe schrieb. Ihre Eltern durften davon nie etwas erfahren, denn wenn sie dies wüssten, würden sie die beiden zur Hochzeit drängen. „Wir schrieben uns doch schon solange miteinander, also wieso kam er nun nicht zu unserem ersten Treffen?"
Die Blicke fielen alle auf Miss Ottilia Whistledown, da sie ohne Begleitung auf einem Ball im Moulin Rouge war, so sah es zumindest aus. Doch die Blicke verschwanden schnell wieder und fiehlen auf Rosé Dawn und ihre Begleitung, da sie in der Mitte des Ballsaals so ungelenk tanzten, und Rosé Dawn ihren Rock hochhob. „So ein Desaster, sie hatte allem Anschein zu nach, nie richtig tanzen gelernt." Ottilia wartete immer noch auf den mysteriösen Mann, bis eine tiefe männliche Stimme sie von hinten fragte, ob

sie tanzen möchte. Sie drehte sich um und sah einen gut aussehenden Mann mit kurzem, schwarzem, lockigem Haar. Es war der Herzog von Bradford. Sie sah ihm tief in seine dunkelbraunen Augen, lehnte aber freundlich ab und sagte: „Ich warte noch auf jemanden." Der Herzog erwiderte: „Aber er ist noch nicht hier. Sie könnten mir doch den einen Tanz gestatten, bis ihr „Jemand" hier ist, Miss Whistledown." „Nun gut, aber nur den einen Tanz." Sie gab ihm ihre Tanzkarte und er trug sich ein, dann gingen sie auf die Tanzfläche und tanzten einen langsamen Walzer zusammen. Ottilia sah dem Herzog in seine tief dunkelbraunen Augen und war hin und weg. Sie roch das Aftershave, das er vor dem Ball aufgetragen hatte. Es hatte eine harzige, holzige Duftnote. Er sagte zu ihr: „Wer eine Lady so lange warten lässt, ist kein richtiger Gentleman." „Es könnte etwas dazwischen gekommen sein oder sowas in der Art", antwortete sie verzweifelt. „Nun, es ist nichts dazwischengekommen. Ich wollte nur sichergehen, das Sie kommen." „Was! Sind Sie der mysteriöse Briefschreiber?", fragte sie ihn erstaunt. „Oh, der mysteriöse Briefschreiber. Der Name gefällt mir. Aber wenn das heißt, dass ich die Briefe an sie geschrieben habe, dann ja", erwiderte er schelmisch „Nun ja, auf dem ersten Ball in dieser Saison tanzten Sie mit Lord Kahnond und das sah so verbunden und echt aus und dann war für mich die Sache vorbei." Sie fing an, leise zu kichern und sagte: „Hätten sie doch schon früher etwas gesagt, denn als ich Sie das erste Mal sah, wo sie mit meinem ältesten Bruder Krocket spielten, habe ich mich in Sie verliebt, aber Sie waren für mich so unerreichbar, ich bin doch nur eine kleine Adlige." Sie sahen sich tief verliebt in die Augen und gingen von der Tanzfläche, denn der Tanz war vorbei. In diesem Moment kam ein helles Licht, und Ottilia wachte aus ihrem Traum auf. Es waren die warmen Sonnenstrahlen, die durch das kleine Fenster neben ihrem Bett in ihr ganzes Zimmer strahlten. Sie war traurig, dass der Traum nun endete. Sie hätte gerne erfahren, wie es weitergeht.

Annika Huber
Staatliche Realschule Zusmarshausen, Klasse 8e

Freundschaft

Ich schloss meine Augen und öffnete sie wieder. Überall war Licht, und es sah alles so magisch aus. Am Himmel sah ich viele Sterne tanzen und plötzlich standen sie still. Es sah wie eine Schrift aus:

„Schätze oder Licht."

Ich habe mich für Schätze entschieden und fand mich auf einmal in einem goldenen Käfig wieder. Überall waren Schätze auf dem Boden.

Um den Käfig waren Lichter, die versuchten, den Käfig aufzubekommen. Doch leider gaben sie alle nacheinander auf und es wurde immer dunkler. Ich fing an zu weinen und schrie um Hilfe, da ich es erst jetzt begriffen hatte: Ich war gefangen.

Ich weinte noch mehr und setzte mich an den Rand des goldenen Käfigs. Ich weiß nicht, wie lange ich dort saß, aber irgendwann sah ich in weiter Ferne ein Licht, das auf mich zukam, und ich hatte wieder Hoffnung. Ich hörte auf zu weinen, den jetzt kamen von überallher Lichter. Langsam nahmen sie eine menschliche Form an und ich erkannte, dass es meine Freunde waren. Einer streckte seine Hand aus, und ich versuchte, sie zu greifen, doch es klappte nicht, und ich fing wieder an zu weinen, weil ich Angst hatte, erneut allein zu bleibn. Ich strengte mich nochmal an, und schließlich konnte ich die Hand ergreifen.

Ich wurde geblendet und der Käfig zersplitterte in Tausend Einzelteile: Ich war frei!

Und dan wurde ich nochmal gefragt. Doch dieses Mal wußte ich es besser. Meine Freunde waren mir wichtiger als alles Gold der Welt.

Abigail Hochstöger
Mittelschule Welden, Klasse 7a

Lisa und das Meer

Nachdem Lisa eingeschlafen war, wachte sie in einem riesigen Ozean auf. „Wo bin ich?", fragte sie sich.

Plötzlich schwamm ein Pufferfisch auf Lisa zu und fragte sie: „Kannst du mir helfen?".

Völlig entgeistert sagte sie: „Du kannst sprechen?"

„Natürlich", antwortete der Pufferfisch. „Aber das ist jetzt egal", sagte er weinerlich, „Mein Freund Flipper, der Delfin, ist verlorengegangen. Wahrscheinlich hat ihn das Haivolk entführt."

Lisa sagte: „Ok, aber lange bekomme ich keine Luft mehr."

„Nimm diese Kräuter, dann kannst du länger unter Wasser atmen", erklärte der Pufferfisch.

Lisa fragte: „Wie heißt Du eigentlich?"

Der Fisch antwortete: „Ich heiße Puffi."

Lisa antwortete: „Und ich heiße Lisa".

Eine Stunde lang schwammen sie und schwammen sie. Endlich kamen sie an. Zwischen den Haien zu schwimmen, war nicht einfach.

Und da war Flipper! Zum Glück konnte Lisa ihn zwischen dem Haigetümmel entdecken.

Lisa fragte: „Wie können wir ihm helfen?"

Puffi überlegte kurz: „Vielleicht könnten wir den Hai da drüben dazu bringen, das Schloss zu knacken?"

„Probieren wir es aus", sagte Lisa.

Und es klappte, der Hai schwamm auf sie zu, die beiden wichen ihm aus und der Hai rammte das Schloss und Flipper war frei.

Als sie aus der Haibasis zurückkamen, wachte Lisa in ihrem Bett auf.

Ben Neugebauer
Grundschule Westheim, Klasse 3a

In der Stadt der Drachen

Ich wurde von einem lauten Geräusch aufgeweckt. Es klang als würde jemand eine eintausend Jahre alte Truhe öffnen, die nur noch aus Rost bestand. Ich schaute mich verwirrt um. Ich konnte nichts erkennen, also knipste ich das Licht an. Mit einem Mal sah ich ein kleines Loch im Boden meines Zimmers. Ich wollte mir die Sache genauer anschauen, also stieg ich aus dem Bett und ging zum Loch. Als ich durch das Loch blickte, sah ich erst nur rot und schwarz. Meine Augen gewöhnten sich langsam an das Licht. Jetzt sah ich die Landschaften einer Welt. Einer anderen, unbekannten Welt. Plötzlich wurde das Loch im Boden immer größer und ich fiel hinein.

Ich fiel rasend schnell auf die andere Welt zu. „Rumms!" Ich schlug hart auf dem Boden auf und wurde ohnmächtig. Als ich wieder zu mir kam, schaute ich mich verwirrt um. Ich brauchte eine ganze Weile, um mich wieder zu sammeln. Um mich herum waren Berge. Ich ging los, um die Berge zu erkunden. Nach einer Weile entdeckte ich einen kleinen Lavasee. Erstaunt schaute ich ihn mir genauer an. Aber jetzt sah ich anstelle meines Spiegelbildes das Bild eines großen Drachen im See. Erschrocken drehte ich mich um, doch dort war niemand. Mir kam ein schrecklicher Verdacht. Als ich meine Hände anschaute, lief mit ein kalter Schauer über den Rücken. Ich hatte statt Fingern scharfe rote Klauen. Ich hatte mich, während ich ohnmächtig war, in einen großen roten Drachen verwandelt. Da kam mir der Gedanke, dass es auch Vorteile hat, ein Drache zu sein. Wenn ich jetzt pustete, spuckte ich Feuer. Und wenn ich mich richtig anstrengte, schaffte ich es, meine riesigen Flügel zu bewegen und drei Meter in die Luft zu steigen. Das machte Spaß. „Juhuu!" Jetzt war ich besonders hoch gestiegen - geschätzte zehn Meter. Ich versuchte, mich in der Luft fortzubewegen. Ja! Es klappte. Ich war dreißig Meter weit geflogen und sicher wieder gelandet. Toll! Ich konnte fliegen!

Aber jetzt wollte ich die Umgebung weiter erkunden. Ich flog immer weiter in eine Richtung, bis mir ein anderer Drache entgegenkam. Er war grün, etwas kleiner als ich und sah nett aus. Ich winkte ihm zu und er flog zu mir. „Hallo!", rief ich ihm zu. Er grüßte zurück. „Wo geht es hier zum nächsten Ort?" Der Drache antwortete: „Wenn du zehn Minuten in diese Richtung fliegst, kommst du nach Drachencity." „Danke und tschüss!", rief ich ihm noch zu und flog in die Richtung, in die er gezeigt hat. Nach zehn Minuten sah ich viele große erleuchtete Türme. Aha, das war also Drachencity, interessant. Ich beschloss, weiter in die Drachenstadt hineinzufliegen. Nach einer Weile sah ich ein riesiges schwarzes Schloss mit roten Streifen. Als die Wachen, die Drachen also, die vor dem sechs Meter hohen und vier Meter breiten Eingangstor standen, gerade nicht aufpassten, schlüpfte ich schnell durch das große Tor in eine beeindruckende Eingangshalle. Aus einem Raum in der Nähe hörte ich eine tiefe, laute und donnernde Stimme: „Wir müssen diesen Jungen unbedingt finden!" „Oh, oh, ich glaube, die Stimme meint mich", dachte ich. „Jawohl, Meister, natürlich, Meister!", hörte ich jetzt eine ängstliche Stimme. Sie kam mir bekannt vor. Schrecklich bekannt. Sie klang wie die Stimme des netten Drachen von vorhin, der mir den Weg nach Drachencity beschrieben hatte. Wahrscheinlich arbeitete der Drache für die tiefe Stimme und hatte Angst vor ihm oder ihr.

Ich musste ihn befreien, aber wie? Ich schlich an die Tür heran. „Da, da liegt doch etwas auf dem Boden", dachte ich mir. Es sah nach einem großen Stück Holz aus. Jetzt hatte ich einen Plan. Ich öffnete die Türe einen Spalt breit. Jetzt sah ich die, die in dem Raum waren: einen riesengroßen, schwarzen Drachen mit gefährlich aussehenden, blitzenden, lavafarbenen Augen und tatsächlich auch den netten Drachen von vorhin. Der große Drache saß auf einem Thron aus massivem, purem Gold. Er schaute gerade nicht zur Tür. „Jetzt oder nie!", dachte ich und startete mit meinem Plan: Ich schob das große Holzstück so weit, bis es vor mir lag. Dann pustete ich es an, damit es Feuer fing. Ich hob es vom Boden und ging auf die halb offene Tür zu. Das Feuer war zwar warm, doch es tat mir nichts. Anschließend warf ich das brennende Holzstück mit voller Wucht auf den großen Drachen und versteckte mich blitzschnell hinter der Tür. Der große Drache fing jetzt fürchterlich an zu brüllen. Er brüllte rasend vor Wut: „Wer war das?", und stürzte aus der Türe heraus. Jetzt brauchte ich nur noch den anderen Drachen. Ich kam vorsichtig aus meinem Versteck und winkte ihm zu. „Du?", fragte er erstaunt. „Ja, ich!", sagte ich und grinste breit. Dann schlug ich vor: „Komm, lass und abhauen!" Mein neuer Freund antwortete: „Au ja!" Wir rannten durch die große Eingangshalle in Richtung des Tores. Polter, polter! „Oh nein, der schwarze Drache kommt", schrie ich. Jetzt waren wir schon fast beim Tor. Nur noch zehn Meter, noch fünf ...

Ich riss das große Tor auf und wir flogen in die dunkle Nacht hinein, die inzwischen hereingebrochen war. „Verdammt nochmal!", schimpfte ich. „Ich glaube, dein Chef hat unsere Schwanzspitzen noch gesehen, denn er folgt uns." Wir gaben Vollgas und flogen mit circa 450 km/h in Richtung des blutroten Mondes. Als wir auf ihm landen wollten, tat sich unter uns ein großes, schwarzes Loch auf und wir flogen hinein. Wir fielen tiefer und immer tiefer.

Am nächsten Morgen wachte ich in meinem Zimmer auf. Neben mir lag ein nett aussehender Junge, der tief und fest schlief. Ich weckte ihn und sagte: „Guten Morgen!" „Guten Morgen", sagte er verschlafen.

Eine Woche später: Mein Leben ist wieder ganz normal, bis auf die Tatsache, dass ich einen sehr guten neuen Freund habe, der jetzt bei meiner Familie und mir lebt. Er hat mir auch erklärt, warum der große Drache mich unbedingt finden wollte: Anscheinend hat er in einem Buch gelesen, dass Menschen für Drachen gefährlich sind und er hatte Angst, dass ich den Thron einnehmen würde. Aber fragt mich nicht, wie er herausgefunden hat, dass ich genau zu dieser Zeit gekommen bin. Ich glaube, er hat das schwarze Loch gesehen, durch das ich in seine Welt gefallen bin.

Karl-Johann Walther
Grundschule Kutzenhausen, Klasse 4a

Meine Traumzukunft

Gestern Abend lag ich in meinem Bett und dachte ein wenig über meine Zukunft nach und was ich in meinem Leben so für Ziele habe.

Ich dachte darüber nach, dass ich später mal auf jeden Fall ins Ausland ziehen möchte, am besten nach Griechenland auf eine Insel, wo es schön warm ist, um dort meine Zukunft zu verbringen.

Wenn ich dann im Ausland lebe, möchte ich dort meine Hochzeit feiern. Mein Kleid sollte ganz weiß sein mit ganz vielen Diamanten und komplett rückenfrei.

Meine Blumen sollten am besten weiß und hellblau sein.

Die Hochzeit möchte ich am Meer auf einer Insel und mit vielen Leuten feiern.

Ein paar Jahre nach meiner Hochzeit, so zwei bis drei Jahre danach, möchte ich meine eigene Familie gründen.

Ich möchte gerne so zwei bis drei Kinder.

Ich möchte mir, bevor ich meine Familie gründe, aber auch mein Traumhaus kaufen. Das würde ganz groß sein mit einem großen Garten, einem

Pool und mit vielen Zimmern ausgestattet sein, um dort mit meiner eigenen Familie zu leben.

Die Kinderzimmer werden ganz groß sein.

Wenn ich ein Mädchen bekomme, wird das Zimmer rosé gestrichen, ein Prinzessinen-Doppelbett und ein großer Schrank für ihre Kleidung und ein Regal mit Kisten für ihr Spielzeug wird es auch geben.

Wenn ich einen Jungen bekomme, wird das Zimmer in babyblau gestrichen, mit einem Doppelbett in weiß. Er bekommt auch einen großen Schrank für seine Kleidung und ein Regal mit Kisten für sein Spielzeug. Bei ihm würde ich noch ein Regal reinstellen, damit er dort seine Schuhe reinstellen kann, die er bekommen wird.

Mein Traumauto, was ich mir auch später mal holen möchte, wäre eine G–Klasse in Neongrün.

Das Auto sollte von innen komplett schwarz sein und in den Sitzen sollte jeweils der Name von meinen Kindern, meinem Mann und mir eingenäht werden.

Nefeli Lazaridou
Mittelschule Langweid am Lech, Klasse 7a

Mein Traum

Ich habe eine Rakete gebaut und bin zum Mond geflogen. Mit meiner Familie. Tagelang. Und eine Weile später sagte mein Papa, wir sind da. Wir stiegen aus und gingen spazieren. Plötzlich entdeckte ich einen Hund. War das nicht Leika? Der Hund, den man mit einer Rakete hierher geschossen hatte. Wir nahmen ihn mit nach Hause und hatten viel Spaß.

Carla Dichtl
Grundschule Gessertshausen, Klasse 2 a

Das blaue Meer

Es war einmal ein kleines Mädchen. Ihre Eltern schickten sie in Bett. Das kleine Mädchen schlief sofort ein und träumte, dass zwei Delfine im blauen Meer schwammen. Sie hießen Sara und Elisabeth. Plötzlich sahen sie etwas in der Nähe zappeln und sie sind hingeschwommen. Es war ein anderer Delfin, der sich in einer Ankerkette verheddert hatte. Der fremde Delfin fragte: „Könnt ihr mir bitte helfen?" Sara und Elisabeth machten ihn los. Der Delfin sagte: „Danke." Sara und Elisabeth fragten ihn: „Wie heißt Du?" und der Delfin antwortete: „Ich heiße Lisa."

„Wollen wir Freunde werden?", fragten Sara und Elisabeth. Lisa bejahte und alle drei schwammen gemeinsam herum und wollten für immer

Freunde sein. Und die Sonne glitzerte auf das blaue Meer herab. Und die Freundschaft hörte niemals auf, bis ans Ende Ihrer Tage.

Elisabeth Strunck
Grundschule Westheim, Klasse 3a

Meine verrückte Traumwelt

Ich hörte ein friedliches leises Summen, während ich mich umdrehte. Ich sah aber nur eine lila Milka Kuh, den Schokoladenbaum, und eine sehr hübsche Blumenwiese. Viele bunte Blumen in Blau, Rot, Gelb, Weiß und in allen Farben des Regenbogens wuchsen dort. Ich war begeistert. Noch nie in meinem ganzen Leben hatte ich sowas gesehen! Ich rannte, ohne etwas zu denken, auf die Wiese zu und genoss den leichten Wind und den Duft der Blumen. Plötzlich summte es wieder. Viele kleine Honigbienen surrten hin und her. Ich lächelte, denn ich war total froh. Aus dem Nichts kam ein Phönix, mit wunderschönen, feuerroten Federn. Er landete neben mir auf dem Boden und ich stieg auf seinen Rücken. Wir flogen immer weiter nach oben, und ein paar Sekunden später waren wir im Weltall. Ufos schwebten hier herum, und ein kleines Ferkel kam angelaufen. Was macht das denn hier?! Als ich es genauer ansah, bemerkte ich, dass es sieben Augen hatte und komisch grinste. Doch plötzlich explodierte es und ich fiel runter auf die Erde, und ich fiel, und fiel, und …
Erschrocken wachte ich auf. Ich kapierte, dass es nur ein Traum war. Zum Glück!

Lili Sallai
Staatliches Gymnasium Königsbrunn, Klasse 5c

Der Auftrag vom weißen Hirsch

Es war einmal ein ganz normaler Abend. Die drei Freundinnen Kevser, Sophia, und Theresa machten an diesem Abend eine Übernachtungsparty bei Kevser. Sie schauten bis spät in die Nacht Harry Potter an. Nach einer Weile schliefen sie ein.
Eine halbe Stunde später wachten sie plötzlich von einem grässlichen Schrei auf. Die drei Freundinnen schauten nach. Sophia sagte: „Schaut mal, wir haben vergessen, den Fernseher auszuschalten." Sie machten den Fernsehen aus und versuchten weiterzuschlafen. Nach einer Stunde wachten sie wieder wegen eines grässlichen Schreis auf. Alle drei hörten den Schrei aus dem Keller. Sie hatten große Angst, gingen aber trotzdem in den Keller. Sie öffneten ganz vorsichtig die Kellertür und leuchtend blaue Augen starrten ihnen entgegen. Sie machten langsam und leise das

Licht an und sahen einen leuchtend weißen Hirsch. Der Hirsch sprach leise zu ihnen und sagte: „Habt keine Angst, ich habe einen wichtigen Auftrag für euch! In der Welt der Träume sind die schlimmsten Albträume ausgebrochen. Ihr müsst schlafen damit ihr die Albträume einfangen könnt." Die drei Freundinnen sagten: „Wir übernehmen den Auftrag." Sie gingen wieder schlafen. Ungefähr nach vier Stunden wachten sie vom weißen Hirsch auf. Er sagte: „Gut gemacht, ihr habt den Auftrag gut gemeistert. Hier, ihr bekommt von mir magische Medaillons. Damit kann ich euch wieder rufen, wenn etwas passiert." Die drei Freundinnen nahmen die Medaillons und gingen wieder schlafen. Am nächsten Morgen wollten sie die ganze Geschichte erzählen, aber die Eltern glaubten es ihnen nicht.

Sophia Aumann, Theresa Pröbstle, Kevser Narin Demircan
Grundschule Altenmünster, Klasse 4b

Der Computerspieltraum

Am Abend spielt Jakob in seinem Zimmer mit seiner Spielkonsole. Computerspielen ist eine seiner Lieblingsbeschäftigungen. Als es spät wird, schickt ihn seine Mutter ins Bett. Sie muss ihn fast immer ermahnen, nicht so lange Videospiele zu spielen. Er putzt sich schnell seine Zähne und zieht sich um. Als er dann im Bett liegt, überlegt er, welches Spiel er sich als Nächstes kaufen möchte. Dann schläft er ein.

Plötzlich fühlt er sich ganz seltsam. Er schaut sich um und erkennt, dass er sich in einer anderen Welt befindet. Als er sich genauer umsieht, bemerkt er, dass er in einem seiner Videospiele gelandet ist. In der Ferne sieht der Junge eine Rennbahn. Er läuft hinüber und ist begeistert von den vielen tollen Rennwagen. Gleich möchte er einen davon ausprobieren. Da sieht er an der Startlinie Super Mario und Luigi. Die beiden erkennt Jakob sofort. Er fragt die zwei Freunde, ob er bei einem Rennen dabei sein darf. Sie sind einverstanden und zeigen ihm sein Auto. Es ist ein beeindruckender grüner Rennwagen. Er hat große, dicke Reifen und sogar einen Turboboost. Jakob ist ganz aufgeregt, steigt gleich ein und macht eine Probefahrt. „Wow, der fährt schnell. Das macht Spaß", ruft er. Kurz darauf stehen alle Teilnehmer am Start. Jakob reiht sich auch ein. Sobald die Ampel auf Grün steht, rasen alle los. Der Junge ist gut dabei. In der dritten Kurve überholt er sogar Luigi. Somit ist er auf dem zweiten Platz. Vor ihm fährt nur noch Mario. Jakob gibt Gas. Er möchte unbedingt gewinnen. Das Kopf-an-Kopf-Rennen mit Mario wird nun immer spannender. In der letzten Runde aktiviert er dann noch seinen Turboboost. Kurz verliert er die Kontrolle über seinen Wagen und fliegt fast aus der Kurve. Zum Glück schafft er es im letzten Moment zurück auf die Strecke und kommt knapp vor Mario ins Ziel. „Gewonnen", jubelt Jakob laut.

Da befindet er sich plötzlich wieder in seinem Bett. Er bemerkt, dass er alles nur geträumt hat. „Was für ein verrückter Traum", denkt Jakob. Er ist froh, wieder wach zu sein. So ein Autorennen ist sehr aufregend aber auch ziemlich gefährlich. Der Junge denkt nun an die Worte seiner Mutter und nimmt sich fest vor, in Zukunft nicht mehr jeden Tag bis spät in die Nacht mit Computerspielen zu verbringen.

Felix Elvinger
Grundschule Aystetten, Klasse 4a

Träume, die Feuer

Träume sind Feuer, die nie erlöschen. Sie brennen in deinem Herzen, in deiner Seele und deinem Verstand. Sie entfachen eine Sehnsucht, die dich meist auf dunkle, neblige Pfade führt. Und dennoch schreitest du voran. Einen Schritt nach dem anderen. Es wird nicht lange dauern, bis du mit Tränen im Gesicht und vor Angst und Verzweiflung auf dem Boden kauerst. Doch dein Herz zwingt dich weiterzugehen, zu groß ist die Sehnsucht. Bis du endlich im Nebeltal dein Licht, deinen Traum erreichst und ihn in den Händen hältst.

Mein Traum ist es, Menschen zu helfen ihren Weg durch das Nebeltal zu finden.

Marie Therese John
Mittelschule Zusmarshausen, Klasse 8a

Der Traum – Eine Jugendgeschichte

Es war einmal ... ah, ich weiß, das mit dem „Es war einmal" ist übertrieben! Aber es ist ein guter Anfang, eigentlich.

Ist ja auch egal! Um welches Thema geht es nochmal? Ah, um den Traum, der Traum ist verschiedener als meine Socken.

Im Traum kann man Sachen machen, die lustig, traurig oder dumm sind, genauso wie ich! Im Traum kannst du zocken, im Traum kannst du trinken, rauchen, feiern, und wenn du aufwachst, ist es zu Ende wie diese Geschichte.

Sankung Sillah
Helen-Keller-Schule Dinkelscherben, Klasse 6Gb

Lebensgefährliche Liebe

Kai lebte mit seiner Familie in Hamburg, aber im Moment war er am Meer campen. Eines Tages, als er am Strand saß, sah er ein umwerfend schönes Mädchen. Ab dem Moment hatte er nur noch Augen für sie. Er ging zu ihr und fragte stotternd: „W-w-was ist d-d-das für ein Fischschwanz?"
„Das ist kein echter Schwanz!", antwortete sie. „Man kann damit atmen."
„Das war nur -", fing sie an. Doch Kai ließ sie nicht ausreden. „Und wie heißt du eigentlich?", erkundigte er sich.
„Lucy", log sie und versuchte abzuhauen.
„Und übrigens, ich find dich echt - ääh - fischig – nein, nicht fischig, sondern - meerjungfrauig - !", versuchte er es weiter, doch Lucy wandte sich bereits von ihm ab.
„Die hält sich wohl für was Besseres! Ich habe doch nur einen Traum, dass sie mich mag. Aber, naja!", dachte er.
Doch da fiel ihm die rettende Idee ein.
Noch in dieser Nacht war in Lucys Haus eine in schwarz gehüllte Gestalt zu sehen, die irgendetwas klaute. Es war etwas Fischiges.
Am Tag darauf war Kai wieder am Strand unterwegs. Er zog sich etwas an, dass meerjungfrauig aussah. Kai stieg ins Wasser, versuchte zu schwimmen, doch er konnte nicht.
Er strampelte! Nichts! Kai kam einfach nicht an die Wasseroberfläche zurück!
Er schrie blubbernd: „Hilfe, ich gehe unter! Hilfe, hört mich denn keiner?"
Im selben Moment wollte Lucy ihre Schwanzflosse holen, doch sie war nicht da, wo sie sein sollte. Lucy hatte einen Verdacht und rannte an den Strand. Keine Sekunde zu früh, denn Kai hatte viel zu viel Wasser geschluckt. Schließlich dachte er, man könnte jetzt, wo er die Schwanzflosse anhatte, unter Wasser atmen.
Er dachte sich: „Ich hatte nur einen Traum, nur einen und das wurde daraus?" Das gleiche dachte sich Lucy auch gerade, aber Kai wusste das ja nicht. Er wurde bewusstlos. Kai hatte nicht mehr viel Zeit.
Doch zum Glück kam Lucy gerade an, die mit ihrer Vermutung richtig lag. Sie sprang kopfüber ins Wasser und knallte volle Kanne mit ihrem Arm an einen der vielen Steine. Doch das war ihr egal. Sie hatte Besseres vor, als zu heulen - Kai, den Jungen ihrer Träume, zu retten.
Sie versuchte, ihn hochzuziehen, aber leicht war er nicht. Als sie es endlich geschafft hatte, wusste sie nicht, ob es zu spät war: „Wach auf, wach auf!"
Nach wahnsinnig langen zwei Minuten erwachte er endlich und sah sich um. Sie schauten sich in die Augen und sagten wie aus einem Munde:

„Mein einziger Traum ist, dass du mich magst!" Und Lucy fügte hinzu: „Ach ja, mein richtiger Name ist Kim."

„Der passt auch viel besser zu dir", erwiderte Kai grinsend.

Lina Straub, Rosa Di Santo, Lea Engelmayer
Grundschule Bobingen an der Singold, Klasse 4a

Mickeys Traum

Dein Traum:
Du, Mickey, hast einen Traum
und er lässt dir weder Raum
noch Platz
für dich selbst.
Dein Traum ist, alles für ihn zu sein,
alles für ihn, der ganz allein
alles ist
für dich.
Die Menschen nennen dich eine Träumerin,
sie sehen in deinen Träumen keinen Sinn,
doch das stimmt
für dich nicht.
Denn das einzige, was dir Freude bringt,
ist der, der dir Liebeslieder singt,
obwohl er
dich nicht kennt.
Du träumst dich hinein in seinen Arm,
weg von Kummer und weg von Harm,
tief hinein
ins Paradies.
Du kennst nur, was er selbst von sich zeigt,
das Schlechte dir wohl verborgen bleibt
hinter Mauern
aus Glitzer und Glanz.
Du weißt eigentlich, sie haben Recht,
eure Verbindung, sie ist nicht echt,
nicht real,
nur dein Traum.
Du weißt, dein Traum, er ist unmöglich,
doch genau danach bist du süchtig,
nach dem Gefühl
nichts zu sein.

Du steckst fest, in diesen Zwängen,
kannst diese Träume nicht verdrängen,
obwohl sie
dir nur schaden.
Denn sie sind für dich ein Rettungsast,
an dem du ihn einst aufgehängt hast,
den Schmerz,
den unendlich großen Schmerz
der Vergangenheit.
Du willst aufatmen
dich rausatmen
aus der Hölle
deiner Gedanken.
Du versuchst es durch das Träumen,
doch damit wirst du nur versäumen,
was wirklich
zählt für dich.

Mein Traum:
Wenn eine Sternschnuppe von den Sternen fällt
wünsche ich mir nichts mehr auf der Welt
als Glück
für dich.
Mein Traum ist, dass du nichts mehr versäumst,
und dass du von etwas anderem träumst,
einen Traum
mit Raum
und Platz
für dich selbst.
Ich will mit dir Freude tanken,
denn zu viele Sorgen ranken
und wuchern
um deine Seele.
Ich versuche, dich festzuhalten,
wenn die schwarzen Schatten, die kalten
dich ziehen
in ihr Dunkel.
Doch du fliegst zu hoch und fällst zu tief,
so tief, dass, wenn ich nach dir rief,
mein Echo

gleich verklang.
Komm, meine mutige Mickey-Maus!
Du schaffst es aus dem Loch heraus
mit neuen
echten Träumen.

Miriam Nolte
Justus-von-Liebig-Gymnasium Neusäß, Klasse Q12

Traum

Lerne aus der Vergangenheit, Träume von der Zukunft, aber lebe im hier und jetzt.

Stella Kolomiichuk
Grundschule Zusmarshausen, Klasse 4a

Der Wunsch der Katze

Eines Abend konnte ich mal wieder nicht einschlafen. Ich dachte noch lange über den Tag nach. Endlich schlief ich ein und eine aufregende Traumreise begann.

Es war dunkel und ich bemerkte, dass ich in einem düsteren Wald stand. Meine Beine zitterten, als ein kalter Wind um mich herum weht. Ich fror, und ein unbehagliches Gefühl stieg in mir auf. Ich war allein! Doch nun erblickte ich einen hellen Lichtstrahl, der nur wenige Meter von mir entfernt war. Ich rannte hin und entdeckte unter einem Holzstamm etwas wimmern. Da schauten mich zwei ängstliche, grüne Katzenaugen an. Ich hob den Stamm an, um sie zu befreien und sofort sprang sie mir in meine Arme. Ich überlegte mir, ob ich sie mitnehmen sollte? Ja, sagte ich mir. „Sonst erfriert das Kätzchen noch im Wald." Deshalb nahm ich sie mit nach Hause.

Am nächsten Morgen, als ich aufwachte, erzählte ich meinen Eltern den Wunschtraum nach einer Katze. Sie versprachen mir, meinen Wunsch nach einer Katze zu erfüllen.

Thomas Leutenmaier
Mittelschule Zusmarshausen, Klasse 8aM

Hoffnungsblick

Wenn ich groß bin, möchte ich mal unter Wasser leben und trotzdem Luft bekommen. Ich stelle mir vor, mir ein eigenes Haus tief auf dem Meeresgrund zu bauen, mit einem geheimen Eingang, den nur ich kenne. Wenn ich dieses Haus betrete, gehe ich durch eine geheime Tür, dahinter ist ein großes, rundes Fenster, durch das ich schauen kann. Von dort aus sehe ich die ganze Welt. In dieser Welt gibt es keinen Krieg, alle sind glücklich und gesund, alle sind gleich und führen zusammen ein schönes Leben. Das wäre mein größter Traum.

Linus Heinzel
Mittelschule Fischach-Langenneufnach, Klasse 5bgzt

Seifenblasen-Fantasie

Ich liege in dem weichen Flaum,
Barfuß fühle ich die weichen Strände.
Da schlaf ich gut und träum `nen Traum,
Leider geht ein jeder mal zu Ende.
Der Traum spielt mit der Fantasie,
Mit all den Farben und den Sinnen.
Und singt die schönste Melodie,
Lässt das Dunkle schnell entrinnen.
Wie eine Seifenblase schwebe ich davon,
Ganz leicht und ohne Sorgen.
Wärmen mich die Strahlen der Sonn,
Träume ich bis in den Morgen.

Nele Reichel
Staatliches Gymnasium Königsbrunn, Klasse 5c

Mein Traum

In meinem Traum ist viel passiert,
ich hab' studiert und applaudiert.
Selber kann ich's schwer beschreiben,
ich stand auf den grünen Weiden
und fotografierte die beiden ... Kühe ...
Das war eine Mühe,
denn in diesem Traum
stand vor ihnen ein großer Baum.
Ich kam nicht herum,
denn ich war zu dumm.
Drum krümmte ich mich vor Leiden
wegen den beiden.
Schließlich schaffte ich es doch,
denn im Baum war ein Loch.

Das war mein Traum,
ich glaub es kaum.

Marlene Schamböck, Sarah Elser, Kiara Frech
Justus-von-Liebig-Gymnasium Neusäß, Klasse 6d

Der Tischtennisprofi

Ich wollte unbedingt mit dem besten Tischtennisspieler der Welt spielen.
Ich habe am 06.03. ein Spiel, habe ihn eingeladen und gewartet und ge-
wartet.
Jeden Tag habe ich darum gebetet, dass er kommt.
Zufällig habe ich Ma-long dann auch auf Instagram, Tic-Toc und You Tube
gesehen und versucht, ihn noch einmal anzuschreiben.
Es hat lange gedauert. Aber endlich! Nach ein paar Stunden hat er mir zu-
rückgeschrieben.
Das Problem. Ma-long ist ja ein Chinese und er hat chinesisch geschrie-
ben.
Ich habe ihn gefragt, ob er englisch sprechen kann und tatsächlich. Er hat
auf englisch geantwortet.
Das hat mich so riesig gefreut.
Wir haben hin und her geschrieben. Und plötzlich war es ausgemacht,
dass er mit dem Flugzeug nach Deutschland kommt und mir beim nächs-
ten Turnier hilft.
Es war so cool, dass Ma-long ja gesagt hat.
Und heute ist es so weit. Heute ist der 06.03. Um 18 Uhr beginnt unser
Spiel. Das Flugzeug hatte Verspätung und Ma-long kam erst um 17.30
Uhr, um uns warm zu machen. Aber egal. Er hatte es geschafft!
Das Spiel ging bis um 21.30 Uhr. Wir haben 20:0 gewonnen und uns riesig
gefreut. Dank Ma-long habe ich den Siegerpokal gewonnen und der Po-
kal ist aus Gold. Aus echtem Gold. Gold … Gold …
Dann bin ich plötzlich aufgewacht.
Und jetzt bin ich ein wenig traurig, weil es sich so echt angefühlt hatte.
Aber es war leider nur ein Traum gewesen.

Marlon Filser
Christophorus-Schule Königsbrunn, Klasse 6

Mein Traumfänger

Ein Traumfänger ist ein wunderschönes Schutzamulette, das von den In-
dianern erfunden wurde. Der wunderschön geflochtene Kranz mit Federn

geschmückt dient als Fänger von bösen Träumen und schlechten Gedanken. Damals hatte ich einen pinken Traumfänger an der Wand über meinem Bett hängen. Heute weiß ich, dass mein Traumfänger die schönsten blauen Augen hat, die ich jemals gesehen hatte. Egal wie düster mein Leben mir erschien, er war da. Er brachte Licht in mein Leben und machte mir in all den traurigen Momenten meines Lebens Hoffnung. Eine Umarmung reichte aus, um alles aufhellen zu lassen. Er nahm mir jegliche Angst und Sorgen. Er holte mich jedesmal aufs Neue aus meinen Albträumen. Ich schaute in seine Augen und verlor mich in einem wunderschönen Ozean, voller Leben, Licht und Liebe, sodass all meine Probleme verschwanden. Er brachte mich zum Lachen, aber verurteilte mich nicht, als ich weinen musste. Er war da und fing meine Albträume ein, als ich aufgeben wollte. Noch nie spürte ich so eine besondere Verbindung und so ein großes Verständnis. Niemals hätte ich gedacht jemand könnte mich je so lieben, wie ich es verdient hätte. Ich hätte nicht einmal für möglich gehalten, dass ich überhaupt geliebt werde. Aber dann war er da, machte mir Hoffnung, holte mich aus meinem finsteren Loch voller Trauer und zeigte mir, wie sehr ich doch leuchte und wie sehr ich es verdient habe, mich nicht aufzugeben. Ich liebe meinen Traumfänger, dafür dass er mich liebt und meine Albträume einfängt, wenn ich nicht weiter weiß.

Anna Christina Nemeth
Staatliches Gymnasium Königsbrunn, Klasse 9d

Mein Traum

Seitdem ich laufen kann, tanze ich schon. Ich tanze bei mir zu Hause, auf der Straße und einfach überall. Mein Traum ist es, damit erfolgreich zu werden und auf den großen Bühnen dieser Welt zu tanzen. Ich stelle mir vor, ein Teil einer coolen Dance-Company zu sein und vor viel Publikum aufzutreten. Bei meinen Auftritten möchte ich schöne Kostüme tragen, die im Scheinwerferlicht glitzern. Am liebsten tanze ich Showdance. Klassisches Ballett hat mir noch nie so richtig Spaß gemacht. Hoffentlich erreiche ich meinen Traum, denn dann wäre ich sehr glücklich.

Elisabeth Tusch
Grundschule Neusäß am Eichenwald, Klasse 4b

Die Ziege im Traumland

Es war einmal eine Ziege. Die war in einem Traumland. Sie konnte bis in die Wolken springen. Sie konnte sogar in Limolava baden. Sie entschloss sich, auf Reise zu gehen. Sie sprang über einen Mond, dann in einen Vulkan, von wo sie von einer Fontäne bis zum Pluto geschleudert wurde. Da hat sie mit einem Drachen Picknick gemacht. Danach ist sie mit einer Rakete zurück zur Erde geflogen. Sie landete genau auf einem Trampolin. Dann ist sie bis ins Schlaraffenland geschleudert worden. Sie futterte die köstlichsten Dinge.

Plötzlich wachte sie auf und bemerkte, dass sie in ihrem Stall beim Gasthof Fuchs war. Die Essensreste schmeckten ihr heute besonders gut. Vielleicht weil sie so schön geträumt hatte.

Theo Schwarz
Grundschule Steppach, Klasse 1a

Träume können Wirklichkeit werden

Liebes Tagebuch,
heute bekamen wir unsere Noten von der letzten Klausur heraus. Ich hatte gehofft, dass es eine gute Note werden würde. Aber ich lag voll daneben, ich hatte eine 5- geschrieben. Als ich zu Hause war, da wusste ich schon, dass meine Eltern nicht sehr fröhlich sein würden, wenn ich ihnen diese Note mit nach Hause brachte. Und ich hatte recht. Sie waren sehr enttäuscht und „enttäuscht" ist noch schlimmer als „sauer". Ich lief mit Tränen hoch in mein Zimmer. Sofort legte ich mich in mein Bett und versuchte einzuschlafen, um aus diesem schrecklichen Albtraum wieder aufzuwachen. Ich fing an zu träumen:
Dass ich eine 1 oder wenigstens eine 2 geschrieben hätte, dass Mama und Papa mir einen Hund und viele Süßigkeiten kaufen würden. Dann wäre alles anders, ich hätte keine Probleme, keine Streitigkeiten, und alles wäre perfekt.
... Dann wachte ich auf, Mama saß neben mir auf dem Bett und sagte, das könne mal passieren. Und sie gab mir eine kleine Schachtel mit Süßigkeiten. Und ab diesem Zeitpunkt war die Welt wieder völlig in Ordnung für mich.

Ida Bobinger
Staatliches Gymnasium Königsbrunn, Klasse 5c

Frau Bergtaler und die Kirschbonbons

Mein größter Traum ist ein ziemlich komischer Traum. Ich wünsche mir, dass ich meine Spanischlehrerin Frau Bergtaler loswerde:
Also, ich sitze montags mal wieder im Spanischunterricht und langweile mich zu Tode. Als Frau Bergtaler dann von diesem und jenem spricht, was

wir eigentlich schon hätten machen müssen, kommt mir auf einmal die „brillante" Idee, es einmal auszuprobieren, ob man es schaffen kann, in einen Schulranzen zu klettern. Da meine Lehrerin gerade an der Tafel „klebt" und den langweiligsten Hefteintrag, den ich je gesehen habe, aufschreibt, probiere ich es aus. Ich ziehe meine Schuhe aus und steige mit den Füßen voraus in das vorderste und kleinste Fach von meinem Schulranzen. Plötzlich werde ich wie von Zauberhand in den Schulranzen gezogen. Ich, so dumm wie ich bin, schreie laut: „Ahhh!" Frau Bergtaler dreht sich sofort um und sieht noch, wie meine Arme und mein Kopf im Schulranzen verschwinden. Sie kommt in Windeseile angerannt und sagt, ich solle bitte wieder herauskommen. Weil ich es aber sehr schön in meinem Ranzen finde, denke ich mir: „Ich komme lieber erst später raus, wenn Spanisch vorbei ist, dann muss ich den Hefteintrag nicht mitschreiben." Naja, so dumm ist meine Lehrerin leider nicht. Also zieht sie ihre Schuhe auch aus und steigt mir hinterher. Tja, an dieser Stelle bin ich dann schlauer und bereite schnell eine Falle vor: Ich habe eine Dose mit Kirschbonbons, und da wir klein gezaubert wurden, kann man ohne Probleme hineinklettern. Ich mache die Dose auf und warte, bis Frau Bergtaler kommt. Als sie die Dose mit den leckeren Bonbons sieht, kann sie wohl nicht widerstehen und klettert hinein, um die Bonbons zu kosten. Als sie drinnen genüsslich ein Bonbon lutscht, schließe ich die Dose und finde mich plötzlich im Klassenzimmer wieder, doch von Frau Bergtaler keine Spur! Und wenn sie nicht irgendwo ins Nirgendwo katapultiert wurde, lutscht sie bis heute immer noch Kirschbonbons.

Miya Engelmohr
Justus-von-Liebig-Gymnasium Neusäß, Klasse 6a

In der anderen Welt?

Als ich im Traum geschlafen hatte, erschien ein Tornado im Bad. Ich wachte im Traum auf und musste auf die Toilette. Als ich dann aber ankam, war dort der Tornado, der mich in eine andere Welt brachte. In dieser Welt war alles anders. Alle Menschen waren Haustiere und Katzen, Hunde und Hasen hatten Menschen als Haustiere. Ich hatte noch einen Beutel Katzenfutter aus der normalen Welt dabei. Ich konnte mir aber nicht denken, warum ich so etwas mitgenommen hatte. Auf einmal verfolgten mich Katzen. Dann warf ich das Katzenfutter auf die Katzen. Sie hörten auf, mich zu verfolgen. Ich hatte mein Handy dabei und rief meine Freunde an. Sie sagten, dass sie dasselbe erlebt hätten. Ich fragte sie: „Wollen wir uns treffen?" Sie antworteten: „Ja!" Wir trafen uns dann in der Schule, die in dieser Welt ein Fischrestaurant war. Dort waren viele Katzen, aber eine Katze konnte deutsch

und katzianisch sprechen. Sie half uns hinaus zu kommen unter einer Bedingung. Wir stimmten zu. Sie brachte uns in ihr Haus. Dort drinnen sagte
sie, dass sie Petersilie heiße. Plötzlich kamen Einbrecher. Es waren Hunde.
Doch Petersilie ließ sich das nicht gefallen und kämpfte. Wir machten
dann mit. Wir siegten schließlich. Die Hunde hatten eine Box dabei, für die
man drei Schlüssel brauchte. Und es gab drei Rätsel, um die Schlüssel zu
bekommen. Auf dem ersten stand: „oben - mitte - unten". Petersilie erkannte es, „o" von oben, „m" von mitte und „u" von unten - Omu. So hieß
der Opa von Petersilie. Wir gingen zu Omu. Er gab uns den ersten Schlüssel.
Auf dem zweiten Rätsel stand: „Dort, wo Katzen gerne essen." Also im Fischrestaurant. Dort war immer ein Schlüssel auf dem Dach. Wir holten den
Schlüssel herunter. Im dritten Rätsel stand: „Nicht vergessen: Hosentasche!".
Wir gingen zu Petersilies Haus und holten den Schlüssel aus der Hosentasche
des Hundes. Wir öffneten die Box und dort drinnen war der Tornado, der
in unsere Welt führte. Wir erinnerten uns an die Bedingung, dass wir Petersilie mitnehmen müssen und ich mich um sie kümmern sollte. Wir gingen
alle in den Tornado. Als ich in der normalen Welt ankam, wachte ich auf.
Alles war nur ein Traum gewesen, den ich nie vergessen werde.

Ludwig Nadler
Staatliches Gymnasium Königsbrunn, Klasse 5c

Meine Traumgeschichte von Freundschaft und Schutz

Eines Tages hatte ich einen Traum, es war kein normaler Traum, der Traum
war für mich sehr außergewöhnlich und ich habe so etwas noch nie zuvor
geträumt.
Nachdem ich von der Schule nach Hause gekommen war, bin ich in mein
Zimmer gegangen und habe mich entspannt und zufrieden auf mein Bett
gelegt. Der Tag in der Schule war ermüdend und lange, so dass ich innerhalb von ein paar Minuten eingeschlummert war, ohne es zu merken.
Ich dachte, ich wäre wach und würde nicht schlafen, aber als ich meine
Augen öffnete, schwamm ich plötzlich in warmem, kristallklarem Wasser
und hatte meine Taucherbrille auf dem Gesicht und meine Schwimmflos-
sen an den Füßen. Ich glitt in dem lauwarmen Wasser langsam vor mich
hin, ab und zu tauchte ich mit meinem Gesicht unter die Wasseroberfläche, um die Fische und was unter mir im Wasser war, zu beobachten. Als
ich wieder nach unten sah, leuchtete etwas Schimmerndes im Wasser. Ich
tauchte hinunter und fand eine auf einem Stein liegende, weiss schimmernde, geöffnete Muschel. In ihrem Inneren lag eine perlmuttfarbene
glänzende Perle, welche ich in meine Hand nahm, und in meine kleine
Tasche stecke, welche um meinen Bauch gebunden war.

Plötzlich hörte ich ein außergewöhnliches Geräusch unter Wasser, es kam von einem Delfin ganz in der Nähe, welcher in einem Netz feststeckte. Er quietschte und bewegte sich wild hin und her, weil er sich nicht von alleine befreien konnte. Über uns war ein riesengroßes, unheimliches, dunkles Schiff. Es hatte das Netz ins Wasser geworfen, um Fische zu fangen oder um Jagd auf Delfine zu machen. Der Delfin fiebte ganz fürchterlich und war verängstigt. Die Piraten hatten ihn gefangen und er konnte nicht mehr fliehen. Schnell holte ich mein Messer aus der Halterung an meinem Band und schnitt das Netz an einer Stelle kaputt. Durch das Loch schwamm der Delfin raus, bevor die Piraten das Netz an Bord holten und ich ihn nicht mehr hätte retten können. Dann ging alles ganz schnell. Von der linken Seite kam plötzlich eine riesige, unheimliche Krake auf uns zu. Sie warf mehrere ihrer schweren Tentakeln quer über das große Schiff, um es damit in die Tiefe zu ziehen. Es war wohl eine Freundin des Delfins. Sie wollte ihn damit beschützen und ihm zu Hilfe kommen. Obwohl sie sah, dass er dem Netz entkommen war, wollte sie sich an den Piraten rächen.

Das Schiff fing fürchterlich an zu schaukeln und zu wackeln, und mit einem lauten Knirschen und dem Geräusch von brechendem Holz zerbrach das Schiff in zwei Hälften. Alle Piraten sprangen aus Schreck und vor Angst über Bord und schrien nach Hilfe.

Das Schiff ging mit allem unter und sank in die Tiefe bis zum Meeresgrund. Niemand konnte den Piraten jetzt noch helfen. Sie schrien nach Hilfe und versuchten, sich an den kaputten Schiffsteilen festzuklammern. Sie versuchten, die Krake zu beschwichtigen und riefen ihr zu, dass sie wunderschön sei, und sie den Delfin nicht gefangennehmen wollten. Sie versuchten, die Krake zu besänftigen, damit sie alle verschont würden. Aber die Krake wollte ihre Freundin, den Delfin, beschützen und hatte mit den Piraten kein Erbarmen. Sie packte einen nach dem anderen mit ihren Tentakeln und drückte ihn unter Wasser, alle ertranken quallvoll und starben.

Ich war sehr geschockt und hatte große Angst, aber der Delfin war neben mir und versuchte mich zu beruhigen.

Dann schwamm die Krake auf uns zu und schaute uns lieb und freundlich an. Sie freute sich, dass ihre Freundin, der Delfin, am Leben war. Und auch mich akzeptierte sie, obwohl ich ein Mensch war und im Meer nichts zu suchen hatte, aber ich hatte ihre Freundin gerettet und ihr geholfen, aus dem Netz zu entkommen.

Wir waren froh, dass wir keine Angst mehr haben mussten und die bösen Piraten ihre Strafe für ihr Handeln bekommen hatten.

Die Krake war sehr nett und überhaupt nicht böse, aber als sie ihre Freundin in Gefahr sah, musste sie etwas unternehmen.

Ich hatte den Delfin zwar rechtzeitig aus dem Netz befreien können und beide waren glücklich darüber, dass ich das getan hatte, aber sie hatten Angst, dass diese Männer das noch einmal versuchen würden.

Wir schwammen danach gemeinsam im Meer und tauchten nach anderen Dingen, die ich noch sammeln konnte und waren froh dass keiner mehr da war, der uns bedrohte oder uns Angst machte.

Dann wachte ich auf und stellte erleichtert fest, dass ich in einen tiefen Schlaf gesunken und alles Erlebte nur ein Traum war.

Ich konnte nicht ganz glauben, was und dass ich so etwas geträumt hatte. Das war meine Traum-Geschichte über Freundschaft und Schutz.

Melissa Jesse
Mittelschule Schwabmünchen, Klasse 5ag

— Überhörte Sprache —

– Hommage an die Blindheit des modernen Menschen –
Eine Gefühlsschlacht in meinen Träumen jede Nacht,
Doch oftmals, als ich aufgewacht,
Hat sich jene Welt, von Ablenkung zerdacht,
Zunichte gemacht.
Unvollbracht und mit meiner Ratio ganz zersetzt,
Habe ich mich zum Denken noch nicht gesetzt.
Stattdessen fühl ich mich nur gehetzt,
Gedanken durch Unterhaltung ersetzt
Und mithin nutzlos Zeit abgewetzt.
Nur abgelenkt und die entzückende Wirklichkeit verdrängt,
Somit durch Sinnlosigkeit den Geist gekränkt
Hab ich der Sprache der Träume den Blick gelenkt verschränkt.
Aber nein, ich bin nicht allein mit dieser unterschätzten Pein.
Denn uns Menschen betrifft dies allgemein.
Zuhören sollten wir also fein,
denn es macht mir den Anschein,
als verrieten Träume viel übers Dasein.
Denn wenn wir den Chören der Träume zuhören,
finden wir üppige Bäume blühend von Wahrheit
Und über unseren Geist Klarheit.

Simon Dumberger
Staatliches Gymnasium Königsbrunn, Klasse 9a

Die Worte der geheimnisvollen Frau

Als ich auf dem riesigen Kreuzfahrtschiff im kühlen, blauen Wasser schwamm, bedeckte auf einmal eine gigantische schwarze Wolke die strahlende Sonne. Plötzlich prasselten dicke Regentropfen auf das Sonnendeck. Als es kurz darauf anfing zu donnern und zu blitzen, schnappten alle Passagiere ihr Badezeug und stürmten panisch ins Schiffinnere. Auch meine Eltern und ich rannten schnell in das überfüllte Treppenhaus und ab da an in Richtung unserer schönen Kabine. Da es bald Abendessenszeit war, machten wir uns gemütlich fertig. Frisch geduscht schlüpfte ich in mein altrosa farbenes, langes Kleid. Als ich die Tür öffnete, warteten meine Eltern bereits auf mich. „Elena, in dem Kleid siehst du aus wie eine kleine Ballerina", staunte mein Vater. „Das ist ja auch mein Traum!"
Hand in Hand gingen wir in den imposanten Speisesaal. Beim Bestellen des Menüs stellte mein Vater geschockt fest, dass er seinen Geldbeutel vergessen hatte. „Ich laufe schnell zurück und hole ihn", bot ich an. „Findest du allein den Weg? Nicht, dass du dich noch verläufst", fragte meine Mutter mit besorgter Stimme. Ich antwortete mit ja, und lief schnellen Schrittes aus dem Saal. Ganz in Gedanken, wie es wohl ist, eine Ballerina zu sein und vor vielen Menschen zu tanzen, übersah ich eine merkwürdige Frau. Ihr kleiner, molliger Körper war in bunte Tücher gehüllt. An ihren Fingern befanden sich dicke, goldene Ringe, die mit großen, roten Steinen besetzt waren. Mit einer geheimnisvollen, rauen Stimme flüsterte sie mir die Worte „Diese Nacht wird magisch sein. Sie wird dein Leben verändern. Ich spüre das" ins Ohr. Voller Angst sprintete ich zu unserem nicht mehr weit entfernten Zimmer. Bevor ich die Tür aufschloss, drehte ich mich um. Der Gang war leer. Ich fand den dunkelbraunen Geldbeutel auf der Kommode neben der Tür. Mit Knien wie aus Wackelpudding lief ich hektisch den menschenleeren Gang entlang. Zum Glück war ich schnell bei meinen Eltern und so konnten wir das Abendessen genießen.
Als ich pappsatt ins Bett fiel, musste ich an die Worte der gruseligen Frau denken. Ich grübelte eine Weile darüber nach, bis mir schließlich die Augenlider zufielen. Mein Traum in dieser Nacht handelte davon:
Meine Schritte führten mich durch die menschenleeren Flure des Schiffes. Als ich dem Theatersaal immer näherkam, trugen mich meine Beine wie von Zauberhand geführt in den edlen Saal. Auf der hohen Bühne standen gerade zwei kleine Mädchen und sangen ein Lied. Plötzlich stand die merkwürdige Frau dicht neben mir. Sie flüsterte mir die Worte ins Ohr: „Los, du bist gleich dran." Sie schob mich vorsichtig in den Backstagebereich, wo mich ein breiter Security Mann schon erwartete. Er drückte mir

ein mit kleinen Steinchen besetztes Tutu in die Hand. Mit einem Affenzahn sprintete ich in die Umkleide und zog mich blitzschnell um. In diesem Moment wusste ich, was ich zu tun hatte. Tanzen! Als ich zurückkam, stellte mich der Security Mann nach ganz vorne in die Reihe. Zugleich stand ein etwa 13-jähriger Junge mit einem Papagei auf der Bühne. Mein Kopf kreiste in Gedanken. Soll ich etwa tanzen? Plötzlich war ich mir gar nicht mehr sicher, was ich hier machte. Langsam aber sicher fingen meine Hände an zu zittern. Meine Beine fühlten sich wie Wackelpudding an und ich musste aufs Klo. Nach einiger Zeit verließ der Junge mit dem bunten Vogel auf dem Arm die Bühne. Unsicher tapste ich vor das Mikrofon, welches noch schnell weggeräumt wurde. Die Musik setzte ein und mein Körper bewegte sich wie von selbst im Takt der Musik. Die ganze Angst viel von mir ab. Plötzlich streifte mich etwas an der Wange. Da ich beim Tanzen die ganze Zeit meine Augen geschlossen hatte, riss ich sie auf und starrte in das Gesicht meiner Mutter, die mich anlächelte.

Es war schon später Nachmittag, und ich hatte den ganzen Tag über meinen Traum gegrübelt. Als wir vom Schwimmen kamen, liefen wir durch die große Empfangshalle. Da sah ich es: Ein Plakat, so groß wie eine Elefantendame, hing an der schneeweißen Wand. In leuchtenden Farben prangte der Schriftzug: Dein Talent ist uns wichtig! Heute 17.00 Uhr, im Großen Theatersaal!

Handelte mein Traum von dieser Talentshow? Sollte ich dort mitmachen? Was hatten die Worte von der seltsamen Frau damit zu tun? Tausend Fragen schwirrten in meinem Kopf wild umher. Lange nachdenken konnte ich aber nicht, denn meine Eltern zogen mich schon weiter.

Noch ein bisschen irritiert betrat ich unsere Kajüte und wurde von meinen Eltern in die Dusche geschickt. Ich hängte meinen gelben Bikini über das strahlend weiße Waschbecken und zog ein großes Handtuch vom Handtuchhalter. Als ich aus der dampfenden Kabine kam, hing mein wunderschönes hellblaues Tutu, welches ich in meinem Traum trug, über dem Handtuchhalter. Erschrocken wich ich zurück. Soweit ich es mitbekommen hatte, hatte es niemand aus meiner Familie in unsere schweren Koffer gepackt. Merkwürdig war auch, dass keiner das Ballettkleid ins Bad gebracht hatte. Vor meinem inneren Auge schwebte immer wieder das Plakat aus der Eingangshalle. Meine Augen wanderten zu dem Tutu, meine Hände umfassten es ganz fest. Voller Tatendrang zog ich es an. Meine Füße bewegten sich wie von selbst aus dem kleinen Bad. Ich rief meinen Eltern noch kurz zu: „Tschüss!" Verdattert schauten sie mir hinterher, doch ich war schon aus dem Zimmer. Ich lief immer schneller in Richtung des imposanten Theatersaals. Meine Beine trugen mich wie von selbst und als ich vor der Anmeldung stand, flossen meine Worte wie ein Wasserfall aus meinem Mund. Als mich die nette Dame nach einer Unterschrift meiner Eltern fragte, stockte mir der Atem. „Ich bin die Mutter. Ich kann unterschreiben." Wo kam sie so plötzlich her? War sie mir gefolgt? Wir passierten die große Eingangstür. Vor uns lag ein riesiger Backstagebereich. Ich stellte mich in die noch nicht allzu lange Schlange. Ungeduldig wartete ich darauf, dass der Moderator mich auf die Bühne rief. Ich konnte mich überhaupt nicht konzentrieren: „Und jetzt begrüßen sie mit einem großen Applaus die 11-jährige Elena." Zaghaft tapste ich auf die Bühne. Alle meine Zweifel waren verflogen, als die Musik einsetzte. Ich tanzte. Es fühlte sich so gut an. Das ganze Publikum sah verzaubert aus. Leider setzte das Ballettstück zum letzten Höhepunkt an und wurde anschließend immer leiser. Ich hüpfte mit leichten Schritten von der Bühne. Nach etwa einer Stunde hatten alle Kinder ihr Talent gezeigt und der Moderator kündigte die Siegerehrung an: „Der dritte Platz geht an Jannes mit seinem Papagei. Der zweite, meine Damen und Herren, geht an Elena, die uns alle mit ihren Ballettkünsten verzaubert hatte." Mit gedämpfter Stimme hörte ich noch, dass die Zwillinge Sophie und Sophia mit ihrem Gesang überzeugt und den ersten Platz gemacht hatten. Mein Kopf brummte. Ich hatte den zweiten Platz gemacht. Den Leuten gefiel meine Darbietung. Vielleicht werde ich einmal ganz groß rauskommen.

Marie Artmann, Theresa Hochrein
Dr.-Max-Josef-Metzger-Realschule Meitingen, Klasse 8b

In einem Traum

Einmal, in einem Traum,
da hatte ich einen Bart aus Schaum.
Wann anders hatte ich ein Tier,
welches glücklich war bei mir.
Irgendwann verreiste ich mit dir,
dennoch sind wir wieder hier.
Auch Aliens habe ich gesehen,
konnte sie nur nicht gut verstehen.
Sie zeigten mir einen geheimen Raum,
da lag ein Buch, das hieß „DER TRAUM".

Christian Zeiträg
Staatliches Gymnasium Königsbrunn, Klasse 6f

pferdehof Sonneneck

Frieda, ein elfjähriges Mädchen mit rotblonden Locken und vielen Sommersprossen, lebte auf einem Pferdehof. Der Pferdehof hatte den Namen „Pferdehof Sonneneck". Sie lebte dort mit ihrer Schwester Mia und ihrem Bruder Leon. Mias Pferd hieß Ilwa, Leons Pferd hieß Iwan und meins Arabia. Das Pferd von meiner Mutter hieß Kleopatra und das von meinem Vater Kramel. Als es an einem Samstagabend schon sehr spät war, rief mir meine Mutter zu: „Frieda, gehst du bitte ins Bett, es ist schon sehr spät!" „Okay", sagte ich. Es war sehr heiß und darum hatte ich Arabia noch eine kleine Dusche gegeben. Ich zog mich um, und war schon in wenigen Minuten eingeschlafen.

Ich träumte davon, dass ich mit meiner Familie auf einem Bauernhof lebte. Wir haben ganz viele Tiere, nämlich Ziegen, Schafe, Hühner, Kühe und natürlich Pferde. In einer Nacht schlich eine schwarze Gestalt ums Haus. Sie schaute sich jedes einzelne Pferd genau an. Bei meiner Arabia blieb sie stehen, blickte sich mehrmals um und entführte sie schließlich. Ich hörte ein Wiehern. Ich sprang aus den Federn und galoppierte mit Karamel hinterher. Ich sah schon von Weitem, dass meine Arabia riesige Angst hatte. „Halt, stopp, stehen bleiben!", rief ich, aber die schwarze Gestalt hörte mich nicht. Ich trieb Karamel an, kam aber nicht an Arabia heran und verlor irgendwann ihre Spur. Ich zitterte am ganzen Körper, bis ich eine feuchte Wiese mit frischen Hufspuren fand. Ich folgte den Spuren bis zum Wasserfall, dort sah ich die beiden. Ich verfolgte sie weiter bis zur Kreuzung, wo ich sie endgültig verlor.

Ich wachte in meinem Zimmer auf und war schweißgebadet. Ich wußte nicht genau, ob ich es bloß geträumt hatte oder ob es in echt passiert war. Auf jeden Fall musste ich nachschauen. Ich warf mir meine Jacke über den Rücken und rannte barfuß zu Arabias Stall. Ein Glück, ich hatte es nur geträumt. Ich ging zu Arabia in die Box und schlief bei Arabia in der Box wieder ein, ohne einen weiteren schlimmen Traum.

Als mich am Morgen meine Schwester weckte, merke ich, dass ich im Stall geschlafen hatte. Als ich meiner Schwester den Traum erzählte, hat mir meine Familie ein extra Schloß für Arabias Boxentür geschenkt, wo nur ich den Schlüssel habe. Ich habe mich riesig gefreut. Am Abend haben wir noch alle zusammen einen Ausritt bei Sonnenuntergang gemacht.

Emilia Mecklenburg
Grundschule Bobingen an der Singold, Klasse 4a

Alles + Nichts

Ein Traum ist ein Ziel ohne Weg.
Ein Wille unterschiedlich stark von Mensch zu Mensch.
Manche möglich, manche nur im Geiste.
Was alle aber verbindet, ist die Hoffnung auf ein besseres und erfülltes Leben.
Manche Träumen von einem Mercedes, die anderen träumen, keinen Krebs mehr zu haben.
Also frag ich euch, ist euer Traum wirklich ein Traum, für den es sich lohnt zu kämpfen oder nur ein Wunsch von Tausenden?
Denkt daran „Du hast Alles und Nichts".
Geht eine Tür auf, schließt sich eine andere.

Anastasia Rekk
Staatliches Berufliches Schulzentrum Neusäß, Klasse F-VK

Ein verrückter Traum

Als ich heute Früh erwachte, musste ich mich erst einmal in meinem Zimmer umschauen. Aber es war alles noch so wie gestern Abend, als ich eingeschlafen bin. Da habe ich verstanden, dass ich eine verrückte Geschichte geträumt hatte – und die ging so:
In den letzten Sommerferien machte ich allein eine Wanderung. Ich ging über eine Blumenwiese und konnte Hasen, Vögel und Insekten sehen. Da kam ich an einer Bank vorbei, auf der ein kleiner, dicker Mann saß, der jammerte. Ich fragte den kleinen dicken Mann: „Warum jammerst Du so, was ist los?" Da sagte er: „Ich bin so erschöpft von meiner Arbeit!" Ich fragte ihn: „Was machst du denn?" Da sagte er: „Ich bin ein Wolkenschubser, die Menschen sind so verrückt, die wollen immer schönes Wetter und Sonnenschein! Weil die Wolken so schwer sind, muss ich sie erst einfangen und aus ihnen das ganze Wasser herausdrücken. Dann sind sie ganz leicht und ich kann sie wegschubsen!" „Aber Du bist doch so klein und die Wolken sind ganz weit oben!", erwiderte ich. „Ich kann mich ganz weit strecken, schau zu!", antwortete er. Er hüpfte von der Bank und stellte sich breitbeinig vor mich hin und streckte seine Arme zum Himmel bis seine Hände eine Wolke berührten. Dann nahm er die Wolke und wurde wieder ganz klein, dabei drückte er die Wolke ganz fest und das Wasser plätscherte auf die Erde und die Wolke war plötzlich ganz klein und federleicht. Er reichte mir die Wolke, die nun aussah wie ein flauschiger Wattebausch und gluckste: „Jetzt bist Du auch ein Wolkenschubser!" Ich nahm die Wolke in die Hand und schubste sie einfach weg. Das war toll, denn die Wolke war federleicht. „Vielen Dank, dass Du mir das gezeigt hast!",

rief ich dem kleinen Männchen nach und ging weiter. Ich schaute nun immer wieder nach oben zu den Wolken, die immer weniger wurden, weil das kleine Männchen so hart arbeitete.

Als ich weiterlief, kam ich an einen Teich. In dem Teich schwamm eine gelbe Ente. Jedoch was war das? Die Ente schwamm mit den Füßen nach oben und mit dem Rücken im Wasser! „Warum schwimmst Du auf dem Rücken?", fragte ich neugierig. Die Ente hörte das, drehte sich um und steuerte in Richtung Ufer. Als sie endlich angekommen war, schnatterte sie: „Wenn ich im Wasser mit den Füßen nach unten schwimme, sind meine Füße immer so kalt, dass ich gleich zittern muss." Da musste ich so sehr lachen, dass ich aufgewacht bin. Später marschierte Ich nach dem Frühstück in den Garten, um zu schauen, wie viele Wolken am Himmel waren. Ich spürte die warmen Sonnenstrahlen, denn am Himmel waren keine Wolken zu sehen. Der kleine dicke Mann hatte sie wohl alle wegeschubst, dachte ich. Danach ging ich zu unserem Pool und da lag eine kleine gelbe Gummiente auf dem Rücken. Was für ein Traum.

Tyler Woodcock
Staatliche Realschule Zusmarshausen, Klasse 6

Komm mit, wir reisen durch Dragora!

Jonathan wachte auf. Verschlafen blinzelte er in die helle Sonne, die über ihm in sein Gesicht schien. Wo war er? Als er sich aufrappelte, sah er, dass er auf einer wunderschönen Wiese stand.

Überall hüpften seltsame Wesen mit langen buschigen Schwänzen, kräftigen Hinterbeinen und riesigen Ohren herum. Weiter in der Ferne sah er eine Art Dachs mit Geweih und um ihn herum wuselten lauter klitzekleine Tierchen mit riesigen Augen. Sie ähnelten Meerschweinchen sehr, doch als er eines dieser Tierchen streicheln wollte fauchte es ihn an. Nun sah er scharfe Zähnchen und unter dem weichen Fell blitzten scharfe Stacheln hervor. Erschrocken zog Jonathan seine Hand zurück. Die Bande der wilden Mäuschen raste davon. Staunend sah Jonathan den Wesen hinterher. Es waren bestimmt über 10.000! Er drehte sich um und erschrak. Vor ihm saß ein Wesen, schon wieder! Es war ungefähr so groß wie eine Hauskatze und sah aus wie ein Fuchs. Es hatte schwarze Haare auf dem Rücken die in einer Reihe wuchsen. Ansonsten war es komplett rot orange. Das Fabeltier hatte schwarze Ohrspitzen, schwarze Pfoten und eine weiße Schwanzspitze. Auf dem Kopf trug es zwei graue Hörner, eines links eines rechts. „Hallo, ich bin Rano-Iono! Du kannst mich auch nur Rano nennen!", sagte das Wesen, das ihn aufgeregt anstarrte. Die Worte, die er über die Lippen brachte, wurden in einem ziemlichen Tempo gesprochen. „Hallo, ich heiße ...", sagte Jonathan. „Jonathan", rief das Wesen froh. „Das steht doch groß auf deiner Zimmertür!" Jonathan starrte das Wesen erstaunt an. „Woher weißt du das alles?" „Ich bin ein Taltar, darum kann ich in die Menschenwelt und ein Kind ins Traumland Dragora mitnehmen. Wenn du aufwachst bist du wieder zu Hause", entgegnete Rano. „Komm, ich zeig dir mein Zuhause!"

Nachdem sie einige Meter gelaufen waren, blieben sie vor einem dünnen Bäumchen stehen. Rano legte seine Pfote an die Rinde und kurz darauf bebte der Boden und ein Burgturm wuchs aus der Erde. Fröhlich lief Rano durch das Tor. „Cool, voll cool!", staunte Jonathan und schlüpfte ebenfalls durch das Tor. Flink sauste Rano die Wendeltreppe hinauf: „Komm endlich, komm!", rief er. Seine Worte halten durch das Treppenhaus. Als endlich auch Jonathan das Dachgeschoss des Turmes erreichte, lag Rano auf einem mit Kissen bedeckten Sofa und sah einen „Schrotthaufen" mit großen Augen an. „Das ist meine eigene Zeitmaschine", sagte er stolz. „Die habe ich alleine gebaut!" Jonathan sah sich den „Schrotthaufen" genauer an und wirklich, er erkannte eine Art Fernseher, der oben einen Trichter angebaut hatte. Er hatte fünf Knöpfe, einen auf dem ein Drache abgebildet war, einen mit einem Vulkan, daneben einen mit Pilzen, darunter konnte er eine seltsame Pflanze entdecken, die so ähnlich aussah wie eine Aloe Vera, und der letzte Knopf war so schwarz, dass man kaum was erkennen konnte.

Rano nahm ein Gefäß mit einem grünen Tropfen darin aus dem Regal und kam damit im Maul wieder zu ihm zurück. Jonathan nahm es in die Hand und fragte: „Was ist das?" „Das ist der Saft von einer Lyndra. Eine Lyndra ist eine Pflanze, die reden und durch die Welt reisen kann. Ihre Flüssigkeit verleiht ihr diese Gabe", antwortete Rano in einer Geschwindigkeit, als würde darin die größte Herausforderung des Lebens bevorstehen. „Aahhh, und mit diesem Tropfen und dem Zeitmaschinen-Fernseher willst du also durch Dragora reisen?", erkundigte sich Jonathan. „Ehrlich gesagt will ich in den Wald der Lyndras reisen um mir, und dir, eine eigene Lyndra zu holen, mit der wir dann tolle Abenteuer in den fünf Ländern erleben können", antwortete Rano. „Komm wir fangen gleich an!" „Wie? Was? Nein!", schrie Jonathan entsetzt, doch es war zu spät. Rano hatte den Lyndra- Tropfen bereits in den Trichter kullern lassen, den Knopf mit der seltsamen Pflanze darauf, die offenbar eine Lyndra war, gedrückt und Jonathan am Ärmel gepackt. Im Fernseher erschien nun ein Bild von einer Lyndra, die gleichmäßig ihre riesigen Blätter hin und her schwenkte. Rano sprang mitten durch die Scheibe hindurch und zog Jonathan mit sich.

„Aaaaaaaaaaaaaaaaaa!", kreischte Jonathan. Aber als er seine Augen öffnete, die er beim Durchdringen der Scheibe geschlossen hatte, sah er, dass ihm nichts passiert war. Plötzlich erkannte er, dass er immer noch in Bewegung war. Jonathan rutschte ein Lyndra-Blatt herunter,das einer Lyndra gehörte, die Dutzendmal so groß war wie er selber. „Aaaaaaaaaa", schrie er nochmal. „Huuuuiiiiiiiiiiiii!!!!", quiekte Rano. Jonathan kniff die Augen zu und rief noch einmal: „Aaaaaaaaaaa!!! Hiiiiiiiielfeeeee!!!!" Nach ein paar Metern merkte Jonathan, dass das Blatt immer dünner wurde und dann schließlich aufhörte. „Oh nein, oohh NEIN, OOOOHH NEEEEEIIIN !!!!", kreischte Jonathan, als er im freien Fall die Augen öffnete. „Oh, oh, das sieht gar nicht gut aus!", bemerkte Rano, denn unter den beiden ragte ein niedriger, aber spitzer Felsen aus dem Boden. Doch kurz bevor die beiden Freunde auf den scharfen Kanten des Felsens aufkamen, ergriffen zwei lange, dicke Blätter die beiden und fing sie somit auf. Doch die Lyndra, die das getan hatte, wollte nichts Gutes. „Warum seid ihr hier? Ihr ward ziemlich laut!", erklang eine tiefe Stimme. „Wir wollten nichts Böses!", klagte Rano. „Ach echt? Wie könnt ihr es beweisen?", dröhnte die tiefe Stimme der Lyndra. Jonathan entdeckte viele Kratzer auf den dicken Armen der Lyndra. In seiner Nähe steckte sogar ein Schwert im Blatt, wenn er doch irgendwie dahin kommen könnte. Er zog mit aller Kraft einen Arm aus der Klemme und streckte sich in Richtung des Schwertes. Er kam gerade so an den Griff und umklammerte ihn fest. Mit aller Kraft zog er es aus dem dicken Blatt. Ohne nachzudenken schnitt er den Teil des Blattes durch, der ihn umklammerte. Die Lyndra schrie auf und ließ vor Schreck Rano los. Der reagierte blitzschnell: Er sauste zu Jonathan, schnappte sich das abgeschnittene Stück Lyndrablatt und rannte mit Jonathan zum Zeitmaschinenfernseher. Sie tröpfelten etwas Saft von dem abgeschnittenen Blatt in den Trichter, drückten den Knopf mit dem Drache und waren im nächsten Moment auch schon wieder im Turm von Rano. „ Wir haben eine Lyndra! Wir haben eine Lyndra!", sang Rano und hüpfte um Jonathan herum. „Hä? WIE? Wir haben eine Lyndra? Wir haben nur ein Stück Lyndra-Blatt und ein Schwert!", sagte Jonathan. „Nö!", erwiderte Rano. „Wir haben eine Lyndra. Lyndras verbreiten sich dadurch, dass sie Blätter abwerfen. Schau mal!" Tatsächlich bildete das Lyndra Blatt mehr und mehr Blätter, bis sie halb so groß war wie Jonathan. Dann wuchs aus der Mitte der Pflanze eine leuchtende Blüte. „Wo bin ich? Wer seid ihr?", erklang eine Stimme. Bei jedem Wort leuchtete die Blume der Lyndra auf. „Du bist bei mir zu Hause. Ich bin Rano und das ist mein Freund Jonathan", antworte Rano. „Also haltet ihr euch hier auf? Ich wusste gar nicht, dass meine Schöpfer in einem kalten nassen Turm wohnen?", antwortete die Lyndra.

„Jetzt verstehe ich überhaupt nichts mehr. Schöpfer? Ein Lyndrablatt, das zur Lyndra wird? Woher wusstest du von uns?" Jonathan war verwirrt. „Ich weiß nicht, woher ich von euch weiß, aber ich weiß WOHIN es jetzt geht." Die Lyndra wedelte mit ihren Blättern. „Ich nenne dich jetzt LYNDRI! Lyndri, Du, bring uns doch ins Land des Feuers!", quiekte Rano. „Wie Du wünschst", antwortete die Lyndra. Sie formte mit ihren Blättern einen Tunnel. Dahinter konnte Jonathan einen riesigen Vulkan erkennen. Hitze strömte ihm entgegen. Rano hüpfte durch das Portal. Langsam verblasste die Lyndra und das Portal, in letzter Sekunde ergriff Jonathan das Schwert und stürzte durch das Portal, kurz bevor es sich schloss.

Jonathan fühlte warmen Steinboden. Ihm war heiß, und er konnte sich kaum noch daran erinnern, was geschehen war. Offenbar hatte er die Besinnung verloren und war auf dem harten Steinboden liegen geblieben. Er hörte eine dumpfe Stimme: „Jonathan! Geht es dir gut? Jonathan!" „Kenne ich dich?", fragte Jonathan, als er ein kleines, fuchsähnliches Wesen erkannte. „Ja, ich bin Rano!", antwortete das Wesen. „Ich bin's! Erkennst du mich noch? Rano, dein bester Freund aus Dragora!" „Hä" „Lyndri! Komm! Jonathan hat vergessen, wer wir sind! Was können wir tun?" Rano rief Lyndri, die Lyndra aus dem Lyndrawald. „Wir müssen die Feuerblume finden! Sie wächst hier auf dem Vulkan", antwortete Lyndri. „Wir müssen diese Feuerblume sofort finden!" Rano war fest entschlossen. „Und wenn es mein Leben kostet!" „Also, rauf auf den Vulkan?", fragte Lyndri. Die drei machten sich auf den Weg. Sie hüpften über Lava Bäche, kletterten an Vorsprüngen hoch und wichen Lawinen aus, die den Vulkan runterrollten. „Da ist ja eine Blume! Die ist ja feuerrot und besteht aus Flammen!", rief Jonathan. „Du hast sie gefunden", freute sich Rano. Er wollte sie nehmen, doch als er sie pflückte, schoss eine riesengroße Steinplatte aus dem Krater des Vulkans. „Alle festhalten!" Rano packte seine beiden Freunde und sprang auf die Platte drauf. Sie flogen über das ganze Land des Feuers. „Hier!" Rano drückte Jonathan die Pflanze in die Hand. Kaum hatte Jonathan das Blümchen angefasst, wurde alles hell. Als der helle Blitz verblasste, konnte sich Jonathan wieder an alles erinnern. Er drückte seine beiden Freunde an sich. „Lyndri, bring uns in die Pilzwelt", sagte Rano. Die Steinplatte sank nämlich, und die drei wollten schließlich nicht mit Haut und Haaren verbrennen. Lyndri erschuf ein Portal. Dadurch konnten die drei in verschiedene Länder Dragoras reisen. Die Freunde sprangen durch das Portal und landeten auf einem riesengroßen Pilz. Überall wuchsen Pilze und auf diesen Pilzen wuchsen noch mehr Pilze … und so weiter. „Oh, eine Karte!" Rano zog ein zerflettertes Stück Papier aus den Lamellen eines Pilzes. „Das ist ja ganz Dragora! Schaut mal, dort hinten ist ein Briefumschlag", sagte Lyndri. Jonathan öffnete das Papier und las vor:

„In der Mitte des Waldes lag vor vielen Jahren mal ein Haus. Doch mit der Zeit wuchsen die Sporen der Pilze zu tief in das Haus und die Bewohner zogen aus. Alles nahmen sie mit. Alles, bis auf den goldenen Pilz. Nur mit dieser Waffe kann man den Schatten bezwingen und die Heimat der Träume zurückholen. Doch nehmt euch in acht vor _____, der größten Gefahr Dragoras. Weckt ihr sie, zerstört sie das ganze Traumland und tötet jedes Lebewesen. Tork."

„Warum sind manche Stellen verwischt? Und wer ist die größte Gefahr Dragoras?" Lyndri war verwirrt. „Wir müssen diesen goldenen Pilz finden!", sagte Rano entschlossen. „Also los!", triumphiert Jonathan.

Drei Tage und vier Nächte liefen die drei durch den Pilzwald, bis sie ein Haus entdeckten, das über und über mit Pilzen bedeckt war. Das knorrige Holz war durchlöchert. Durch die vergilbten Fenster konnte man nur mit Mühe hindurchsehen und die verrostete Eisentür erkannte man fast gar nicht.

„Gehen wir rein?", fragte Jonathan. „Und ob", antwortete Lyndri.

Rano drückte die Tür auf. Das Haus stand verlassen und traurig da. Nichts rührte sich. „Da! Der goldene Pilz!", rief Rano. Wirklich! Dort wo einmal ein Regal gestanden hatte, wuchs nun ein riesengroßer, goldleuchtender Pilz. Er hatte gelbe Flecken und orangfarbene Lamellen. „Ich nehme ihn!" Lyndri streckte ihre grünen, dicken Arme nach dem Pilz aus. Sie riss den Fruchtkörper vorsichtig ab und gab ihn Jonathan. „Ins Land des Schattens?", fragte Rano. Lyndri antwortete: „Alle bereit? Fertig! Los!" Sie formte einen Tunnel mit ihren Armen und Rano, Jonathan und Lyndri gingen hinein. Sie landeten auf einem riesengroßen Hochhausdach. Es war so dunkel, dass selbst Lyndris leuchtende Blüte wie ein schwaches Licht aussah. Ein kühler Wind blies den dreien um die Ohren. Seltsam, denn der Wind blies fast so regelmäßig als wenn man atmete. Die drei gingen durch die Dachtür ins Haus, die Treppen runter und auf die Straße. Erst jetzt bemerkte Jonathan, dass das Schattenland eine riesige Stadt war, nur dass alles dunkel war und kein Bewohner dort lebten. „Seht mal! Ein Rucksack", rief Rano und zog einen Rucksack aus einem Bretterhaufen hervor. Jonathan legte den Pilz und die Zettel dort rein und schnallte sich den Rucksack um. „Der Hügel dort hinten bewegt sich!", rief Lyndri. „Schschscht!", machte es hinten aus einem Gebüsch. Langsam kam ein Wesen zum Vorschein, dass so aussah wie ein Känguru. Es hatte einen haarigen Schwanz, kleine Ohren und kräftige Hinterbeine. Seine Vorderbeine schwebten knapp über dem Boden. „Hallo, ich bin Tork. Das da drüben ist Mamamayalonga. Sie schläft durchgehend. Außerdem, müsst ihr wissen, ist sie die größte Gefahr Dragoras!", flüsterte das Wesen. „Sie hat die gesamte Stadt ausgelöscht und den Himmel verdunkelt. Dann hat sie sich hingelegt und schläft, bis jetzt und auch für immer, wenn man sie nicht weckt."

„Du hast die Briefe geschrieben!", erkannte Rano. „Ja, ich wollte euch warnen. Ich wollte nicht, daß ihr die Mamamayalonga aufweckt." antwortete Tork. „ Das müssen wir aber, sonst haben die Träume die geflüchtet sind, kein Zuhause mehr", entgegnete Lyndri. „Seid ihr noch bei allen Sinnen?", kreischte Tork. Plötzlich hörte man ein lautes Brüllen. Der Berg, der sich vorhin noch bewegt hatte, stand jetzt auf zwei riesengroßen Füßen, die zu einem Wesen gehörten, das über die Hochhäuser ragte.

Es war mit bunten Kringeln und Punkten verziert und hatte zwei kurze Arme. Auf einem kurzen Hals saß ein riesengroßer Kopf mit einem Auge, das so groß war wie ein LKW. In seinem Maul saßen über 2000 scharfe Zähne. Die Pupille war so dünn wie ein dürrer Baum. Das Wesen brüllte noch einmal und stürmte auf die vier zu. „Ich habe sie aufgeweckt, wie dumm bin ich nur!", ärgerte sich Tork. Jonathan reagierte schnell. Er holte den goldenen Pilz aus seinem Rucksack und nahm das Schwert in die Hand. Er schmierte etwas Flüssigkeit aus dem Pilz auf die Klinge des Schwertes und machte sich kampfbereit. Lyndri und Rano stellten sich auch in Position. Tork versuchte, ihnen zu erklären, dass es sinnlos war, gegen Mamamayalonga zu kämpfen. Doch die drei hörten ihm nicht zu. Sie waren viel zu sehr damit beschäftigt, den Angriffen des riesengroßen Monsters auszuweichen. Schließlich gab Tork auf und half den anderen beim Kämpfen. „Ich muss irgendwie an die Brust von Mamamayalonga kommen. Wenn ich das Herz erwische haben wir es geschafft!", erklärt Jonathan. „Der Kran dort hinten müsste hoch genug sein, um auf ihren Rücken zu klettern", rief Lyndri. „Wir versuchen, sie abzulenken, damit du den Kran hochklettern kannst", kreischte Rano. Während die anderen Mamamayalonga ablenkten, kletterte Jonathan den Kran hinauf. Es war aber schwierig, sich mit einer Waffe festzuhalten. Schließlich kam er oben an und balancierte auf dem Kran bis an die Spitze. Mit einem Satz landete er auf Mamamayalongas Rücken. Die Schuppen waren glatt und es war mühsam den Hals hochzuklettern. Als er schließlich an der Stelle ankam wo die Schulterblätter saßen, kletterte er vor an die Brust. Mamamayalonga bemerkte ihn und brüllte wütend auf. „Ich schaffe das", dachte Jonathan. Er fand einen Kratzer, an dem er sich festhalten konnte, und nahm den Griff seines Schwertes. Mit einem Hieb stach er dem Ungeheuer ins Herz. Ein heller Blitz leuchtete auf, und alle waren geblendet. Als der Blitz wieder verblasste, lag Mamamayalonga reglos am Boden und Jonathan rappelte sich auf „Rano, Lyndri, Tork, wo seid ihr? Geht es euch gut?", rief er. „Ja, mir geht es gut und Lyndri auch", erwiderte Rano. „Mir auch", antwortete Tork. Jonathan umarmte seine beiden Freunde und schüttelte Tork die Hand. Doch auf einmal bewegte sich der Körper von Mamamayalonga und sie stand wieder auf. Sie stieß ein lautes, aber freundliches Brüllen aus. Sie war froh, nicht mehr böse zu sein. Ihre Muster leuchteten nun heller als davor. „Oh, es wird schon morgen! Du musst jetzt wieder nach Hause", bemerkte Rano. „Schade, ich habe dich noch gar nicht richtig kennengelernt, Tork", antwortete Jonathan. Tork aber sagte: „Wir könnten uns im nächsten Traum kennenlernen, aber ich freue mich darauf, meine Heimat wieder zurückzuhaben. Danke!" „Auf wiedersehen!", rief Lyndri, bevor Jonathan wieder in die Menschenwelt zurückkehrte.

Als Jonathan aufwachte, lag er in seinem Bett. Er drehte den Rolladen auf und konnte gerade noch sehen, wie eine weiße Schwanzspitze um die Ecke huschte. „Bis zum nächsten Mal, meine Freunde!", flüsterte Jonathan.

Mariella Schmidt
Grundschule Diedorf, Klasse 4d

Träume

Es ist das Jahr 1943 und mein Name ist Konstantin. Ich schreibe aus einem Lager, einem Konzentrationslager, um ganz genau zu sein. Es herrscht ein Krieg, der Zweite Weltkrieg, wie man ihn nennt. Mir und vielen anderen geht es nicht gut. Wir hungern, haben Angst und werden gefoltert. Ich darf dies hier eigentlich auch nicht schreiben, aber ich schreibe es im Verborgenen. Ich möchte meine Träume erläutern, ohne dass ich getötet werde. Ich habe nicht mehr vieles übrig. Meine Frau und meine Kinder sind tot, ich habe keine Arbeit, Unterkunft oder ein Leben. Das, was ich noch habe, ist ein Traum. Mein Traum ist es, dass wir alle aus diesem Albtraum entkommen ohne weitere getötete Menschen. Die Vorstellung, dass wir an einen Ort gelangen, welches wir Zuhause nennen dürfen. Mein wahrer Traum ist es, mit meiner Frau ein glückliches Leben zu führen und meine Kinder aufwachsen zu sehen. Ich, nein, wir alle wollen ein „normales" Leben ohne Leid und Kummer, aber dies ist leider nicht mehr möglich. Durch die Sirenen und Bomben ist auch vieles zerstört, von Gebäuden bis zu Familien. Wird all das je ein Ende nehmen? Was soll ich nur tun, falls wir befreit werden? Ich habe nichts mehr, keine Familie, keine Unterkunft. Das sind leider alles unrealistische Träume daher kann ich nichts an dem Tod meiner Familie ändern. Jedoch mein wahrer Traum ist gerade, dass all dies ein Ende hat und wir aus diesem unmenschlichen grausamen

Gefängnis entkommen, ein freies Restleben führen und meiner Familie eine schöne Beerdigung bereiten können.

Koray Dündar
Mittelschule Zusmarshausen, Klasse 9b

Mein Traumroboter

Hallo,

mein größter Wunsch ist ein bisschen verrückt. Ich wünsche mir einen riesigen, intelligenten Roboter, der alles kann, von Schach spielen bis Autofahren. Ich würde meinen Roboter Robbi nennen. Es wäre toll, wenn er mir einen Bus baut, sodass mein Freund und ich gemütlich zur Schule fahren können. Mein Traumroboter soll auf jeden Fall sechs Arme, drei Beine und zwei Fühler haben. Damit kann er weitere Roboter bauen und die Forscher unterstützen. Meinen Alltag kann er natürlich auch erleichtern, wenn er die unterschiedlichsten Dinge macht, zum Beispiel meinen schweren Schulranzen trägt, mein Zimmer aufräumt und die Hausaufgaben richtig erledigt. Ich würde auf jeden Fall noch einen Kühlschrank integrieren, damit ich immer ein Eis geniessen kann. Somit ist mein Roboter der Beste auf der Welt.

Aber wenn Robbi meine Hausaufgaben machen würde, ist das vielleicht doch nicht so gut. Durch die Hausaufgaben wiederhole und lerne ich. Ich wüsste zum Beispiel nichts über Parataxen und Hypotaxen, Therme und Senkrechte. Und so schlimm sind Hausaufgaben und das Lernen auch wieder nicht...

Kilian

Kilian Kiese
Staatliches Gymnasium Königsbrunn, Klasse 5e

Luigi und das Bällebad

Es ist 10. Genauer gesagt 10 nach 10. Meine Schlafenszeit. Aber ich kann nicht schlafen. Ich denke an den vergangenen Tag und schließlich funktioniert es doch. Plötzlich passiert etwas, ich liege auf einmal inmitten von Hunderten Plastikbällen. Wo bin ich bloß? Ich rapple mich auf und schaue, an welchem Ort ich gelandet bin. Doch alles ist stockfinster. Ich wühle mich durch die vielen Bälle. Aua, mein Kopf. Irgendetwas hohles und rundes durchkreuzte meinen Weg. Endlich spürte ich an meinen Fingerkuppen, das was ich wollte. Einen Lichtschalter! Ich drücke ihn und meine Augen schließen sich sofort, um sich vor der Helligkeit zu schützen. Nach ein paar Sekunden öffne ich sie wieder und realisiere, wo ich gelandet bin. Ich stehe inmitten einer Dehner Filiale. Genauer gesagt im Kinderparadies mit Bällebad und das, was mich eben am Kopf erwischt hat, war eine hellgrüne Plastikrutsche. Nachdem ich aus dem Bad mit den vielen bunten Bällen herausgeklettert bin, checke ich die Eingangstüren, doch diese sind alle verriegelt. Daraufhin entscheide ich, ein wenig durch den Laden zu schlendern. Ich laufe an den vielen Tiergehegen vorbei und schaue mir diese genauer an. Auf einmal spüre ich ein leichtes Kitzeln im Nacken, ich versuche mich zu kratzen, doch da, auf einmal halte ich eine Spinne in der Hand. Ich erschrecke, wache auf, mache das Nachtlicht an und tatsächlich, dort an der Wand, krabbelt meine am vorherigen Tag gekaufte Vogelspinne Luigi. Welche aus ihrem Käfig ausgebüxt ist. Ich schrecke auf und merke, dass mein Traum Wirklichkeit geworden ist.

Erik Groer
Staatliches Berufliches Schulzentrum Neusäß, Klasse F-S11d

Der Traum

Mal wild, wolkig und sonderbar
der Traum wird vielleicht nie wahr.
Doch wer den Traum zu schätzen weiß,
der hört den Traum ganz leis:
Ich bin der Traum und nehme dich mit auf eine wunderschöne Reise
und gehe ich schlafen verschwinde ich auf wundersame Weise.

Marcella Claudio
Mittelschule Fischach-Langenneufnach, Klasse 5b

Sweetland – der Traum

Das elfjährige Mädchen Nina träumte einen süßen Traum. Sie träumte von einem Süßigkeitenland, das sich „Sweetland" nannte. Die Herrscher des Landes waren König und Königin Praline. Sie bestanden aus dunkler Schokolade und hatten beide eine kleine, grüne Pistazie auf dem Kopf. Die Häuser bestanden aus Lebkuchen mit kleinen Verzierungen, in denen Gummibärchen lebten. Der Boden war aus gewürzten Chips, es gab einen Schokofall, der sich Chocolate Fall nannte. Die Wolken bestanden aus Zuckerwatte, und wenn es regnete, regnete es auf einmal Streusel. Die Bäume waren aus Zuckerschlangen und die Blätter aus Esspapier. So ließ es sich aushalten: Laternen aus Zuckerstangen, Macarons als Steine, Berge aus Kuchen und das Eingangstor war aus Schokolade hergestellt.
Die Gummibärchen liebten den Sommer, aber er ging so schnell vorbei. Plötzlich war es wieder Winter. Sie hassten aber diese Jahreszeit, denn da

war es nicht mehr so bunt und warm, sondern weiß und kalt. Am Abend schliefen alle tief und fest, bis alles eingefroren war. Am Morgen hatten sie eine Versammlung am Chocolat Fall und alle starrten ihn an, als ob sie versteinert wären. Er war eingefroren!

Jetzt hatten die Bewohner keine Ahnung, was sie machen sollten. Da kamen Tim und Tom, die Gummibärchengeschwister, auf eine Idee. Sie wollten den Chocolat Fall hinunterrutschen. Natürlich gefiel das allen! Das ganze Sweetland fing zu rutschen an, von Klein bis Groß, sogar König und Königin Praline. Alle hatten so viel Spaß und merkten gar nicht, dass sich der Frühling schon näherte.

Sie wollten gerade hintereinander rutschen, da passierte es. Der Chocolat Fall war geschmolzen und alle fielen lachend in die flüssige Schokolade hinein. Sie lachten und lachten und freuten sich sehr. Alle hatten Glück und landeten weich.

Ciara Suchan, David Ullmann
Staatliche Realschule Neusäß, Klasse 5e

Meine Traum-Weltreise

Ich wünsche mir, dass ich mal eine Weltreise mache, um viele neue Länder zu sehen. Am liebsten würde ich Amerika besuchen, denn sie haben sehr viele Süßigkeiten, die ich sehr gerne probieren würde. Außerdem würde ich auch gerne mal nach Paris, denn ich würde gerne mal auf den Eiffelturm und würde auch mal zusehen wollen, wie schön er glitzert. Auf die Malediven würde ich besonders gerne reisen, denn ich liebe das Meer. Nach Italien würde ich auch reisen, denn ich liebe Pizza und würde auch sehr gerne Italienisch können. Und nach Russland würde ich gerne, wenn es schneit, denn dort soll es dann immer richtig schneien – und ich liebe Schnee. Nach Brasilien würde ich am liebsten, denn mein größter Traum ist es, einmal den Fußballspieler Neymar zu treffen.

Jimena Waldmann
Mittelschule Schwabmünchen, Klasse 5c

Traum: Substantiv, maskulin (der)

Unter einem Traum versteht man grundsätzlich eine im Schlaf auftretende Abfolge von Vorstellungen, Bildern, bestimmten Ereignissen und Erlebnissen. Traum kann allerdings auch als ein sehnlicher, unerfüllter Wunsch definiert werden.

Jeder Mensch träumt vier bis fünf Träume pro Nacht, selbst wenn er sich am nächsten Morgen nicht mehr daran erinnern kann und behauptet, nie geträumt zu haben. Träume entstehen, indem unser Gehirn jede Nacht aufs Neue ein wildes Feuerwerk von elektrischen Nervenimpulsen freisetzt, die dann vom Stammhirn in alle Richtungen aller anderen Gehirnregionen gesendet werden. Dieses jede Nacht aufs Neue auftretende Phänomen erleben wir als Traum.

Warum erinnert man sich manchmal nicht an seine Träume?

Das Vergessen des Geträumten hängt damit zusammen, dass während des Traums die Gehirnsubstanzen, die für die Gedächtnisinhalte und deren Speicherung verantwortlich sind, vom Körper ausgeschaltet werden. Sollte man sich an seine Träume erinnern, liegt es daran, dass dann das Gehirn während des Traums mindestens drei Minuten wach war. Wer also einen leichten Schlaf hat und öfter aufwacht, erinnert sich besser an die Geschehnisse in der Traumwelt, als jemand, der tief und fest die Nacht, ohne zwischendurch aufzuwachen, durchschläft.

Wenn man träumt, dann meist von Dingen, die einen in der Realität gerade beschäftigen. Also z. B. wenn irgendetwas, das mit nahestehenden Personen, der Arbeit oder dem Studium in Verbindung steht, passiert ist. Das Interessante an einem Traum ist, dass wir nicht das träumen, was in der realen Welt wirklich passiert ist, sondern eher eine Mischung aus alten und neuen Erlebnissen, Eindrücken und Ereignissen. Ebenfalls kommen fantasievolle, in Wirklichkeit gar nicht geschehende Dinge in einem Traum vor. Ein klassischer Traum ist z. B. der vom Fliegen, was in Wirklichkeit gar nicht passiert. Ein Traum ist eine Mischung aus realen Erlebnissen und phantasievollen Elementen.

Warum man eigentlich träumt, ist nicht ganz klar. Einige Experten vermuten, dass sich im Traum Gedächtnisinhalte festigen. Egal, ob Mensch oder Tier, insgesamt kann man neu Gelerntes besser speichern, wenn man in der folgenden Nacht gut träumt.

Träume sind ein wichtiger Bestandteil unseres Lebens. Sie helfen einem, Geschehnisse im realen Leben zu verarbeiten, bloß in einer anderen fantasievollen Welt, an die man sich LEIDER nach dem Aufwachen meist nicht mehr erinnern kann.

Niklas Rösner
Staatliches Gymnasium Königsbrunn, Klasse 7e

Der Bäcker-Traum (Limerick)

Es war mal ein Bäcker aus Wien
Der träumte von fleißigen Bien'
Er wollte nen Kuchen

Im Internet suchen
Biss sich auf die Zunge im Liegn

André Eisenbeil
Helen-Keller-Schule Dinkelscherben, Klasse 7G

Die Traumreise

Ich erhielt eine Einladung, Bosnien und Herzegowina zu besuchen. Ich konnte es kaum erwarten, diese geheimnisvolle und kulturell reiche Region zu erkunden. Als ich ankam, war ich überrascht, wie schön und malerisch die Landschaft war. Die Berge waren majestätisch und der Fluss war kristallklar.

Ich begann meine Reise in der historischen Stadt Mostar, wo ich auf dem Kopfsteinpflaster spazieren ging und die berühmte Stari Most-Brücke bestaunte, die über den Fluss Neretva führt. Es war ein unglaubliches Gefühl, über die Brücke zu gehen und die Schönheit des Flusses und der umliegenden Berge zu bewundern.

Als nächstes besuchte ich die Altstadt von Sarajevo, wo ich in engen Gassen zwischen Häusern aus osmanischer Zeit spazierte. Ich probierte köstliche bosnische Gerichte wie Cevapcici und Burek und trank türkischen Kaffee in einem traditionellen Café. Die Atmosphäre war lebhaft und einladend.

Mein nächster Stopp war Blagaj, ein malerisches Dorf am Fluss Buna. Hier besuchte ich das berühmte Tekija-Kloster, das in eine Felswand gebaut wurde und von kristallklarem Wasser umgeben war. Ich fühlte mich, als würde ich in einer Oase der Ruhe und Schönheit eintauchen.

Meine Traumreise endete in der Stadt Konjic, wo ich einen Tagesausflug zum Neretva-Tal unternahm. Ich paddelte auf dem Fluss durch seine atemberaubende Schlucht und konnte die wilden Landschaften aus nächster Nähe erleben. Es war eine unvergessliche Erfahrung.

Als ich aufwachte, war ich enttäuscht, dass meine Traumreise nach Bosnien und Herzegowina vorbei war. Aber ich werde diese erstaunliche Region sicherlich auf meine Liste setzen und hoffe, dass ich sie eines Tages in der Realität erkunden kann.

Belmin Hajdic
Mittelschule Zusmarshausen, Klasse 9b

Musik

Meine Hände positionieren sich am Klavier.

Ich bin aufgeregt. Ich darf mich nicht verspielen. Bloß nicht! So vieles hängt davon ab! Es ist still geworden. Ich sitze alleine auf der Bühne. So

viele Menschen schauen mich an. Ich sehe sie aber nicht. Das einzige, das ich sehe, sind Tasten. 88 Tasten, 52 weiß und 36 schwarz. Ich gebe mir einen Ruck. Der erste Ton und der zweite und der dritte. Ich spiele wie von selbst. Das Lampenfieber ist weg. Ich schwebe in der Welt der Träume, umgeben von der Musik und den vielen Gesichtern die mich angucken. Es ist wunderbar.
Ich habe meinen Kindheitstraum erfüllt.

Gurleen Kaur Gill
Staatliches Gymnasium Königsbrunn, Klasse 7c

Was sind Träume

Ein Traum kann sein,
Wie er will.
Ganz groß oder ganz klein,
Und auch ganz still.
Alle träumen vor sich hin.
Ganz egal, ob jung, ob alt.
Doch niemand weiß, wo ich bin.
Am Strand, Fluss oder Wald.
Ich bin nie allein
Und mir ist nie kalt.
Ein Traum kann sein
Ganz böse wie ein Stier
Oder wie ein Schmetterling ganz fein.
Denk einfach an ein Haustier,
Denn du bist nie allein.
Du könntest auch fliegen,
Feuer bekämpfen
Und Schurken besiegen.
Ich werde dir helfen
Und dir wird nie was geschehen.
Niemals musst du allei irgendwo hingehen.
Ein Traum kann sein
Am Tag oder in der Nacht.
Er ist immer noch dein
Egal ob stark oder schwach.
Er kann sehr viel verändern,
Doch er verliert niemals seine Magie.
Die Sicht ändert sich wie noch nie
Und du hast Weltraumfantasie.

Ein Traum kann sein
Wie eine Therapie.
Gedanken sehr klein,
Gefühle sehr groß.
Wo hin mit der Energie,
Was tue ich bloß?
Verarbeite Wut und Trauer.
Auf einmal werde ich richtig sauer.
Warum war ich damals nicht schlauer.
Aufgewacht, verschwitzt, mit Tränen
Und trotzdem, muss ich immer noch gähnen.
Ein Traum kann sein
Von Wünschen geprägt.
Wünsche dir ein langes Leben
Und Gesundheit obendrein.
Daran ist auch nichts entsetzlich.
Du darf doch glücklich sein.
Darum träum du bitte weiter,
Egal wie alt du bist.
Denn wenn du träumst, hast du noch Ziele
Und zeigst dich als Optimist.
Ein Traum kann sein
Für die Zukunft bestimmt.
Mach dir keinen Stress.
Du gehst mit dem Wind.
Das Leben ist ein Lernprozess
Und du bist ein Kind.
Nicht immer gibt es Fairness,
Doch damit kommst du klar.
Dein Leben, das jeden Tag beginnt,
Und du bist der Star.
Deine Wünsche werden schon wahr.
Ein Traum kann sein
Nicht so wie gedacht.
Doch du bleibst stehen.
Du bleibst wach.
Du wirst dem Traum nachgehen.
Doch Träume ändern sich jede Nacht.
Deswegen leg du dich hin
Und träum mit Gewinn.

Ein Traum kann sein
Nur von dir.
Dich glücklich machen,
Auch ohne Bier.
Deswegen sag ich dir, fang an zu träumen.
Denn irgendwann wirst du erwachen,
Und ich hoffe, du wirst nichts bereuen.

Sophia Koch
Mittelschule Zusmarshausen, Klasse 10aM

Der Traum von Frieden in der Ukraine

Es herrscht Krieg in Europa, Menschen fliehen! Muss so etwas heute noch
passieren? Klar, es gibt viele andere Kriege auf der Welt, aber meine Meinung ist, dass ein Krieg echt nicht sein muss. Mein Traum ist, dass man
friedlich miteinander umgeht. Putin hat nur ein Ziel. Putin will/wollte die
Ukraine zu sich holen, um die Sowjetunion wieder aufzubauen: Das heißt,
er will nicht nur die Ukraine, sondern auch die ganzen anderen Ostländer.
Viele Ukrainer flüchten, weil ihr Land zerstört ist, weil dort Krieg ist. Es sind
viele Menschen dort gestorben in diesem Krieg – so wie in jedem anderen
auch – und diee Menschen wünschen sich Frieden. Ich träume vom Frieden in der ganzen Welt: Man soll eine Lösung finden, mit der alle zufrieden sind.

Marica Hampp
Mittelschule Zusmarshausen, Klasse 9b

Das Geheimnis der dunklen Welt

Buch 1 von Fantara

Ahh! Es wurde plötzlich dunkel. Ich wusste nicht, was los war. Es hatte sich
so angefühlt, als ob gerade ein riesiger Schatten über mir wäre. Es war
wirklich nicht normal. Ich rannte, so schnell ich konnte, zu dem Haus meiner Freundin Fantara und fragte, ob sie wüsste, was los war. Fantara flüsterte mir zu: „Ich weiß nicht so viel davon, aber ich weiß, dass wir hier weg
müssen. Jetzt!"
Wir gingen raus. „Schau, die Häuser, die werden langsam schwarz", stotterte ich. „Oh ja, wir müssen hier jetzt wirklich weg, weil sonst wird es vielleicht noch schlimmer." „Ja, du hast recht. Lass uns geradeaus gehen."
„Okay, aber ich habe kein gutes Gefühl dabei", stotterte Fantara. „Ist schon
okay. Lass uns einfach da entlang gehen." „Ich wette, das ist der richtige
Weg", antwortete ich überzeugt.

Also sind wir einfach geradeaus gegangen.

Fantara und ich waren sehr nervös, aber sie wusste nicht, dass ich nervös war. Ich wollte es ihr auch nicht sagen, weil sie dann vielleicht nicht mehr wollen würde, dass wir hier lang gingen, und dann würde sie vielleicht umdrehen, was ich überhaupt nicht wollte.

„Oh, mein Gott! Schau, Fantara. Das Haus da vorne ist nicht schwarz! Es ist komischerweise weiß!"

Wir beschlossen reinzugehen. Meine Freundin und ich gingen rein und es sah wie ein normales Haus aus. Fantara und ich fühlten uns sehr wohl, als uns plötzlich jemand von hinten packte. „Ahh, was machst du mit uns?", schrien wir gleichzeitig.

Der Mann zog uns in ein dunkles Zimmer und warf die Tür zu. „Hey!", schrie Fantara. Wir suchten nach Hinweisen, aber als ich unter einen Schrank schaute, sah ich eine schwarze Haarklammer mit einem Diamanten darauf. „Fantara, schau! Ich habe eine Haarklammer gefunden, vielleicht ist es ein Hinweis?" Wir suchten weiter, aber wir fanden nichts. Fantara und ich waren sehr erschöpft, aber dann hatte ich eine Idee. „Fantara, halt die Klammer mit mir fest. Ich habe einen Plan."

Zusammen ergriffen wir die Klammer und plötzlich sprang ein kleiner Knopf raus. „Fantara, sollen wir ihn drücken?" Gemeinsam pressten wir den Knopf, als sich ein Portal auf der Seite zeigte.

Fantara und ich beschlossen, reinzugehen. Wir hielten uns fest an den Händen. Wir zitterten, es war stockdunkel und unheimlich. Kurze Zeit später endete der Weg in Fantaras Haus.

Wir gingen raus, um zu sehen, ob es noch dunkel war und die Häuser noch schwarz waren, aber es war glücklicherweise hell. Wir waren sehr froh darüber.

Ring! Ring! ..."Ah! Blöder Wecker. Puhhh. Zum Glück war es nur ein Traum!"

Elena Müller Gonzalez
International School Augsburg/Gersthofen, Klasse 5k

Der Traum der Gefühle

Es war einmal um kurz vor acht
in jener so besonderen Nacht,
da lag der kleine Schmerz hellwach
und weinte in die schwarze Nacht.
In dieser so besonderen Nacht
war auch die Liebe noch hellwach
und tanzte, schwankte, rannte, brannte
in der dunkle Nacht.

Auch um kurz nach acht,
in jener so besonderen Nacht,
war der Mut hellwach,
er tut gut und ruht in dieser dunklen schwarzen Nacht.
In jener so besonderen Nacht,
sprang auch die Angst noch ganz hellwach
auf und nieder in der Brust
bis zum Schluss, in jener dunklen Nacht.
In dieser dunklen Nacht
war auch die Freude noch hellwach
und streute, nicht nur heute
Endorphine in die Nacht.
In der besonderen dunklen, schwarzen Nacht
war auch jener Mensch noch hellwach
und tanzte, wankte auf und nieder
durch den Traum, Raum der Gefühle,
in jener so besonderen Nacht.

Sina Sommer
Staatliches Berufliches Schulzentrum Neusäß, Klasse 10KI

Der Mann mit dem Hut

Max stand schweißgebadet auf und atmete schwer. Er war in einem fremden Land, in einer fremden Stadt. Max dachte, es wäre Bangkok. Er lief
durch die Straßen, es regnete. Die Straßen waren alle leer und nass. Dieses
Gefühl war so echt.

Am Ende der Straße stand ein Mann mit einem Hut. Max konnte ihn nicht
richtig sehen, es war zu dunkel. Er sah nur die Gesichtszüge, weil der Mann
an einer Zigarette zog. Max wollte nicht hingehen, aber er war zu neugierig, und umso näher Max kam, umso weiter weg ging der Mann.

Es war genau der gleiche Mann mit dem gleichen Hut wie am Tag davor
in Paris und am Tag davor in Rom und am Tag davor in New York.

Der Wecker klingelt. Max wacht auf und wundert sich mal wieder über
diesen seltsamen Traum. Er macht sich fertig für die Schule. Max läuft zur
Schule und bemerkt einen Mann. Einen Mann mit Hut. Einen Mann mit
Hut, der ihn verfolgt. Er rennt vor ihm weg, aber auf einmal steht der
Mann vor ihm. Max kann nicht vor ihm weglaufen, er ist wie erstarrt. Der
Mann ist wie ein Schatten.

Der Wecker klingelt – und jetzt wacht Max wirklich auf …

Jesse Bürstlein
Mittelschule Langweid am Lech, Klasse 7a

Die Flaschenpost

Lieber Finder der Flaschenpost,

hallo, ich heiße Maximilian Hahn und gehe in die 5. Klasse und bin 10 Jahre alt.

In dieser Flaschenpost kannst du meine Wünsche sehen:

Mein erster Wunsch ist, dass es allen Menschen gut geht und das es keine Kriege mehr gibt und dass alle Menschen gleichberechtigt werden.

Mein zweiter Wunsch ist Das die Welt nicht von den Menschen zerstört wird.

Vielleicht kannst du die Wünsche aus meiner Flaschenpost mit unterstützen.

Liebe Grüße Maximilian

Maximilian Hahn
Staatliches Gymnasium Königsbrunn, Klasse 5e

Der Brief an Oma

Hallo Oma,

hier ist deine Enkelin Emelie. Ich schreibe dir diesen Brief, weil ich etwas ganz Verrücktes geträumt habe.

Ich träumte, dass ich zu dir nach Frankreich reise. Auf dem Weg hatte der Bus einen Platten, das heißt, ich musste ab Baden-Württemberg laufen. Ich lief drei Tage und drei Nächte.

Als ich bei dir vor dem Haus stand, lag da ein Zettel, doch leider war dieser auf Französisch. Ich gab ihn in den Übersetzer auf meinem Handy ein.

Ich wartete ein paar Minuten, und dann stand da, dass du kurz beim Einkaufen bist. Ich habe kurz nachgedacht, dann bestellte ich mir ein Taxi. Es war da, bevor ich meine Adresse sagen konnte. Also stieg ich ein.

Er fuhr mich genau zu dem Laden, wo du einkaufen warst. Komisch, dass er wusste, wo du beim Einkaufen bist, aber so ist das eben in Träumen.

Auf jeden Fall war ich nun beim Einkaufsladen. Da sah ich dich. Ich rannte zu dir und bemerkte, dass du statt eines Hundes eine Eidechse an der Leine hattest.

Wir liefen nach Hause. Als wir ankamen, war es schon spät. Du klapptest mir das Sofa aus und wünschtest mir eine gute Nacht.

Ich legte mich auf das Sofa und schlief sofort ein. Ich wurde mitten in der Nacht von einem lauten „Piupiupiunöonöo" geweckt.

Da stand ich auf und folgte dem Geräusch. Es führte mich in die Küche und dort sah ich wieder die Eidechse, nur dieses Mal war sie als Superman verkleidet. Sie fuhr anscheinend gerade mit einem Auto. Ich musste so lachen, dass ich aufwachte.

Verrückt, oder, Omi? Ich hoffe, dass du vor Lachen nicht vom Stuhl gefallen bist.

Habe dich lieb und drücke dich.

Bis bald, Omi!

Deine Emelie

Lilli Brzovic
Staatliches Gymnasium Königsbrunn, Klasse 5c

Der dunkle Wald

Uli ging eines Tages am Hafen spazieren, da sah er ein Buch auf einem Steg liegen. Er sah im Buch viele Bilder. Plötzlich erblickte er einen dunklen Wald. Dann wurde ihm schwarz vor Augen. Er wachte in einem dunklen Wald wieder auf. Vor ihm lag das Buch aber dort, wo der Wald war, stand auf einer leeren Seite: „Lass dich eine ganze Nacht von einem Werwolf jagen, dann kannst du zurück." Uli dachte sich: „Ich wurde mit diesem Buch hierher katapultiert!" Da schoss wie aus dem Nichts ein gigantischer Wolf auf ihn zu. Uli schrie: „Der Werwolf!" Uli rannte durch die nächsten Baumstämme. Daraufhin traf er auf einen Mann. Uli hatte einen sehr großen Vorsprung, weil der Werwolf ein bisschen breiter war. Uli fragte den Mann: „Helfen sie mir?" Aber der Mann stöhnte und ächzte nur. Uli bemerkte erst jetzt, dass der Mann grüne Haut und zerfetzte Kleider hatte. Uli schrie. „Das ist ein Zombie!" Und er rannte weiter. Uli rannte und rannte und rannte. Plötzlich schoss ein Sonnenstrahl auf den Zombie und den Werwolf und es gab zwei große Stichflammen. Dann sah er auch die aufgehende Sonne. Da klingelte es neben ihm und er lag im Bett! Uli dachte sich: „Das war ein Traum, das war ein Traum!"

Nico Soba
Grundschule Westheim, Klasse 3a

Der Traum

Traum ist ein neues Leben, neue Gedanken und neue Eigenschaften. Es ist einfach zu denken, aber schwer zu schaffen. Ein neues Leben träume ich in der Nacht , trotz wenn es geht um eine Arbeit. Wenn ich es schaffen möchte, muss schon beginnen mit einer guter Start.

Yusuf Bozkurt
Staatliches Gymnasium Königsbrunn, Klasse 7e

Warme Ponynüstern

Ich höre lautes Schnauben und plötzlich steht mein Pony Fee vor mir. Mit großen Augen schaut sie mich an. Behutsam streiche ich ihr über die Nüstern. Sie sind warm und weich. Nach ein paar Sekunden schmiegt Fee ihre warmen Nüstern zärtlich an meine Wange.
Das ist ein traumhaftes Gefühl.

Anna-Frida Janisch
Grundschule Gessertshausen, Klasse 4b

Pferdetraum

Laura wünscht sich schon lange ein eigenes Pferd. Doch ihre Mutter Marie erlaubt das nicht, sie sagt: „Laura, ich habe keinen Platz für ein Pferd." Aber Mutter Marie weiß ja nicht, dass Laura sich ein Pferd herbeiträumen kann. Dies hat sie nämlich schon einmal gemacht. Damals wollte Laura unbedingt einen gelben Schrank haben. Nur wusste sie auch, dass man dafür Feenstaub benötigt und den findet man nicht einfach so. Beim letzten Mal hatte sie Feenstaub im Schwimmbecken gefunden. Nach diesen Gedanken schlief sie ein und träumte den Feenstaub nun in Indien finden zu können. Als sie wieder aufwachte, sagte Laura zu ihrer Mutter Marie: „Jetzt weiß ich, wo wir Urlaub machen können: in Indien." „Oh, das ist eine gute Idee", beteuerte Marie. Doch bis zum Sommer dauerte es noch einige Zeit, die sie mit Tagträumereien über ihr zukünftiges Pferd verbrachte.

Am 9. Juli war es dann so weit. Sie saß schon im Flugzeug und freute sich darauf, dass sie ankommen würden. Irgendwann schlief Laura ein. Es war leise und sie träumte davon, auf einem weißen Einhorn zu reiten. Doch sie fiel herunter und schwebte langsam wie eine Feder zu Boden. Zum Glück weckte ihre Mama Marie sie dann. Denn sie waren in Indien angekommen und mussten aussteigen. Draußen sahen sie einen großen Fluss, Laura sprang hinein und suchte nach dem Feenstaub. Aber sie kam nur mühsam voran, da überall Algen waren.

Als Laura am Abend noch immer schwamm, ging Marie allein zum Hotel Sternschnuppe. Doch Laura merkte das vorerst noch nicht. Um Mitternacht stieg sie aus dem Wasser. Da Laura ihre Mama nicht sehen konnte, rief sie nach ihr. Da sah Laura einen matten Schein, der aus dem See drang. Sofort schwamm sie wieder los. Laura tauchte danach, als sie plötzlich ein Schauer überlief. Denn sie sah noch etwas, dass sie sich nicht erklären konnte. Ein sich drehendes Ding am Himmel, das alles mitriss, was ihm in die Quere kam. Ein Tornado!

Laura wurde vom Wirbelsturm mitgerissen und erwachte am nächsten Morgen an einer unbekannten Stelle wieder. Von nun an war sie ganz auf sich allein gestellt. Seitdem träumte Laura immer denselben Albtraum vom Tornado. Doch eines Tages gelang es ihr, sich zurück zum Fluss zu träumen, indem sie eine Woche lang tief und fest schlief. Als Laura wieder aufwachte, stand sie bis zu den Knien im Wasser des Flusses. Da ihre Klamotten nicht so schön waren, schwamm sie direkt einfach los. Bald sah sie das Leuchten in ungefähr zehn Metern Tiefe. Es zog sie magisch an. Aber leider konnte Laura nicht so gut tauchen. Als sie tauchte, kam sie nur fünf Meter tief, denn Laura brauchte dringend frische Luft. Es ging nicht mehr. Sie tauchte auf, atmete ein und versuchte es immer und immer wieder.

Aber erst als die Sonne schon fast auf dem Höhepunkt war, gelang es Laura. Als sie den Feenstaub an die Oberfläche brachte, überlegte sie welchen ihrer zwei Wünsche sie sich damit erfüllen sollte. Ihr ursprünglicher Wunsch war es gewesen, ein eigenes Pferd zu bekommen, aber nun war es ihr wichtiger, ihre Mutter wiederzufinden.

Kaum hatte sie daran gedacht, drehte sich auf einmal alles um Laura herum. Irgendwann war es wieder ruhig und Laura stand direkt vor der Tür ihrer Wohnung. Dort lag ein Brief. Sie wagte nicht, ihn zu öffnen, obwohl sie wusste, dass er für sie bestimmt war. Irgendwann siegte trotzdem Lauras Neugier über ihre Angst. Laura riss den Brief auf und sah die Karte darin genau an. Es war keine gewöhnliche Glückwunschkarte. Denn sie hatte keine bunten Wackelaugen und konnte auch kein Lied vorspielen, wenn man sie aufklappte. Stattdessen wuchsen auf der Karte echte Pflanzen. Trotz der seltsamen Pflanzen fing Laura an, den Brief zu lesen. Darin stand: „Wenn du diesen Brief jemals entdeckst, lies ihn bitte ganz! Ich bin schon lange hier und warte auf dich. Den Schlüssel findest du im Feenstaub."

Sie nahm das letzte bisschen Staub und fand darin den Schlüssel. Dieser war am Anfang noch grau, doch nach und nach färbte er sich golden. Sobald sie den Schlüssel in das Schlüsselloch gesteckt hatte, sprang die Tür auf. Dort fand sie sogleich ihre Mama. Doch es war bald Abend und Laura ging ins Bett und träumte von einem wunderschönen, weißen Pferd. Als sie am nächsten Morgen aufwachte, hörte sie Hufgetrappel. Sofort stand Laura auf und rannte nach draußen, auch ihre Mutter kam mit. Zusammen stiegen sie auf das Pferd und ritten in die Morgensonne hinaus.

Julia Orth
Grundschule Leitershofen, Klasse 4 c

Träume

Träume sind hier.
Träume sind da.
Träume sind einfach wunderbar!
Ich träume bei Tag.
Ich träume bei Nacht.
Träume sind voller Pracht!
Und auch wenn manche Leute
Ihre Träume verstecken
Träumen sie nachts unter ihren Decken.

Paul Buhrmann
Justus-von-Liebig-Gymnasium Neusäß, Klasse 6d

Das Land der Träume

Gestern Abend spielten meine Schwester, meine Mama, mein Papa und ich ein Spiel. Danach mussten wir ins Bett. Ich bin sehr schnell eingeschlafen, da ich sehr müde war.

Als ich aufwachte, waren in meinem Zimmer überall Süßigkeiten. Das war seltsam. Daraufhin schaute ich aus dem Fenster und sah, dass auch an den Bäumen Süßes hing. Der Fluss war aus geschmolzener Schokolade. Irgendwas war komisch!

Ich fragte Papa: „Wo sind wir?" Papa antwortete: „Im Land der Träume. Da wohnen wir doch schon immer!"

Ich war verwirrt. Dann ging ich raus, weil ich es mir genauer anschauen wollte. Die Straßen waren aus weißer Schokolade. Es gab keine Autos, sondern kleine Ufos, mit denen man schwebte. Alle Menschen hatten ein Lächeln im Gesicht und die Erwachsenen haben zu allem „Ja" gesagt. Mir gefiel es hier gut! Doch plötzlich kam ein Zauberer und sagte: „Ich bin der böse Zauberer Zwackelmann und verwandle das Land der Träume zum Land der Alpträume!" Da bekam ich Angst und versteckte mich hinter einem Baum.

Irgendwoher kam ein helles Licht. Die gute Fee Amaryllis hatte alles mitbekommen und wollte das Land der Träume retten. Doch der böse Zauberer ließ sich das nicht gefallen und kämpfte gegen die gute Fee. Sie zauberten gegeneinander, bis Zwackelmann nicht mehr konnte und aufgab. Alle jubelten! Die Fee Amaryllis hatte das Land der Träume gerettet!

„Jonas, aufstehen!", hörte ich es rufen. Ich wachte auf und dachte mir, war das alles nur ein Traum?

Jonas Ellenrieder
Grundschule Fischach-Langenneufnach, Klasse 4c

Die Flaschenpost

Hallo,
ich bin Alara und bin zehn Jahre alt. Und du, du glückliche hast mein Flaschenpost gefunden. Gratuliere! Ich wollte dir mal etwas über meinem Traumwunsch erzählen. Mein Traumwunsch ist es, dass ich meine gestorbenen Opas mal sehen kann. Es darf auch nur für einen Tag sein, aber im Endefeckt wollte ich sie sehen. Ich vermisse meine Opas so sehr! Wenn meine Freund(innen) immer' etwas über ihre Opas reden, fühle ich mich alleine und traurig. Ich sagte ja zwei Opas, und ich habe einen Opa sogar noch nicht mal gesehen, da er gestorben ist, bevor ich auf die Welt kam, der andere Opa ist zwar auch gestorben, aber ihn habe ich zumindest gesehen, bevor er starb. Es wäre ja auch super für meine Eltern, wenn sie ihre Väter sehen würden. Ich persönlich kann mir kein Leben ohne Vater vorstellen, aber so ist das Leben halt. Dieser Wunsch ist leider sehr unwahrscheinlich, er kann nicht in Erfüllung gehen, kein mensch kann ihn jemals erfüllen, und doch ist es mein Traumwunsch. Ich hoffe, ich konnte dich dazu inspirieren, dass auch du deine Traumwünsche aufschreiben kannst, und ich wollte dir zeigen, dass deine Mitmenschen wie z. B. deine Familie und deine Freunde … sehr wichtig sind, dass du immer nett zu ihnen sein solltest und sie nicht ärgern solltest. Wenn sie irgendwann mal sterben, bin ich mir sicher, wirst du sehr traurig sein. Also nutze diese Zeit und mache etwas mit deiner Familie oder deinen Freunden. Ich hoffe, dir hat mein Traumwunsch gefallen.

Alara Aykac
Staatliches Gymnasium Königsbrunn, Klasse 5e

Die Gefahr

Als ich am 02.02.2023 aufwachte, hatte ich noch so ein Gefühl von Freude im Bauch. Ich hatte einen tollen Traum, den ich dir jetzt vorstellen möchte: Ich kam an einer wunderschönen Wiese vorbei. Dort stand meine Pegasus Stute Bajala.
Als ich sie sah, freute ich mich sehr, denn sie würde mich bestimmt zur Schule bringen.
Es kam, wie erwartet, und sie brachte mich zur Schule.

Auf dem Weg trafen wir noch viele weitere Fabelwesen, wie den Zauber-riesen Bombo, der sein Kind auch zur Schule brachte, oder den Wunsch-hasen Kikie, der seinem Kind Lilli den Wunsch erfüllte, dass es nicht in die Schule musste!

Und noch viele weitere …

Als wir dann ankamen, sah ich etwas Merkwürdiges.

Alle Kinder und Lehrer mit ihren Fabelwesen waren in Käfige gesperrt und wurden von aggressiven Kampfmurmeltieren bewacht. Nur ich und Ba-jala waren noch frei und mussten die Schule retten!

Doch wir fragten uns, wie? Nach einiger Zeit hatte Bajala doch eine Idee. Sie würde die Murmeltiere ablenken, während ich alle anderen befreite.

Ich willigte ein, und wir machten uns an die Arbeit. Schon nach einigen Minuten waren die Murmeltiere besiegt und die Lehrer, Kinder und alle Fabelwesen waren befreit!

Zu Ehren der Befreiung gab es ein großes Fest in der Schule und alle hat-ten Spaß, außer die Murmeltiere, denn die saßen im Fabelgefängnis.

Laura Nettel
Pestalozzi-Grundschule Gersthofen, Klasse 4c

Der Traum

Es wird komplett schwarz um mich herum. Ich falle, ich falle immer weiter Richtung Boden. Als ich aufkomme passiert mir auf wundersame Weise nichts. Ich mache die Augen auf. Dort vor mir sehe ich eine wunderschöne grüne Graslandschaft. Die Bienen summen und fliegen von Blüte zu Blüte; es sind keine vergilbten Blumen, sondern schöne, bunte Blumen.

Als ich mich umdrehe, sehe ich einen mittelgroßen, blaugrün glänzenden See. Ich befinde mich auf auf einem langen Weg aus Steinen. Es geht ein leichter Wind. Ich atme die kühle Luft ein und lasse sie durch ein lautes Seufzen wieder aus. Ich frage mich im Stillen: „Wo bin ich hier?" Es ist sehr ruhig und ich höre nur das Laufen und Summen der Tiere. Das Laub be-wegt sich leicht im Wind. Rechts von mir steht ein wunderschönes Haus aus Holz; es sieht aus wie das Traumhaus, das ich immer schon haben wollte. Als ich es betrete ist sogar die Einrichtung so wie ich sie immer schon habe wollte.

Auf einmal kommt mir eine Frau entgegen, wie ich sie mir immer schon gewünscht habe. Sie läd mich herzlich ein, einen Kaffee zu trinken und Kuchen zu essen. Als wir am Tisch sitzen, frage ich sie, wo wir hier seien. Sie antwortet mit sanfter Stimme: „Wir befinden uns in deiner Zukunft."

Adrian Thoma
Gymnasium, Klasse 6b

Traum im Traum

Als ich die Augen aufschlug, befand ich mich auf einem kleinen Ruder-
boot. In einer Ecke lag ein alter, langer Kescher. Sonst war das Boot leer.
Um mich herum war nur Wasser. Nur an einer Stelle sah ich in ungefähr
500 m Entfernung Mangroven wachsen. Dorthin wollte ich paddeln, doch
dummerweise gab es keine Ruder im Boot. Also versuchte ich es mit den
Händen, doch ich konnte mich nicht fortbewegen. Es war, als ob das Boot
am Seegrund festgebunden war. Konnte ich nie mehr hier weg? Allein bei
der Vorstellung, rutschte mir das Herz in die Hose. Ich blickte ins klare,
dunkle Wasser. Überall flitzten kleine, golden leuchtende Punkte unter
der Wasseroberfläche hin und her. In der Luft schwirrten unheimlich viele
kleine Wesen herum. Immer wieder flogen ein Paar von ihnen in den See
auf die leuchtenden Punkte zu. Wenn die fliegenden Wesen die Wasseroberfläche durchbrachen und die Punkte berührten, waren sie auf einmal
weg. Auch die Punkte waren wie vom Erdboden verschluckt. Ich wich erstaunt zurück. Da fiel mir auf, dass die leuchtenden Punkte gar keine
Punkte waren, sondern sehr kleine Tierchen. Ich wollte mit dem Kescher,
der in der Ecke des Bootes lag, versuchen sie zu fangen. Gleich beim ersten Versuch klappte es – es waren so viele. Im Netz tummelten sich unzählige. Fasziniert starrte ich auf die seltsamen Wesen. Sie hatten winzige
Flossen und leuchteten an Land viel schwächer. Ihre kleinen Körper waren
von einer dünnen Goldschicht überzogen. Ich bewegte meinen Finger
langsam auf das Netz zu und berührte vorsichtig eines von ihnen. Sofort
durchzuckte mich ein Stromschlag. Alles verschwamm vor meinen Augen.
Ich schlug die Augen wieder auf. Es duftete nach Blütenstaub, und als ich
mich umsah, merkte ich, dass ich auf einer wunderschönen Blumenwiese
lag. Überall flogen Schmetterlinge im Blütenmeer herum und sogen mit
ihrem langen Rüssel den Nektar aus den vielen, bunten Blumen. Dazwischen summten auch einige Bienen und Hummeln um die Wette. Ich
hörte das Gezwitscher der Vögel, die um mich herum in den einzelnen
Bäumen saßen. Außerdem gab es auch einen Teich, in dem Frösche ein
Konzert zum Besten gaben. Im Teich schwammen auch viele rosa Seero-
sen. Ich stand auf und wollte mir alles genauer ansehen. Als ich mich dem
Teich näherte, prallte ich mit voller Wucht gegen irgendetwas. Kurz darauf wurde mir schwarz vor Augen.
Wieder war ich im See. Die Tierchen lagen immer noch im Kescher. „Vielleicht passiert es ja wieder, dass ich woanders hin teleportiert werde",
dachte ich mir. Also berührte ich wieder eins der Tiere und sofort fielen
mir die Augen zu.

Ich fiel tief hinunter in eine Höhle voller bunter Kristalle. Trotz der Tiefe der Höhle landete ich weich. Ich schrie um Hilfe. Ohne Erfolg! Die Kristalle isolierten die Höhle so, dass meine Schreie nicht nach draußen gelangten. Wenn es überhaupt ein Draußen gab. Außerdem war die Höhle unten sehr klein. Ich konnte mich nur wenige Meter bewegen. Die Kristalle umschlossen mich. Ich warf mich gegen eine Wand aus ihnen, wurde aber zurückgeschleudert. Ich hatte das Gefühl, dass die Kristalle immer näher an mich herankamen. Panik befiel mich. Da sah ich, dass an einer Seite spärlich Licht durch die Kristalle schien. Ein letztes Mal warf ich mich mit aller Kraft gegen die Wand und tatsächlich – sie zersplitterte! Doch was war das? Millionen von mückenähnlichen Wesen schwirrten auf mich zu. Sie begannen sofort, auf mich einzustechen. Bei jedem Stich verfärbte sich meine Haut lila. „Verdammte Kreaturen! Haut ab!", schrie ich verzweifelt. Fast schon erleichtert wurde mir zum vierten Mal für heute schwarz vor Augen.

Als ich wieder im Boot war, wusste ich, dass das mit den Tierchen kein Zufall war. Vielleicht klappte es ja dieses Mal und ich kam zurück nach Hause! Sofort berührte ich wieder eines der Tierchen.

Fehlanzeige. Ich fand mich an einem Steg wieder und angelte in einem schönen See. In einem kleinen Eimer neben mir lagen schon viele große Fische. Ich warf die Angel aus. Mehrere Meter weit. Kurz darauf zog etwas an der Leine. Sofort begann ich zu Kurbeln. Mein erster selbst gefangener Fisch tauchte aus dem Wasser auf. Es war ein kleiner Karpfen. Ich nahm ihn vom Haken und warf ihn zu den anderen Fischen in den Eimer. Da sah ich einen riesigen Schatten unter dem Steg. Blitzschnell warf ich die Angel aus. Ein großer Fehler. Der Fisch biss zwar an und ich begann zu kurbeln, doch er war viel zu stark für mich. Ich wurde ins Wasser gezogen und japste nach Luft. Immer weiter zog er mich in die Tiefe des Sees. Mir blieb die Luft weg. Wieder wurde ich ohnmächtig.

Wieder das Boot auf dem See – wieder die Tierchen – wieder betete ich, dass es jetzt ein Ende hatte, als ich eines von ihnen berührte.

Fehlanzeige. Als ich wieder zu mir kam, sah ich eine völlig zerstörte Stadt. Nebelschwaden zogen zwischen den Ruinen der Häuser umher. Alles lag in einem düsteren Licht. Ich war verzweifelt und stieß einen wütenden Schrei aus. Würde dieser Albtraum denn nie ein Ende haben? Es stank nach verbranntem Gummi. Überall fehlten an den Häusern die Ziegel. Als ich einen der Ziegel vom Boden aufheben wollte, zerfiel er in meiner Hand zu Staub. „Was zum…?!", stieß ich hervor. Ich war nahe daran, völlig durchzudrehen. Da sah ich ein weißes Etwas in einem zerfallenen Türrahmen.

Es hatte keine Menschengestalt, vielmehr ähnelte es einer schlampig geschriebenen Eins, die sich unten in Fetzen aufzulösen schien. Sie gab keinen Laut von sich. In diesem Moment begann sie, sich langsam auf mich zuzubewegen. Mir stockte der Atem. „Nichts wie weg!", dachte ich in Panik. Doch alles an mir war wie erstarrt. Hilflos musste ich mit ansehen, wie die Gestalt immer näherkam. Kurz vor mir stoppte sie abrupt ab. Ich spürte ihren heißen Atem im Gesicht. Alles verschwamm vor meinen Augen und ich betete, dass es jetzt endlich ein Ende hatte.

Als ich wieder bei Bewusstsein war, war ich – nein! Diesmal war ich nicht im Boot auf dem dunklen See! Hatte das etwas zu bedeuten? Ich sah mich um. Ich war mal wieder in einer Höhle gelandet. Der Boden unter meinen Füßen gab nach und ich fiel in die Tiefe. Ich blieb ein paar Minuten liegen. Als ich wieder aufstand, sah ich eine komische Lichtquelle. Ich ging darauf zu und mir stockte der Atem. Da war sie wieder – die in weiße Gewänder gehüllte seltsame Eins. Sie hob wie von Geisterhand die Kapuze und starrte mich mit leeren Augenhöhlen an. Ich riss die Augen auf und stieß einen erstickten Schrei aus. Sie war so hässlich und angsteinflößend. Das Wesen hatte ein zerfurchtes, graues Gesicht. An der Stelle, wo der Mund sein sollte, klaffte ein großes Loch. Wieder kam es auf mich zu. Das Herz rutschte mir in die Hose. Ich nahm all meinen Mut zusammen, drehte mich um und rannte, so schnell ich konnte, weg. Doch ich schien wie festgeklebt und kam nicht vom Fleck, so als ob meine Füße Wurzeln geschlagen hätten. Da spürte ich eine eisige Hand auf meiner Schulter. Ich schrie auf. Die Hand drückte mich gegen eine Wand, die vorher noch nicht da war. Komischerweise spürte ich keinen Schmerz. In mir keimte die Hoffnung, dem Wesen so doch noch entkommen zu können. Ich stemmte mich mit aller Kraft gegen die Macht der Kreatur. Es funktionierte! Der Geist gab nach und flog ein wenig nach hinten – allerdings nur, um dann mit voller Wucht auf mich zuzuschießen. Er rammte seinen Kopf in meine Magengrube – und ich sackte zusammen und bekam kaum noch Luft. Das Wesen holte zum finalen Schlag aus. Seine glitschigen Hände trafen mein Gesicht. Ich dachte nur noch: „Jetzt ist es vorbei."

Da hörte ich aus der Ferne eine Stimme: „Timmi! Aufwachen! Es gibt Essen!" Mein kleiner Bruder Finn saß auf meinem Bauch und patschte mit seinen kleinen Händen auf meinem Gesicht herum. Noch nie hatte mir das weniger ausgemacht als jetzt. Ich lachte vor Erleichterung auf: Alles war nur ein Traum gewesen."

Lorenz Ellenrieder, Julian Glasner, Pascal Schreck
Justus-von-Liebig-Gymnasium Neusäß, Klasse 6d

Der Besuch im Weißen Haus

Mal wieder sitze ich am Fenster und denke darüber nach, wie ich dieses Treffen im Weißen Haus bloß überleben soll. Aber wir landen schon am Dulles Flughafen in Washington D.C.. Ich steige aus dem Flugzeug und gehe in Richtung Rondell, um meinen Koffer abzuholen.

Am Ausgang angekommen, laufe ich zum Taxi, das ich schon zu Hause bestellt habe und sage dem Fahrer, wohin ich will. Ich bezahle auch sofort. „Damit ist mein Erspartes wohl futsch", denke ich mir und hole das Bild mit meinen Eltern und mir raus. Ich habe Heimweh, aber der Anblick meiner Eltern lässt mich ein bisschen besser fühlen. „Sir, soll ich sie vor dem Tor des Weißen Hauses rauslassen oder direkt vor der Tür?", fragt mich der Fahrer. Ich antworte schnurstracks. „Vor der Tür, bitte" , sage ich und steige aus. Ich denke mir: „Jetzt geht es los" und schreite auf die Security-Wachen zu.

„HALT! Ausweis herzeigen!", rufen die Wachen. „Ich habe ein Treffen mit dem Präsidenten", sage ich voller Stolz in meiner Stimme. „Das hätte er uns gesagt!", sagt die Wache neben mir, ein totaler Muskelprotz. „Hier, meine Karte, und jetzt husch, ich muss mich beeilen!", rufe ich den Wachen zu, während ich ihnen meine Karte gebe und in einem eleganten Schritt vorbeilaufe. Die Security-Wachen spähen mir hinterher, während ich das Haus betrete und die Treppe hochstarre.

Ich höre Stimmen aus dem Stockwerk über mir. „Wer das wohl sein kann, der da mit einer Stimme wie eine Posaune redet?", frage ich mich. Als ich auf dem Stockwerk mit dem Menschen ankomme, laufe ich erstmal auf die Toilette, denn ich hatte während dem Flug zwei Liter Limonade getrunken. Als ich das Geschäft erledigt hatte, lief ich auf das einzige Zimmer zu. Ich öffne die Tür langsam und sanft. Als ich es betrete, ist es mucksmäuschenstill. „Hallo? Ist da jemand?", rufe ich in die Stille hinein. Plötzlich! Da neben mir hat sich doch etwas bewegt. Ich drehe mich um, und sehe den Präsidenten der Vereinigten Staaten direkt vor mir. „Ha…, Hall…, Hall…, Hallo", bringe ich mit Mühe raus. „Dance, dance, dance!", brüllt der Präsident und plötzlich kommt eine Disco Kugel aus der Decke und Musik wird gespielt. „Willkommen zur Party!", ruft der Präsident. Ich fange an zu tanzen „Ist das das Treffen?", rufe ich in die Musik hinein. „Ja!", ruft der Präsident. „Cool!", rufe ich.

Als wir getanzt hatten, waren gefühlt zehn Millionen Jahre vergangen. „Huch", sage ich verschwitzt. Nach ein paar Tagen kam mein Taxi, um mich abzuholen. Es war eine tolle Zeit.

Ich wache auf und sitze in einem Flugzeug. Ich gucke mich um. „War das ein Traum oder die Realität?", frage ich mich. Aber meine Eltern sitzen neben mir „Wir landen gleich in Dubai", sagen meine Eltern. „Huch!", sage ich. „Zum Glück nur ein Traum!"

Sebastian Klein
International School Augsburg/Gersthofen, Klasse 5

Träume in der Nacht

Man schließt die Augen,
hört ein letztes „Gute Nacht",
bevor man in der Welt
der Träume aufwacht.
Häufig träumt man gut,
doch manchmal in der Nacht
gibt es Träume,
von denen man erwacht.
In manchen Träumen findet man
einen Kristall,
in anderen Träumen glaubt man,
man ist im freien Fall.
In manchen Nächten fliegt man
als Superheld durch die Luft,
in anderen Nächten sitzt man
fest in einer dunklen Gruft.
In manchen Träumen reist man
auf Sterne,
in anderen Träumen verliert man
sich in der Ferne.
In manchen Nächten
gelingt einem Alles beim ersten Versuch,
in anderen Nächten hat man das Gefühl,
man wurde verflucht.
Egal, ob man von einem Alptraum erwacht
oder friedlich schlummert in dieser Nacht,
man wird am nächsten Morgen aufstehen
und die reale Welt wiedersehen.

Pascal Wiedemann
Grundschule Neusäß bei St. Ägidius, Klasse 4a

Das Iglu der Träume

Auf einem weit entfernten Planeten namens Arktikus, der komplett mit Eis und Schnee bedeckt war, gab es ein Iglu voll mit Träumen von uns Erdlingen. Die Bewohner dort konnten unsere Träume miterleben. Denn das Großartige war, dass unsere Träume dort Wirklichkeit wurden. Meistens hatten die Besucher des Iglus Glück, bekamen einen schönen Traum und waren zum Beispiel eine Traumlänge lang reich oder hatten Superkräfte. Dummerweise konnte es aber auch passieren, dass sie einen Albtraum bekamen. Das kam aber zum Glück nicht so häufig vor. Leider erging es einem jungen Arktikaner namens Fuzzi so. Er hatte den Traum des jungen Erdlings David bekommen. David, der einmal Astronaut werden wollte, träumte davon, wie er in ein Schwarzes Loch eingesaugt wurde. Fuzzi, der diesen Traum bekam, wurde ohnmächtig. Als er aufwachte, flog er schwerelos durchs Weltall direkt auf ein Schwarzes Loch zu. Fuzzi hatte Angst. Er war kurz davor, eingesogen zu werden. Zu seiner Rettung sah er eine Raumstation, die vor dem Schwarzen Loch vorbeiflog. Kurz bevor er eingesogen wurde, konnte er sich daran festhalten. Die Raumstation war gerade auf dem Weg zur Erde. Nach einem langen Flug kam er auf der Erde an und versteckte sich, damit ihn die Menschen nicht sahen. Fuzzi entdeckte ein verlassenes Haus. Dort lebte er, bis er hörte, dass die Menschen einen Eisplaneten entdeckt hatten, den sie erforschen wollten. Da ergriff Fuzzi seine Chance und reiste heimlich mit den Astronauten zurück in seine Heimat.

Als Fuzzis Planet zum Greifen nah war, wurde David aufgeweckt, weil er zur Schule musste. David war den ganzen Tag traurig, weil er den Traum nicht fertig träumen durfte. Er konnte es kaum erwarten, ins Bett zu gehen, um weiterzuträumen. David wollte unbedingt wissen, wie das Abenteuer ausgehen würde.

Jakob Infed
Staatliches Gymnasium Königsbrunn, Klasse 5e

Der Flug zum Heuschreckenplanet

Einmal träumte ich, dass ich an einem schönen sonnigen Julimorgen erwachte. Da dachte ich, heute könnte ich doch zum Heuschreckenplanet - den ich aus einem Buch kannte - fliegen. Also ging ich aus dem Haus und stieg in meinen grünen Raumgleiter. Dort lief ich in den Kommandoraum und programmierte die Route ein. Danach schlenderte ich in den gemütlichen Aufenthaltsraum und setzte mich in einen der bequemen, ebenfalls grünen Sessel, denn es würde ein langer Flug werden. Plötzlich ertönte ein Summen, es gab einen Ruck und schon befand ich mich im Weltall, denn mein Raumgleiter flog mit 1 000 000 km/h. Nach zwei Stunden Flug durch die Milchstraße sah ich in der Ferne endlich einen grünen Fleck. Noch eine halbe Stunde musste ich noch warten. Schon gab es einen Ruck - ich war jetzt in der Atmosphäre des Heuschreckenplaneten. Sie war ziemlich dick, deswegen dauerte es noch eine Minute bis zur Landung. Jetzt setzte der Raumgleiter zum Landeanflug an. Die Landung verlief ruhig. Schon stand mein Raumgleiter auf festem Boden und die Einstiegsluke öffnete sich automatisch. Ich stieg aus und es wimmelte nur so von Heuschrecken um mich herum. Sie waren fast einen Meter groß. Die Höhle dort in der Ferne sah doch verlockend aus, also packte ich meinen Rucksack und lief hin. Beim näherkommen sah ich, dass in den Höhlenwänden lauter auch einen Meter große Heuschrecken nisteten. In der Höhle angekommen fragte ich sie, wie sie die Löcher in die Höhlenwände gebaut hatten. Da erzählten sie mir, dass einmal ein Riese auf ihren Planet gekommen war, der ihnen die Löcher in die Höhlenwände gebohrt hatte. „Das ist ja unglaublich!", rief ich aufgeregt. „Ja „, sagten sie, „wir fanden es auch unglaublich." „Wollt ihr mir euren Planeten zeigen?" „Ja, sogar sehr gerne", sagten sie. Dann ging es los. Sie zeigten mir den ganzen Planeten, denn er war wirklich nicht sehr groß. Eine der Heuschrecken ließ mich auf ihrem Rücken reiten. Das war toll! Auf dem Ritt fragte die Heuschrecke: „Wie heißt du denn?" „Ich heiße „Bimbala", antwortete Bimbala. Es gab wunderschöne grüne Täler zwischen grauen Bergen. Aus den Bergen flossen klare Gebirgsbächlein ins Tal hinab.

Wo keine Berge waren, erstreckten sich weite, grüne Mischwälder mit kleinen, lichtdurchfluteten Lichtungen. „Ihr wohnt ja auf einem wunderschönen Planeten!", sagte ich. Sie sagten im Chor: „Ja, wir wohnen auf einem wunderschönen Planeten." „Wollt ihr mir jetzt noch eure Artgenossen zeigen?", fragte ich. „Ja, gerne", antworteten sie wieder im Chor. „Wo wohnen sie denn?", fragte ich. Die Heuschrecken zeigten sie mir. Nicht alle waren so groß wie die Heuschrecken aus der Höhle, manche waren nur zehn Zentimeter groß. Es gab Heuschrecken, die in Baumhöhlen nisteten. Andere wohnten in Erdlöchern und wieder andere hatten gar keine richtige Wohnung. „Toll, mal näher zu erfahren, wie Heuschrecken eigentlich leben", sagte ich. „Aber es ist langsam Zeit für mich, wieder nach Hause zurückzukehren." „Och, schade", maulten die Heuschrecken. Sie wollten mich noch zu meinem Raumgleiter begleiten. Doch da merkten wir, dass der Raumgleiter verschwunden war. „Mist, mein Raumgleiter wurde geklaut!", sagte ich. „Aber ich glaube, dort in der Ferne ist er noch zu erkennen." „Können wir es schaffen ihn einzuholen?", fragten die Heuschrecken. „Nur wenn ihr einen sehr schnellen Raumgleiter habt." „Unserer fliegt gerade mal mit 200000 km/h", sagten die aufgeregten Heuschrecken. „Das ist zu wenig, wenn der Dieb abhauen will, schafft er 600000 km/h", rief ich. „Damit mein Raumgleiter 1000000 km/h fliegen kann, braucht man ein Passwort." „ICH HABS!", rief Bimbala. „WAS? DAS PASSWORT", „WAS DENN?", riefen alle durcheinander. „Wir nehmen die UFOs. Mit Turbo-Antrieb schaffen sie 610000 km/h!", sagte Bimbala. Da gab ich zu bedenken: „Mein Raumgleiter hat ein sehr gutes Abwehrsystem, das heißt wenn der Dieb uns vom Leib halten will, aktiviert er einfach das Abwehrsystem." „Da hat der Dieb keine Chance, denn unsere UFOs sind aus unzerstörbarem Asteroiden-Stahl", sagte Bimbala. „Dann mal schnell hin zu den UFOs, wir haben nämlich schon wertvolle Zeit verplempert", sagte ich. „OK, dann zeigen wir dir mal die UFOs", sagten die Heuschrecken. „Ja, macht das. Am besten fliegt eine von euch bei mir mit, der Rest teilt sich auf die anderen UFOs auf." „Zu Befehl, Herr General", witzelten die Heuschrecken. „Wir schicken Bimbala – unsere Chef-Pilotin zu dir ins UFO."

„Ja, das ist gut, dann kann sie mir das Fliegen auf dem Flug beibringen, damit ich den Angriff auf meinen Raumgleiter selber fliegen kann." „OK, dann nehmen wir das Kommando-UFO, weil wir dann über die Freisprechanlage den anderen Befehle erteilen können", sagte Bimbala. Alle stiegen in ihre UFOs. Ich schaltete den Hebel an der Freisprechanlage auf ON und sprach hinein: „Kommando Abflug." Dann ging es los. Auf dem langen Flug brachte Bimbala mir das UFO-Fliegen bei. Es war gar nicht schwer, man musste nur zwei Hebel und ein paar Knöpfe betätigen. Einmal durfte ich das UFO kurz selber steuern.

Nach 3h 16min 48s ereichten wir endlich meinen Raumgleiter. Noch einmal schaltete ich den Hebel der Freisprechanlage auf ON und sprach hinein: „Kreist den Raumgleiter ein und bremst ihn auf 100000 km/h ab!" Dann sagte ich zu Bimbala: „Ich möchte jetzt bitte das UFO steuern." „Wieso, du erteilst doch so genaue Anweisungen?", wunderte Bimbala sich. „Weil ich etwas anderes machen möchte", sagte ich. „Schließt bitte den Kreis hinter uns", sprach ich in die Freisprechanlage. Inzwischen hatte der Dieb uns entdeckt und das Abwehrsystem aktiviert. Richtige Raketenschauer krachten auf uns hinab. Ich flog das UFO nahe an meinen Raumgleiter heran, genau an die Einstiegsluke. Dann sagte ich zu Bimbala: „Bitte steuere du jetzt das UFO und halte es auf der Stelle." Ich selber öffnete die Einstiegsluke, aber nur einen Spalt breit wegen der gefährlichen Leere des Weltalls, streckte meinen Arm aus und erreichte gerade so den

Knopf zum Ausfahren der Weltall-Einstiegsschleuse. Sie fuhr zehn Zentimeter weit aus, blieb dann stehen und fuhr dann wieder ein. Also schloss ich die Einstiegsluke wieder und wandte mich an Bimbala: „Schade, das wäre ja auch zu einfach gewesen." „Was denn?", fragte sie. „Durch das Öffnen der Weltall-Einstiegsschleuse in den Raumgleiter einzudringen. Aber der Dieb hat das wohl gemerkt und sie aus dem Cockpit heraus blockiert. Dadurch ist die Einstiegsschleuse kein Weg mehr." „Das ist schade", meinte auch Bimbala. „Gibt es noch eine Chance?" „Ja, wir müssen ihn zur Landung zwingen und zwar in meinem Garten, wenn ich ihn dort mit meinen Kontrollschirm verbinde, kann ich die Blockierung aufheben und die Einstiegsluke öffnen." Dann sprach ich in die Freisprechanlage: „Zwingt den Raumgleiter in meinem Garten zur Landung. Koordinaten: 48,34066°N, 10,69076°O. Dann noch die Weltall Koordinaten der Erde: 450 468°N, 690 231°O." Dreimal wäre uns der Raumgleiter fast entwischt, dann hatten wir es geschafft. Der Raumgleiter stand sicher in meinem Garten und wurde von fünf über ihm fliegenden UFOs bewacht. Ich rannte ins Haus und holte schnell das Verbindungskabel, steckte es an den Raumgleiter an, dann noch an den Kontrollschirm und schon sah ich das Cockpit meines Raumgleiters vor mir. Ich hob schnell die Blockade der Weltall-Einstiegsschleuse auf. Jetzt ging ich noch mal hinaus und sagte zu Bimbala: „Pass auf, wenn ich die Einstiegsluke öffne, wird der Dieb wahrscheinlich herauskommen. Ich ging noch mal hin und öffnete die verriegelte Einstiegsluke. Tatsächlich wollte der Dieb fliehen, aber als er die Heuschrecke sah, rannte er zurück in den Raumgleiter. Als ich herauskam, sagte Bimbala zu mir: „Der Dieb ist noch im Raumgleiter." „Okay", sagte ich. „Dann wollen wir uns den Dieb mal anschauen." Ich ging in den Raumgleiter und sah meinen Erzfeind Markus aus meiner Klasse im Aufenthaltsraum. „Was machst du denn da, Markus!", fuhr ich ihn an. „Ich wollte so gern mal einen sooooo großen Raumgleiter wie du haben", jammerte er. „Okay, wenn du einmal mitfliegen möchtest, dann nehm ich dich halt mal mit, aber nur wenn du den Raumgleiter putzt und schrubbst, bis er wie neu glänzt", rief ich. „Hilf mir doch bitte dabei. Der Raumgleiter ist so schrecklich groß", jammerte er. „Oh nein, Strafe muss sein", sagte ich. Und schon schrubbte und putzte er los, was das Zeug hielt. Ich zeigte den Heuschrecken derweil die Umgebung. Als wir wiederkamen, sah der Raumgleiter wie neu aus. Selbst seinen kleinen Raumgleiter hatte Markus herausgeschleppt. „Hat jemand Lust auf einen Rundflug über die Erde?", fragte ich. „Au, ja!", riefen alle. „Na dann mal einsteigen.", sagte ich. Der Rundflug wurde sehr schön. Danach brachte ich noch die Heuschrecken nach Hause, denn jedes Abenteuer geht einmal zu Ende. Sie schenkten mir noch ein kleines, feinsäuberlich verpacktes Päckchen. „Tschüss, ihr könnt mich gern mal wieder besuchen!", rief ich schon im Abfliegen. Zuletzt landete ich sicher in meinem Garten.

Danach wachte ich auf. Als ich aufwachte, lag das Päckchen der Heuschrecken auf meinem Nachtkästchen.

Felix Thuille
Grundschule Kutzenhausen, Klasse 4a

Mein Traum

Ich
Ich will
Ich will in
Ich will in einem
Ich will in einem sicheren
Ich will in einem sicheren Land
Ich will in einem sicheren Land leben.

Mohamad Al-Satam
Helen-Keller-Schule Dinkelscherben, Klasse 5Ga

Das Traumland

„In einer Minute klingelt es!", flüsterte Julia Merle zu. „Dann kommst du zu mir!"

„Ich freue mich auch schon darauf, bei dir zu übernachten!", erwiderte Merle. Endlich war es so weit: Der vertraute Schulgong erklang, und alle Schüler packten freudig ihre Sachen ein und stürmten ins Wochenende. Merle und Julia spielten bei Julia zu Hause, und so verging die Zeit bis zum Abend wie im Flug. Nachdem sie einen Film gesehen hatten, fielen sie todmüde ins Bett.

Julias Sicht:

Ich fiel in einen wunderschönen Traum. Die Landschaft sah aus, wie in einem Bilderbuch. Im Hintergrund waren riesige Berge, deren Gipfel mit Schnee bedeckt waren. Vor den Bergen verlief ein breiter, glitzernder Fluss, der sich durch die Landschaft ins Tal schlängelte. Ich selbst stand in einer großen Blumenwiese, die bis zum Fluss hinunter reichte.

Merles Sicht:

Ich fiel in einen wunderschönen Traum. Die Landschaft sah aus wie in einem Bilderbuch. Im Hintergrund waren riesige Berge, deren Gipfel mit Schnee bedeckt waren. Vor den Bergen verlief ein breiter, glitzernder Fluss, der sich durch die Landschaft ins Tal schlängelte. Ich selbst stand in einer großen Blumenwiese, die bis zum Fluss hinunter reichte. Nicht weit von mir sah ich den Umriss einer Person, der mir bekannt vorkam. In dem Moment nahm auch die Person mich wahr und erkannte mich, denn wir rannten aufeinander zu. „Äh, Merle? Was machst du denn in meinem Traum?", fragte Julia überrascht. „Ich würde eher fragen: Was machst du denn in meinem Traum?", fragte ich zurück. „Irgendwie ist es gruselig, im selben Traum mit dir zu sein", stellte Julia fest. „Aber gleichzeitig auch irgendwie cool!", sagte Merle. Plötzlich fiel ein riesenhafter Schatten über uns und wie aus einem Mund schrien Julia und ich los.

Julias Sicht:

Ich schrie mir fast die Seele aus dem Leib. Ich war gerade noch damit beschäftigt zu schreien, als ein riesiger Drache neben uns landete. Und da eine wunderschöne junge Frau elegant von seinem Rücken glitt, blieb mir der Schrei im Halse stecken. Von Merle kam ein leises „Wow!", dem ich nur zustimmen konnte. Die Frau hatte ein grünes, seidenes Kleid an, dazu passende schwarze Stöckelschuhe und sie hatte rote Haare. Sie kam auf uns zu und sagte mit melodischer Stimme: „Willkommen im Traumland. Ich bin die Drachenkönigin Marie und dies ist mein Drache Kasimir. Ihr seid Merle und Julia und wir brauchen dringend eure Hilfe. Bevor ihr Fragen stellt, lasst mich erklären. Meine Tochter Sophia wurde vom bösen Magier Gollum entführt. Ich besitze einen magischen Stab, der die Drachen gezähmt hält, aber gleichzeitig auch sehr viel Macht verleiht. Gollum möchte diesen Stab im Tausch gegen meine Tochter haben. Ich bitte euch, helft mir und befreit Sophia. Noch eine Bitte: Streitet euch nicht, denn Gollum hat die Traumwelt mit einem Fluch belegt, der besagt, dass wenn sich jemand streitet, der Himmel immer dunkler wird und irgendwann ist alles schwarz und die Bewohner des Traumlandes leben nur, wenn es hell ist. Habt ihr noch Fragen?"

„Ja, eine wichtige: Wo ist der Magier?", fragte ich. „Geht immer nach Norden. Dort findet ihr sein Schloss. Übrigens wird es in Richtung Norden immer dunkler." Also machten Merle und ich uns auf den Weg, obwohl ich schon zugeben musste, dass ich Angst hatte. Als wir eine Stunde gegangen waren, wollte ich nicht mehr weiterlaufen und sagte zur Merle: „Ich will zurück nach Hause!"

„Wir haben es doch fast geschafft, außerdem müssen wir Sophia retten!", meinte Merle. „Also mir ist das zu gefährlich, ich gehe jetzt zurück!", antwortete ich. „Dann geh doch!"

Also ging ich in die entgegengesetzte Richtung davon.

Plötzlich wurden alles dunkel und der Boden schien sich zu verändern: Er wurde feucht und irgendwie schleimig, bis sich schließlich ein See bildete. Ich sah in der Dunkelheit etwas aufblitzen und bei genauerem Hinsehen sah ich, dass es ein Diamant war, der von einem Mann gehalten wurde. Als ein schauriges Lachen ertönte, das wahrscheinlich von dem Mann dort kam, bekam ich es mit der Angst zu tun und stürzte blindlings voran, um dem leuchtenden Diamanten und dem schleimigen Fluss zu entkommen. Doch je tiefer ich in die Finsternis eintauchte, um so schlimmer wurde es. Der See war immer noch da, doch jetzt tauchte ein Krokodil aus dem Fluss auf und ich konnte meinen Augen kaum trauen. Auf dem Rücken des Krokodils tanzten zwei Geister und eine dritte Gestalt war an einem Holzpflock gebunden und stand wackelig auf dem Krokodil. Plötzlich erkannte ich, dass das Merle war, die da an den Pflock gebunden war! Der Tanz, den die Geister da veranstalteten, war nicht nur irgendein Tanz, sondern so eine Art Siegestanz. „Ich muss Merle da rausholen!", war mein erster Gedanke, den ich hatte, als die Angst sich in mir einigermaßen gelegt hatte. Kurz entschlossen nahm ich einen Stein und warf ihn so weit wie möglich weg von Merle. Die Geister hörten den Aufprall und flogen, wie geplant, in die Richtung davon, wo sie den Aufprall gehört hatten. Ich stürzte durch das knietiefe Wasser auf Merle zu und begann den Knoten zu lösen, mit dem sie an den Pflock gebunden war. „Na endlich", sagte sie. „Ich dachte schon, ich verrotte hier." „Habe ich dich jemals verrotten lassen? Und halt endlich still, sonst kriege ich den Knoten nie auf!", erwiderte ich genervt. Als ich den Knoten endlich gelöst hatte, umarmten wir uns erst einmal, so froh waren wir, nicht mehr getrennt zu sein. „Sachsasasasa", kam es von der anderen Seite des Flusses und mir blieb das Herz stehen. Die Geister hatten anscheinend gemerkt, dass sie einem Stein hinterher geschwebt waren und kamen schnellstmöglich wieder hierher zurück. „Lauf!", schrie ich, doch das musste ich Merle nicht zweimal sagen. Wir sprinteten los und irgendwann bemerkte ich, dass wir gar keine Ahnung hatten, wohin wir eigentlich rannten. „Es tut mir wahnsinnig leid!", schrie Merle, den Tränen nahe. Dann passierten mehrere Dinge gleichzeitig. Die Geister hinter uns begannen wie von Sinnen zu schreien, als ob sie Höllenqualen litten. Der Himmel wurde wieder freundlicher und der unheimliche See wurde wieder zu einer Wiese, und urplötzlich stolperte ich über eine Wurzel und schmeckte Blut auf der Zunge. Die finstere Welt löste sich auf und wurde zu der freundlichen, einladenden Welt der Drachen.

Entschlossen, uns nicht mehr zu trennen, zogen wir weiter. Auf dem Weg schmiedeten wir einen Plan, wie wir Sophia befreien konnten.

Merles Sicht:

Wir kamen zu dem Schluss, dass einer Gollum ablenkt, während der andere versucht, den Schlüssel zu klauen, falls es einen gab, um Sophia zu befreien. Wir waren uns einig, dass Julia eindeutig Gollum ablenken sollte, denn sie konnte sehr gut schauspielern und war eine echte Labertasche, was Merle sicherlich Zeit verschaffen würde, Sophia zu befreien.

Als wir ankamen, sahen wir zwei Wachen, und Julia ging zielstrebig auf sie zu. „Wir haben einen Termin mit dem Magier Gollum", sagte sie. Die Wachen waren anscheinend sehr dumm, denn sie ließen uns passieren. Die Burg war sehr einfach aufgebaut. Man kam hinein und sah am Ende eines Saals einen Thron, auf dem Gollum saß.

„Was wollt ihr hier?", fragte er mit wichtigtuerischer Stimme.

Julias Sicht:

„Hallo, werter Herr Gollum", fing ich zu reden an. „Ich habe mitbekommen, dass ihre Wachen nicht die schlauesten sind, deswegen wollte ich fragen, ob ich bei ihnen als Wache anfangen dürfte zu arbeiten." Merle hatte anscheinend, so wie ich, den Schlüssel am Thron gesehen, und ich dachte mir, ich muss ihn irgendwie vom Thron weglocken. „Das ist eine vorzügliche Idee und ich habe auch schon eine Aufgabe für dich. Ich halte ein Mädchen gefangen, das du bewachen kannst", sagte Gollum. Er führte mich in einen Nebengang und ich sah noch aus den Augenwinkeln, wie Merle sich den Schlüssel schnappte.

Merles Sicht:

Ich schnappte mir den Schlüssel und rannte Julia und Gollum hinterher, der mich erst jetzt zu bemerken schien. Ich sagte schnell: „Ich bin eine Freundin von Julia und möchte auch hier anfangen."

Gollum schien sich zu freuen und lief weiter. Wir kamen am Kerker von Sophia an und Julia sagte: „Könnten sie mir noch zeigen, wo wir schlafen werden? Merle wird so lange auf das Mädchen aufpassen." „Na gut. Dann folge mir!", antwortete Gollum.

Sie verschwanden und ich schloss den Kerker auf. Sophia rannte mir in die Arme und ich nahm sie an der Hand, schloss den Kerker und rannte mit ihr nach draußen.

Julias Sicht:

„Verdammt! Los schau nach, wo deine Freundin und dieses Mädchen sind!", tobte Gollum, als er sah, dass Sophia nicht mehr in ihrem Kerker war. Ich antwortete: „Natürlich, ich schaue sofort nach." Also rannte ich nach draußen. Keine fünf Meter von der Burg entfernt, sah ich Merle mit Sophia an der Hand stehen. Glücksgefühle durchfluteten mich. Neben Merle stand der Drache Kasimir! „Halt, sofort stehenbleiben!", rief Gollum, der mir anscheinend gefolgt war. „Komm schon, Julia!", rief Merle fast genauso laut wie Gollum. Ich setzte meine ganzen Sportkünste ein und sprintete Merle entgegen. Ich konnte gerade noch rechtzeitig auf Kasimir klettern, bevor Gollum mich am Fuß packen konnte. Dann startete Kasimir, und wir entkamen gerade so.

Merles Sicht:

„Wie kann ich euch jemals genug danken?", fragte Marie, die Drachenkönigin. „Ach, nicht der Rede wert,", sagte Julia. „Haben wir doch gerne getan." „Das freut mich. Ihr habt das Königreich samt Bewohner gerettet. Darf ich euch was fragen?", fügte Marie zögernd hinzu. „Alles", antwortete ich. „Wenn unser Königreich wieder in Gefahr ist, dürfen wir euch dann wieder um Hilfe bitten?", fragte Marie.

„Ja!", antworteten wir wie aus einem Mund und waren bereit für ein neues Abenteuer.

Dann wachten wir bei Julia zu Hause auf und schauten uns verdutzt an …

Merle Rauscher, Julia Conrad
Leonhard-Wagner-Gymnasium Schwabmünchen, Klasse 5c

Unser Traumfänger

(**T**)räume sind magisch
(**R**)uhige Träume
(**A**)ufregende Träume
(**U**)nvergessliche Träume
(**M**)achen Träume glücklich
(**F**)abelhafte Träume
(**Ä**)ndern Träume Menschen?
(**N**)iemals aufhören zu träumen
(**G**)renzenlose Träume
(**E**)igene Traumländer
(**R**)ätselhafte Träume

Luca Flaake, Timon Vollmer
Staatliches Gymnasium Königsbrunn, Klasse 6f

Maria und ihr Traum

Es war eine warme Nacht, und Maria konnte nicht einschlafen. Sie drehte sich von einer Seite auf die andere und starrte an die Decke. Plötzlich begann sie zu träumen.

Sie befand sich in einer Wüste, umgeben von Sanddünen und heißer Sonne. Sie war durstig und müde, aber sie konnte kein Wasser finden. Sie begann zu wandern, und plötzlich sah sie in der Ferne eine Oase. Sie rannte darauf zu und als sie näher kam, konnte sie das Wasser rauschen hören. Sie erreichte die Oase und tauchte ihre Hände ins Wasser. Es war kalt und erfrischend. Sie trank und fühlte sich sofort besser.

Maria sah sich um und bemerkte, dass die Oase von Palmen umgeben war, die Schatten spendeten und es angenehm kühl war. Sie beschloss, sich für eine Weile auszuruhen und legte sich unter eine Palme. Plötzlich hörte sie Stimmen und sah, dass einige Menschen zu der Oase kamen. Sie waren ebenfalls durstig und müde von ihrer Wanderung in der Wüste. Maria teilte ihr Wasser mit ihnen und sie alle setzten sich zusammen und unterhielten sich.

Dieser Traum gab Maria ein Gefühl der Verbundenheit und des Mitgefühls. Sie erwachte am nächsten Morgen mit einem Lächeln im Gesicht und das Gefühl, dass alles gut werden würde. Der Traum hatte ihr geholfen, ihre Ängste und Sorgen zu überwinden.

Jonas Günther
Mittelschule Zusmarshausen, Klasse 8aM

Der Tagtraum

Heute war der allererste Schultag für Lena an der neuen Schule. Aber als sie das Schulhaus betrat, rempelte sie eine Viertklässlerin an und sagte: „Wenn du mir nicht fünf Euro gibst, dann verprügle dich!" Und so ging das drei Wochen weiter, bis der Viertklässlerin im Unterricht so langweilig wurde, dass sie einschlief.

Sie träumte davon, dass sie sich ein Eis kaufen wollte. Da kamen dann Jugendliche auf sie zu, hielten sie fest und drohten, sie zu verprügeln, wenn sie nicht ihren Geldbeutel herausrücke. Sie versuchte wegzurennen, aber die Jugendlichen kamen immer näher und wurden größer, bis sie sich nicht mehr bewegen konnte. Anna zitterte vor Angst und fühlte sich ganz klein. Es wurden mehr und mehr, bis sie das Gefühl hatte, keine Luft mehr zu bekommen. Vor Schreck fuhr sie hoch. Sie dachte sich: „Wo bin ich? Ach ja in meiner Klasse." Erst dann wurde ihr klar, wie schlimm es für Lena sein musste. In der Pause ging Anna zu Lena und entschuldigte sich: „Du, Lena, ich wollte mich entschuldigen für all das, was ich gemacht habe. Es tut mir leid. Ich habe das nur gemacht, weil ich keine Freunde habe, und die Mädchen-Clique nimmt mich nur auf, wenn ich ihnen Geld gebe!" Lena zeigte Verständnis und Anna lud sie als Entschuldigung zum Eisessen ein. Und seitdem wurden sie die besten Freundinnen, und dann musste Anna sich nicht mehr mit der Mädchen-Clique herumschlagen. Und das nur wegen eines einzigen Traums.

Clara Wagner
Staatliches Gymnasium Königsbrunn, Klasse 5c

Der Traum

Ich zog meinen Schneeanzug an und rannte hinaus in den Schnee. Ich braute einen Schneemann, ein Schneeschloss und ein großes Iglu – das wurde soooo groß. Dann kam meine Schwester zu mir in den Garten. Wir machten eine Schneeballschlacht. Aber dann wurde mir kalt und ich ging ins Haus. Dort machte mir meine Mutter einen warmen Kakao und brachte mir Kuchen, dann bin ich eingeschlafen und habe folgendes geträumt:

Ich war auf einer wunderschönen Blumenwiese und erschrak furchtbar. Was hatte ich da gesehen? Kann ich meinen Augen trauen? Ich konnte auf einmal Elfen sehen! Sie waren so wunderschön! Ich war auf einmal in der Welt der Elfen. Es kamen gleich zwei Elfen auf mich zu. Sie waren sehr nett und begrüßten mich herzlich in ihrer Welt. Doch was passierte jetzt?

Auf einmal wurde es dunkel und die Elfen erschraken fürchterlich, denn sie wussten was passiert.

Am Himmel tauchte ein riesiges, schwarzes, fliegendes Pferd auf. Es war offensichtlich nicht so nett wie die Elfen. Mir schlotterten die Knie und ich wusste nicht, was passiert … Völlig ratlos sah ich zu den Elfen. Der Wind, den die Flügel des Pferdes erzeugten, wurde immer heftiger.

Die Elfen riefen mir zu: „Runter mit dir, das ist Panteha, das Höllenpferd der Munkulusse."

Sie schrien weiter: „Ruf mit uns so laut du kannst nach Chiara!" Wir schrien so laut wir konnten „Chiaaaaaraaaa" und schon war da ein heller, bunter Lichtstrahl am Himmel. Chiara, das fliegende Zaubereinhorn der Elfen, erschien am Himmel. Chiara das Zaubereinhorn stupste uns vorsichtig mit seinem goldenen Horn an – schwups wurden wir alle drei riesengroß und kräftig wie zehn Elefanten.

Zu viert schlugen wir Panteha in die Flucht. Erleichtert und total erschöpft legten wir uns auf die Wiese und schliefen sofort ein.

Als ich wieder aufwachte, war ich immer noch ganz geschafft, bemerkte aber, dass ich überhaupt nicht mehr in der Welt der Elfen war, sondern auf dem Boden in meinem Kinderzimmer.

Verwundert aber erleichtert ging ich zu meiner Mama und kuschelte ein wenig mit ihr.

Jamina Breunig
Grundschule Diedorf, Klasse 3 a

Mein Lebenstraum in Kanada

Seitdem mein Nachbar Nico in Kanada gearbeitet und mir viel darüber erzählt hat, wie es dort ist und was er alles macht, habe ich mich für einen neuen Lebenstraum entschieden. Ich möchte als Erntehelfer, auf einer großen Farm in Kanada arbeiten.

Um meinem Traum näherzukommen, weiß ich, dass ich zuvor meinen Realschulabschluss zu meistern habe und anschließend erfolgreich eine Ausbildung zum Landwirtschaftsmechaniker abschließen muss. Bevor es jedoch nach Kanada geht, möchte ich zuerst Erfahrungen auf einem deutschen Bauernhof sammeln, um mehr über die Landwirtschaft und deren Fahrzeuge zu lernen und zu verstehen. Weil die Sprache ein großes Hinderniss sein wird, melde ich mich auf jeden Fall vorher noch an einer Sprachschule an, um mein Englisch zu verbessern. Somit bin ich gut vorbereitet, aber wie stelle ich mir Kanada und die Arbeit vor?

Von Erzählungen von Nico habe ich eine Vorahnung, wie es sein kann, aber ich stelle es mir im Kopf noch gigantischer vor.

Beim Flug war ich schon super aufgeregt und konnte es kaum aushalten, die Vorfreude war riesig. Endlich in Vancouver gelandet holte ich hektisch meine Koffer ab und suchte die Farmer-Familie. Ich ging in die Ankunfshalle und entdeckte eine Gruppe, die ein Schild mit meinem Namen „Felix Scherer" nach oben hielt. Ich lief hektisch zu ihnen, und die Farmer-Familie begrüßte mich herzlich. Sie nahmen mir mein Gepäck ab, und wir liefen gemeinsam zu deren riesigem Chevrolet RAM1500. Alles verstaut und eingepackt fuhren wir über zwei Stunden zu ihrer Farm. Ausserhalb der Stadt fuhren wir sehr lange eine Straße entlang und links und rechts davon nur Land, Bäume und Acker. Die Felder, die ich sah waren gigantisch groß und kein Vergleich zu Deutschland. Auf der Farm angekommen staunte ich erst einmal, wie groß alles wart. Ich drehte mich nach links und sah eine Maschinenhalle, die so riesig war wie bei uns ein ganzer Bauernhof. Da mussten mindestens um die vierzig Landmaschinen rein passen. Ich schaute mich weiter um und als nächstes staunte ich über den gigantischen Kuhstall. Auf der Freifläche sah ich geschätzte 500 Kühe und somit musste der Stall mindestens um die 1500 Kühe haben. Vor lauter Aufregung habe ich das Wohnhaus nicht entdeckt und konnte nicht fassen wie groß dieses war. Der Eingangsbereich war majestätisch und die um das Haus laufende Terrasse war bombastisch. Das Haus war zweistöckig und schön verziert. Nach diesem Anblick interessierte mich auch der Garten. Um das Haus herum gelaufen sah ich den riesigen Garten. Darin befand sich ein Pool und außen herum waren Liegenstühle aufgestellt. Weiter hinten sah ich ein Gartenhaus, das so groß war wie mein Zuhause in

Deutschland. Ich habe mir vom Farmer erklären lassen, dass dies nur die Grillhütte wäre. Bei der Grillhütte waren viele Obstbäume mit erntereifen Früchten. Mit diesen ersten Eindrücken wusste ich, dass ich mich richtig entschieden hatte und freute mich auf den nächsten Tag, wenn ich endlich mitanpacken und arbeiten konnte.

So stelle ich mir meine Zukunft in Kanada vor.

Felix Scherer
Staatliche Realschule Zusmarshausen, Klasse 5a

Mein Traum

Ich habe geträumt, dass ich eine Meerjungfrau war. Ich hatte eine glitzernde Flosse und blonde Haare. Und ich bin auf einem Delfin geritten.

Milla-Matilda Wollbold
Grundschule Gessertshausen, Klasse 1b

Traum?

Es sich gemütlich machen
Augen schließen
Zur Ruhe kommen
Stille genießen
Kopf freimachen
Träumen
Traum genießen
Augen öffnen
Entspannt sein

Elisa Retsch
Staatliches Gymnasium Königsbrunn, Klasse 5c

Rosa Sand

Rosa Sand. Die kleinen Scherben der Muscheln, die das Meer anspülte, piekten in seine Füße. Die Sonne ging gerade am Horizont auf. Rot, Orange, Rosa. Als würde man eine Brille vom Frischverliebtsein tragen. Sand, Wasser, Muscheln, Sonne. Eine Idylle. Früher hätte er hier mit seiner Familie Urlaub gemacht. Wäre mit seinem Bruder über den Sand gerannt, hätte Sandburgen gebaut und sich gewünscht, für immer an einem solchen Ort zu sein. Jetzt? Jetzt! Jetzt war er allein. Mit dem verwaschenen

Polohemd, den kakifarbenen Shorts, barfuß. Das kühle Nass strich in zarten Linien über den Sand. Korn um Korn, Muschel um Muschel, Welle um Welle. Und er war allein.

Er lief am Strand entlang. Die Sonne ging langsam auf. Aber sein Kopf blieb leer. Die Gedanken wie die Sandkörner. Mit jeder neuen Welle davongeschwemmt, bevor er sie greifen konnte. Es war so still. Plätschern, das Knirschen des Sandes unter seinen Füßen. Sonst Stille. Er wagte es nicht, etwas zu sagen. Ein Geräusch zu machen. Er wollte sich einfach nur erinnern.

Da musste etwas am Horizont sein. Der Himmel, nun blau, traf in weiter Ferne auf das Meer. Da musste mehr sein. Land, eine Küste, eine Insel. Aber da war nichts. Der Horizont war so leer wie sein Kopf. Er wollte sich erinnern. Da war etwas. Er suchte etwas. Wollte etwas. Nur was war es? Er musste sein ganzes Leben diesem Etwas hinterhergelaufen sein, denn alles, was er wusste, war, dass er es finden musste. Aber was war es? In seinem Kopf war es so unförmig, so verschwommen. Ja, es war da, aber was war es? Was war es? Er setzte sich in den warmen Sand, der Kopf drehte sich vom vielen Denken. Da war etwas. Er wollte dieses Etwas. Und er wusste, wusste einfach, dass er es hier nicht finden würde. Was war das nur für ein verrückter Traum?

Ein Traum.

Ein Traum?

Sein Traum.

Das kleine Haus am Strand. Mit dem klapprigen Holzsteg, den windschiefen Fensterläden, der quietschenden Tür. Das war schon immer sein Traum gewesen. Das kleine idyllische Haus an einem schönen Sandstrand.

Und hier war er. Nur das Haus fehlte. War es das, was ihm fehlte? Nicht der Horizont, der so wolkenlos war, dass man die klare Linie zwischen Meer und Himmel sehen konnte, oder seine Familie, mit der er seine Kindheit an solchen Orten verbracht hatte, sondern dieses kleine Haus? Wo war das, wovon er all diese Jahr geträumt hatte? Ein weiter Blick in den Himmel verriet ihm, wie lange er nun schon hier im Sand saß. Durchaus schön. Der Himmel, das Meer. Vielleicht, nur vielleicht konnte er seinen Traum für einen Augenblick vergessen und das genießen, was er schon hatte. Der Strand, mit seinem klaren Meer und dem rosafarbenen Sand, war auch ohne Haus ein Traum für sich.

Sophia Moana Schuller
Staatliches Berufliches Schulzentrum Neusäß, Klasse FOS - S12e

Der Traum vom Fliegen wird wahr

Unser größter Traum war es schon immer, einen Lamborghini zu fliegen. Es passierte im Traum. Wir flogen von Europa, nach Nordamerika, über Täler und Berge.

Bis es schließlich wahr wurde. Wir wachten auf und wollten im Garten Äpfel und Birnen holen.

Auf einmal wurde unserer Traum wahr. Ein Lamborghini Aventador SVJ, mit Düsenantrieb und blauen LED-Felgen stand tatsächlich vor uns. Wir drei Jungs wollten in den Kofferraum gucken. Dort lag ein Koffer mit einem Brief darauf. Wir öffneten den Brief. Dort stand geschrieben:

„Das ist für euch! Seht in den Koffer". Wir öffneten den Koffer. Dort lagen zwanzig Diamanten, fünf Goldbarren, und hundert Millionen Euro drinnen. Der Traum war wahr. Nun dachten wir sofort daran, mit ihm zu fliegen. Gemeinsam starteten wir ihn. Doch er konnte nicht fliegen.

Dann sahen wir einen Knopf auf dem „volare" stand.

Wir drückten ihn. Der Lamborghini hob ab. Wir ließen noch einen Brief fallen. Dort stand geschrieben: „Tschüss, wir sind in Italien gut aufgehoben. Liebe Grüße Niki, Lukas und Noah

Lukas Glenk, Nikolas Hunt, Noah Haid
Grundschule Altenmünster, Klasse 4b

Als ich über Bord fiel

Der Junge
Ich schlafe ein, dann falle ich runter. Ich stehe auf einem Boot. Das Bot heißt Alfa Cru. Ein Junge kommt aus der Kajüte.

Er sagt zur mir: „Willkommen, ich nehme dich auf."
„Warum?", frage ich. „Weil du eine Ausreißerin bist."
„Woher weißt du das?"
„Das sieht man an deinen Händen, sie sind schmutzig."

Es geht los
„So, so !", sagte ich. „Wie heißt du ?", fragte der Junge. „Ich heiße, äh, keine Ahnung." „Aha. Ich bin Ben Libra. Darf ich dir Sammy, Tees und Tessa vorstellen?" Kaum hatte er es zu Ende gesprochen, kamen alle auf das Deck. Ben sagte: „Wir segeln jetzt los. Tessa, übernimm bitte das Steuer. Ich muss der Neuen alles erklären." Er erklärte mir alles über den Wind und alles, was man wissen musste. Inzwischen waren wir im Mittelmeer angekomen.

Der Sturm
Plötzlich begann es zu regnen, und ich bekam Angst. Der Wind wurde immer stärker …

Person über Bord

Und dann passierte es. Eine heftige Windböe riss mich über Bord. Ben, Sammy, Tees und Tessa erschraken. „Mann über Bord!", schrie Ben. Sammy kicherte und sagte: „Wohl eher, Frau über Bord." „Jetzt ist keine Zeit für Späße!", schimpfte Ben. Er holte so schnell er konnte eine Rettungsweste.

Ich schwamm um mein Leben, weil ich dachte, mich würde ein Fisch beißen! Plötzlich sah ich neben mir ein HAI! Doch der Hai schien mich zu mögen. Oder er hatte mich noch nicht entdeckt. Aber es war zum Glück nur ein Delfin. Gott sei Dank. Und ich habe gedacht, es wäre ein Hai. Ich bin ja ein Angsthase. Es könnte sogar sein, dass ein Delfin genauso gefährlich ist wie ein Hai. Jetzt wollte ich auch gar nicht mehr schlafen. Ich wollte aufwachen, aber ich war im Tiefschlaf.

Gerettet

Ben kam mit der Rettungsweste angerannt. Daran befestigte er ein dickes Seil. Er warf die Weste ins Wasser. Ich klammerte mich fest und alle zogen mich hoch. Tessa war schon aus dem Steuerhäuschen zu Ben gestürmt.

Leider wachte ich genau in dem Moment auf, als ich an Bord war, weil meine kleine Schwester mich weckte. Ich sah auf die Uhr. „10:00 Uhr schon". Ich ging runter in die Küche, meine große Schwester saß am Küchentisch. Offenbar hatte sie auch länger geschlafen. „Na, was hast du geträumt?", fragte sie mich.

Ich erzählte ihr vom Boot von Ben, Sammy, Tess, Tessa und dass ich über Bord gefallen war.

Nicola Gribl
Grundschule Altenmünster, Klasse 4a

dunkelheit

dunkelheit
alles beginnt und endet in ihr
sie verschlingt mich wie ein stein
im wasser – doch da – ein lichtschein
mag das das ende der ewigen qualen sein
und sei es vorbei mit der träumerei
die dunkelheit holt dich immer wieder ein

Johannes Kinzel
Mittelschule Gersthofen, Klasse 7c

Meine Träume

Mein Traum ist für mich wie ein Paradies, wo es friedlich ist. Aber für mich sind Träume auch Orte, an denen ich mich entspannen kann. Ohne zu träumen, würde ich mich die ganze Zeit über leer fühlen. Mein größter Traum ist es, Kinderärztin zu werden. Jedoch habe ich Angst, dieses Ziel nicht zu erreichen. Wenn ich mich schlecht, traurig oder wütend fühle, schließe ich meine Augen und tauche in meine Traumwelt ein, in der meine Geliebten immer bei mir sind. Das hilft mir gut, um wieder runterzukommen. Aber jeder Mensch empfindet dies anders. Ich selbst finde es als die beste Idee, sich zu beruhigen, denn wenn man sich im Leben Ziele setzt und davon träumt, hat man keine Hindernisse mehr und kann alles schaffen.

Azra Gül Yikilmaz
Gymnasium, Klasse 5d

Die verschwundene Klasse

Es war einmal ein Junge. Er hieß Clemens Michl. Er ging heute wie jeden Morgen in die Schule. Nur heute war etwas anders als sonst. Als er das Schulhaus betrat, war sein Klassenzimmer weg. Er sagte: „Wo ist mein Klassenzimmer?" Clemens ging zu der Stelle, wo die Klasse normalerweise stand. Er sah dort eine gelbe Wand. Er ging durch die Wand hindurch. Plötzlich war er in der Dinosaurierzeit. Er sah einen Berg. Oben auf dem Berg stand seine Klasse. Clemens kletterte die ersten Meter des Berges hoch. Ein Flugsaurier flog vorbei. Der Junge sprang auf den Flugsaurier. Er brachte ihn auf die Bergspitze. Clemens sah seine Klasse. Er ging zur Klasse hin. Auf einmal rutschten sie ab. Er hatte schreckliche Angst. Plötzlich wachte Clemens auf und merkte, dass es nur ein Traum gewesen war.

Clemens Michl
Grundschule Aystetten, Klasse 2a

Albtraum?

Mit langsamem Schritt, eingetaucht in das blassrote Licht des Sonnenuntergangs, überquert er die Straße. Er keucht. Die Hände hat er in seinem schwarzen Jackett verborgen und die Mütze bis unter die Stirn gezogen, sodass fast sein ganzes Gesicht bedeckt ist. Die tiefen Kratzer an seinem Hals sind dennoch zu sehen. Eine Staubwolke weht ihm entgegen und er beginnt, krampfhaft zu husten. Es ist ruhig, nur das Heulen des Windes, der durch die Gasse zieht, ist zu hören. Leise und irgendwie freundlich, so als würde er eine Begrüßung wispern. Der Blick des Mannes fällt auf die zerbombten Häuser, die jetzt eher wie Ruinen wirken. Mehrmals hatte er sich überlegt, die Gebäude auf weitere Überlebende zu untersuchen. Doch eigentlich ist es ihm egal. Ihn interessieren diese vielen gesichtslosen Menschen nicht. Für ihn sehen sie alle gleich aus. Aber nein, es konnte niemand überlebt haben. Und wenn doch, ist es nicht seine Sorge. Ihm ist alles egal. Der Mensch, der für ihn ein Gesicht hatte, existiert nicht mehr. Er geht weiter, kann seinen Blick nicht von den Häusern werfen. Riesig waren sie, es mussten große Wohnblöcke gewesen sein, in denen viele Menschen gelebt hatten. Ein paar Quadratmeter für jeden, mehr Platz konnte in diesen Blöcken nicht gewesen sein. Wieder überkommt ihn ein schwerer Hustenanfall, krampfhaft schnappt er nach Luft. Er versucht, sich an einem Betonklotz festzuhalten, der wohl einmal als Mauer gedient hatte, kann den Schwindel aber nicht abschütteln und geht zu Boden. Die Schmerzen, die seinen Körper durchzucken, blenden ihn, überall spürt er kleine Stiche, die ihn wie Schwerter durchbohren und sein Herz zerlöchern. Neben den Schmerzen fühlt er Leid und Trauer, seine Wegbegleiter seit dem Einschlag, aber zum ersten Mal auch Wut. Wut auf sich selbst, Wut darauf, dass ausgerechnet er überleben musste, aber vor allem Wut auf die Menschheit. Auf diese unberechenbaren, mordlüsternen Bestien. Er weiß nicht, ob der 3. Weltkrieg schon vorbei ist. Wenn ja, hatte er wohl nur ein bis zwei Wochen angehalten. Er weiß auch nicht, wer die Atombombe gezündet hat. Und er weiß nicht, wer mit wem um was kämpft. Um Macht? Die Macht, eine kaputte Welt zu regieren? Die Macht, Diktator einer Handvoll Überlebender zu sein? Oder die Macht, über andere Nationen zu herrschen? Ging es um ein Überlegenheitsgefühl? War das Einzige, was den Menschen interessierte, Macht, Reichtum und Einfluss? Lange Zeit hatte er an das Gute im Menschen geglaubt. An Liebe, an Hilfsbereitschaft und an Toleranz. Doch er war eines Besseren belehrt worden. Die Gier im Menschen war größer. Das Stechen seiner Lunge ignorierend, richtet er sich langsam auf und tritt den Rückweg an. Sein Blick schweift über die Löcher im Boden, zu dem abgebrannten Wald. Alles zerstört. Alles kaputt. Alles verloren. „Keine Nation hat den Krieg gewonnen", denkt er. „Es haben alle verloren. Die Menschheit hat gegen die Menschheit verloren." Auf einmal beginnt er, schneller zu laufen, immer schneller, bis er fast rennt. Sein Herz beginnt zu rasen, das Stechen seiner Lunge ist unerträglich und seine Beine knicken vor Schmerzen wegen der vielen Frakturen fast weg. Doch es ist ihm egal. Soll sein Körper doch versagen. Alles ist ihm egal. Er wird erst wieder langsamer, als er 23ein kleines Haus erreicht, das wohl einmal gelb gewesen sein muss. Nach Luft ringend bleibt er stehen. Die Sonne hat mittlerweile eine blutrote Farbe angenommen. „So rot wie ihr Blut", denkt er und die Erinnerung sticht wie tausend Nadeln. Die Explosion, ihre Schreie. Wie er zu ihr rennt, ihren blutüberströmten Körper sieht. Ihr letztes Lächeln. Ihre haselnussbraunen Augen. Ihr schwarzes, langes Haar, das bereits von einer Staubschicht bedeckt ist. Vor etwa zwei Tagen muss es gewesen sein. Auf einmal fühlt er nichts mehr, nur tiefe Traurigkeit. Eine Träne läuft über seine Wange, als er das Haus betritt. Sie nimmt den Schmutz auf, der sein Gesicht bedeckt und fällt mit einem leisen „Platsch" zu Boden. Er geht zum Klavier, das in der Ecke steht, und öffnet den Deckel. Wie durch ein Wunder ist es unversehrt geblieben. Ihm ist klar, dass sie es nicht mehr hören kann, aber trotzdem beginnt er, „Liebestraum" zu spielen, ihr Lieblingsstück. „Bitte", denkt er sich, immer und immer wieder, „lass das alles nur ein Albtraum sein. Bitte!" Sein Atem geht schnell und rasselnd. Und als die letzten Töne verklingen, verlässt ihn das Leben, als hätte es Rücksicht darauf genommen, dass nur er überlebt hat und sie nicht. Sein Körper, der so viel durchmachen musste, kippt vom Stuhl und fällt zu Boden. Nie wieder wird ihm die Kraft innewohnen, wiederaufzustehen. Die Menschheit hat die Menschheit erfolgreich besiegt.

Johannes Engel
Schmuttertal-Gymnasium Diedorf, Klasse 9a

Der Traum

Der Traum von dir
mit mir hier.
Ohne jemanden umrande
der dich zubande.
Mit mir ohne Gier hier.
Denn ein Kuss ist ein Genuss
den jeder lieben muss.
Wie der Diebe es beschriebe
ergab es Liebe.
Im März
stahlst du mein Herz.
Es ist kein Scherz
denn du sprichst mir direkt in mein Herz.
Zähle meine Herzschläge,
die dich begleiten auf deinem Wege.
Ich atme und spüre deine Liebe,
die ich kriege und begiere.
Es ist wohl der Kuss

den ich an meinen Lippen spüren muss.
Der Traum von dir
unter einem Baum.
Doch es ist wohl nur ein Traum
mir dir hier.

Chalice Scheidel
Mittelschule Gersthofen, Klasse 7a

Die Macht der Träume

Es war einmal in einer Welt, in der die Träume der Menschen die Realität beeinflussen konnten. In dieser Welt gab es eine geheimnisvolle Gruppe von Menschen, die als „Traumweber" bekannt waren. Sie besaßen die Fähigkeit, ihre Träume bewusst zu kontrollieren und zu manipulieren, um die Wirklichkeit nach ihren Wünschen zu formen.

Unter den Traumwebern gab es eine junge Frau namens Luna, die seit ihrer Kindheit von intensiven und realistischen Träumen heimgesucht wurde. Sie hatte immer das Gefühl, dass diese Träume mehr waren als nur Einbildungen, und beschloss, ihre Fähigkeiten als Traumweber zu erforschen.

Luna begann, ihre Träume aufzuschreiben und zu analysieren, und bald entdeckte sie, dass sie tatsächlich die Macht hatte, ihre Träume zu beeinflussen und zu kontrollieren. Sie übte und perfektionierte ihre Fähigkeiten, bis sie in der Lage war, komplexe Traumszenarien zu erschaffen und sogar in die Träume anderer Menschen einzutreten.

Als Luna ihre Fähigkeiten immer mehr perfektioniert hatte, wurde sie von den Ältesten der Traumwebergemeinschaft aufgesucht und aufgefordert, sich ihnen anzuschließen. Sie erklärten ihr, dass sie eine sehr seltene und kostbare Gabe besäße und dass sie ihre Fähigkeiten nutzen sollte, um die Welt zu verbessern.

Luna stimmte zu und schloss sich den Traumwebern an. Sie begann, ihre Fähigkeiten zu nutzen, um die Träume von Menschen zu heilen, die von Albträumen oder Angstzuständen geplagt wurden. Sie half auch, die Träume von Menschen zu beeinflussen, die von schweren Krankheiten oder Behinderungen betroffen waren, um ihnen Trost und Hoffnung zu geben.

Doch als Luna immer mächtiger wurde, begannen einige andere Traumweber, neidisch auf sie zu werden. Sie befürchteten, dass Luna ihre Macht missbrauchen könnte, und beschlossen, sie zu besiegen. Luna erkannte jedoch, dass sie sich nicht von ihren Feinden unterkriegen lassen würde, und beschloss, ihre Fähigkeiten zu nutzen, um sich gegen ihre Feinde zu verteidigen.

Mit ihren neu gewonnenen Fähigkeiten formte Luna eine Armee aus ihren Träumen, um sich gegen ihre Feinde zu verteidigen. Sie erschuf mächtige Krieger, die ihr im Kampf zur Seite standen, und nutzte ihre Fähigkeiten, um ihre Feinde in ihren eigenen Träumen zu besiegen.

Die Schlacht war hart und viele wurden verletzt, aber Luna und ihre Armee aus Träumen schafften es schlussendlich, die feindlichen Traumweber zu besiegen und Frieden in die Welt zurückzubringen.

Nachdem der Krieg vorbei war, wurde Luna von allen Traumwebern als Heldin verehrt und sie wurde zur Anführerin der Traumwebergemeinschaft gewählt. Sie nutzte ihre Fähigkeiten fortan, um die Träume der Menschen zu heilen und ihnen zu helfen, ihr volles Potenzial zu erreichen. Luna lebte glücklich bis ans Ende ihrer Tage, wissend, dass sie dazu beigetragen hatte, die Welt zu einem besseren Ort zu machen. Sie hinterließ eine bleibende Erinnerung als eine der mächtigsten und edelsten Traumweber, die jemals gelebt hatten.

Tobias Kögel
Schmuttertal-Gymnasium Diedorf, Klasse 8a

Traum

Einmal Reich sein

Eines Tages, als ich einschlief, passierte es … Ich träumte von meinem Traumleben. Ich bin reich, kann mir alles leisten und fahre mit den teuersten Autos und Motorrädern herum. Es ist so schön, ich fahre durch Las Vegas und lebe mein Leben. Doch dann, als ich mit meinem neuen Lamborghini fahren will, kommt ein älterer Herr zu mir und sagt mit lauterer Stimme: „Ach immer die Reichen, die interessieren sich doch gar nicht für die anderen." Ich war erstaunt, ging zu ihm hin und fragte: „Was ist ihr Problem?" Er meinte nur, dass Geld nicht glücklich macht, sondern die Gesundheit die spielt eine große Rolle. Ich dachte mir dabei nichts und fuhr dann mit meinem Lamborghini zu einer ärmeren Gegend, da ich einen Freund von früher besuchen wollte. Als ich klingelte, machte eine nette Dame die Tür auf. Ich fragte, wer sie sei, und sie meinte: „Ich bin die Mutter von Tim." Sie holte mich in ihre Wohnung, die nicht mehr die schönste und jüngste Wohnung war. Die ganze Familie meines Freundes Tim war da. Sie begrüßten mich herzlich. Ich habe mitbekommen, dass sie bald auf der Straße leben müssten, weil sie zu wenig Geld haben. Das habe ich mitbekommen, weil der Vater es in lautem Ton zu der Mutter sagte. Ich fragte die Mutter, warum sie dennoch alle so glücklich seien. Sie sagte: „Weißt du, mir hat ein älterer, weiser Herr gesagt, dass man auch ohne viel Geld glücklich sein kann. Ich fragte sofort, wie und er sagte, dass das wichtigste

im Leben Gesundheit sei und man jeden Tag im Leben genießen solle."
Reiche vergessen manchmal ihre Familie und dass das Wichtigste im Leben
wirklich nur die Gesundheit ist. Die Mutter sagte nur noch: „Deswegen
schätze ich jeden Tag, den ich zum Leben habe."

Und auf einmal wachte ich auf. Ich denke jeden Tag an den alten Mann
und auch an die Mutter, man muss nicht reich sein, um glücklich zu sein.
Dieser Traum hat mich sehr geprägt, und ich bin sehr froh, dass ich auch
mal gute Träume habe.

Kevin Wagner
Staatliches Berufliches Schulzentrum Neusäß, Klasse Ki10

Träumerin

Ja, ich träume viel. Ich habe große und starke Träume. Sie sind so groß,
dass ich sie beim Verfolgen nicht aus den Augen verliere. Und darauf bin
ich stolz!

Gurleen Kaur Gill
Staatliches Gymnasium Königsbrunn, Klasse 7c

Dried blood

there's dried blood,
on the sleeve
of my white shirt,
I hold them
under the faucet,
cold water washes
down my arms,
over my hands,
around my fingers,
and disappears
into the rusted drain.
When I look up
that thing stares back at me
it's lips are chapped and pale
like wrinkled white paper.
It's eyes
they stand out
two watery green circles,
against a bloodshot background
mocking me

it's mocking me.
i just want to
see again,
breath again,
dance again,
love again.
I just want to
live how I did before
I just want to live.
but you make it so difficult.
you've stained the sleeves
of my white shirt.
you're so selfish
you're so selfish
the sound of the rushing water
soothes me,
it helps me to block out,
what I cannot handle.
but if I cannot handle,
the watery eyes,
the dried blood, on the sleeves,
of my shirt,
then how is it
that I'm still here,
standing with my arms
under the cold water,
trying to wash out the stains,
trying to collect myself,
trying to move on,
trying to see,
and breath,
and dance,
and love,
trying to live.
am I doing it?
is it over?
is my shirt perfect once more?
is my shirt perfect?
I wait
for the cold water

to give an answer,
but no matter how
hard
I scrub
no matter how
badly
I want the blood to vanish
my white shirt
will never be
the same.

Helena Frank
Mittelschule Untermeitingen, Klasse 10V2

In meinem Traum ...

In meinem Traum sind meine Familie und ich in den Urlaub nach Griechenland gefahren. Dort wohnten wir in einem richtigen Schloss mit sieben Stockwerken und sogar einem eigenen Pool. Unser Schloss war so groß, deswegen beschreibe ich es erstmal ein bisschen:

Im ersten Stock waren die Küche und ein riesen Esszimmer. Dort kochten wir uns am Abend immer leckere Gerichte. Das Badezimmer mit einer goldenen Toilette und das Schlafzimmer von meinem Bruder Tim lagen im zweiten Stockwerk. Im dritten Stock war unsere eigene Bücherei mit einem großen Schreibtisch. Hier gab es jede Menge spannender Bücher. Einen großen Pool mit einer coolen Rutsche und eine Sauna gab es im vierten Stockwerk. Im fünften Stock waren die Zimmer von Chem und Chan und im sechsten Stockwerk lag das Zimmer meiner Schwester Lea und direkt daneben ihr eigenes goldenes Badezimmer. Ganz oben im 7. Stock waren die großen Schlafzimmer von meiner Mama und mir. Unser Schloss hatte auch eine große Garage, in der viele teure Autos, wie zum Beispiel Ferraris oder Lamborghinis, standen.

An einem Tag fuhren wir alle in unserem Lamborghini an den Strand. Dort gingen wir im Meer schwimmen und schnorcheln und haben viele kunterbunte Fische gesehen. Das war toll. Danach haben wir ein leckeres Eis in der Waffel gegessen. Dann war es schon spät und wir sind wieder zu unserem Schloss zurückgefahren. Dort angekommen, haben wir gemeinsam Nudeln mit Tomatensoße gekocht und zum Nachtisch gab es einen Schokoladen- Pudding.

Puh! Jetzt waren wir alle ziemlich müde und wir haben uns schnell den Schlafanzug angezogen und sind ins Bett gegangen. Am nächsten Tag hat es leider geregnet. Deswegen sind wir zu einem Indoorspielplatz gefahren. Hier gab es richtig viele Rutschen und sogar einen Wasserpark. Zum Glück hatte Mama unsere Badesachen eingepackt! Lea, Tim, Chem, Chan und ich sind den ganzen Tag gerutscht und wir hatte alle viel Spaß dabei.

Viel zu schnell war unser Urlaub schon wieder vorbei und wir hätten wieder nach Hause gemusst, aber dann hat uns der Besitzer angeboten, dass wir in dem Schloss für immer wohnen dürfen, weil es für ihn allein viel zu groß ist. Und dort lebten wir dann bis ans Ende unseres Lebens ...

Lena Klier
Christophorus-Schule Königsbrunn, Klasse 6a

Der Traum

Wenn du mal schläfst und dir etwas komisches passiert, dann träumst du. Das nennt man ein Traum. Ein Traum ist sozusagen eine auftretende Abfolge von Vorstellungen, Bildern, Ereignissen, Erlebnissen im Schlaf. Es ist auch ein sehnlicher, unerfüllter Wunsch.

Ich habe mal geträumt, das ich im Colosseum in Rom war. Da hatte mich ein unheimlicher Mann verfolgt, der mir etwas antun wollte, aber ich rannte um mein Leben. Zum Schluss fragte ich ihn wie es ihm geht und wir wurden Freunde.

Irgendwie komisch mein Traum. An Weiteres und Detailliertes kann ich mich nicht erinnern.

Koray Ates
Staatliches Gymnasium Königsbrunn, Klasse 5f

Das Lamm

Ich schlief am Abend um 21.30 Uhr ein. Ich träumte von einem Lamm.

Es kam gerade auf die Welt. Es war gesund und nach ein paar Stunden konnte es sogar aufstehen, nur die Mutter hat es dann nicht angenommen. Also zogen wir es mit einer Nuckelflasche auf und fütterten es. Wir haben es in der Früh, mittags und am Abend um ca. 22.00 Uhr gefüttert mit der Nuckelflasche. Es lief mir hinterher und schrie immer wieder, ich habe es auf den Arm genommen und hin und her getragen. Ich bin auch weggegangen und es ist mir immer hinterher gelaufen. Dann bin ich vor in Garten gelaufen und ich habe es mitgenommen in den Garten und ein bisschen gespielt.

Am Nächsten Morgen war es wirklich so weit, da kam das Lamm zur Welt!
Es war gesund und die Mutter hat es nicht abgestoßen.

Benedikt Lutz
Mittelschule Langweid am Lech, Klasse 7a

dream — rêve — drøm

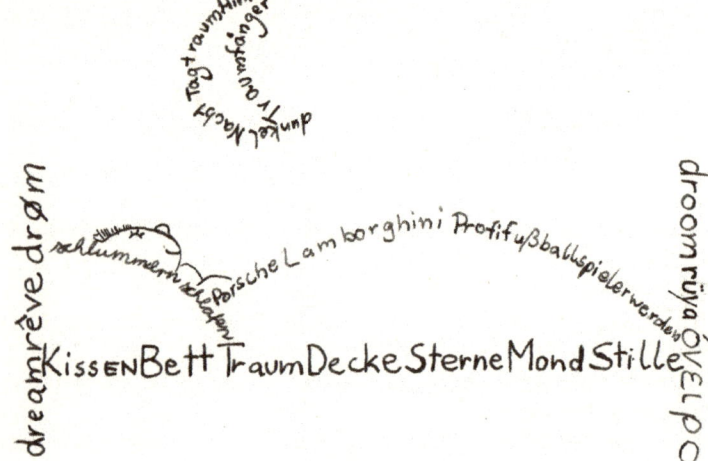

Grundschule Königsbrunn Nord, Klasse 3b

Der Traum

Ich lauf und lauf bis ich, Romina, ein Schloss gesehen habe.
Ich gehe hinein und sehe einen König und eine Königin.
Ich frage nach ein bisschen Essen weil ich Hunger habe.
Die Königin sagt ja und der König sagt auch Ja!
Dankeschön!
Sie fragen mich ob ich bei Ihnen wohnen möchte.
Was? Ich! Oh Dankeschön!
Kein Problem, sagt der König.
Ich frage warum Sie gleich möchten dass ich bei Ihnen wohne.
Weil wir Kinder möchten und keine eigenen bekommen können, antwortet die Königin.
Du wärst dann unsere Prinzessin!

Wow!

Dankeschön!

Du bekommst dann auch viele schöne Kleider und Schuhe und auch eine eigene Krone.

Sie führen mich herum und zeigen mir ihr schönes Schloss.

Nach ein paar Stunden habe ich mich für ein schönes Zimmer entschieden.

Ich bedanke mich wieder und verspreche dass ich mich immer gut benehmen werde.

Jetzt bin ich eine Prinzessin!

Romina Mansholt
Grundschule Gessertshausen, Klasse 2a

Traumwelt

Im Traum kannst du alles sein,
egal ob Teufel oder Engelein.
Du kannst fliegen, das Wasser kontrollieren
oder übers Wetter regieren.
Du kannst reisen in die Zeit,
egal Zukunft oder Vergangenheit.
Du kannst ich auf die höchsten Gipfel ragen
oder dich in die Tiefen des Meeres wagen.
Über die ganze Welt fliegen
und in einigen Schlachten Siegen.
Das Weltall erkunden
und in Mathe ein paar Zahlen runden.
Ich träum Tag und Nacht,
dass ist nichts was ich nur im Schlaf mach.
Das und noch mehr ist in dem Baum,
der mir sagt was denn passiert heut in meinem Traum.

Antonia Fischer
Staatliche Realschule Zusmarshausen, Klasse 7a

Profifußballer

An einem kalten Vormittag im Herbst wollten wir, also ich, Maxi und Korbinian an einem Talentsichtungs-tag vom FCA teilnehmen.

Es wurde eng aber wir konnten uns durchsetzen. 3 Jahre später: Der FCA brauchte mehr Spieler und sie holten uns in die erste Mannschaft.

Am letzten Spieltag der 2. Bundesliga wurden wir in die Startmannschaft gezogen es ging gegen die abgestiegenen Bayern.

Korbinian schoss ein Hattrick und wir gewannen die 2. Liga. Maxi wurde Spieler des Spiels mit 14 Glanzparaden, ich machte 4 Vorlagen.

Wir hoben die Meisterschale hoch und stiegen auf, Bayern stieg mit 1 Punkt ab. Wir hatten am Ende der Saison 108 Punkte.

11 Jahre später: Wir gewannen 11 mal hintereinander die Liga. Den DFB-Pokal hatten wir auch und die Champions League holten wir 3 mal. Und nun holte Enrico uns in die Deutsche Nationalmannschaft.

Im letzten Gruppenphasen-Spiel der EM wollten wir nochmal richtig abliefern und das machten wir auch. Es ging gegen die Norwegische Nationalmannschaft; die haben aber auch Stars wie Odeegard oder Haaland. Korbinian machte mal wieder ein Tor.

Sane machte ein Doppelpack. Norwegen konnte nachlegen mit einem Doppelpack von Haaland. Norwegen hatte zwar mehr Torschüsse aber Maxi konnte sehr gut parieren. Mit 7 Punkten war uns der Einzug ins Achtelfinale gesichert. Mit uns ins Achtelfinale ging Finnland, auch wenn sie im Fußball nicht die besten waren haben sie uns einmal fast geschlagen – es war ein Unentschieden.

2:2 ging es aus, Kehrer konnte uns gerade noch mal retten vorm EM-Aus. Im ersten EM-Achtelfinalspiel von uns ging es gegen Frankreich. Die hatten sogar schon 3 mal die WM gewonnen also schlecht waren sie auch nicht. Es war sehr spannend. Der Kommentator sagte: „Jetzt ist die letzte Chance für den Sieg, Ecke, der Keeper geht mit in den Strafraum der Ball kommt gut und er macht ihn! Maxi der Sieg für Deutschland!"

Das Tor für den Sieg kam erst in der 90+3.

Somit ging es 0:1 aus und wir waren im Viertelfinale.

Da sollte es eigentlich gegen Belgien gehen aber die sind gegen Ungarn raus geflogen.

Anpfiff: Es ging direkt richtig los in den ersten 5 Minuten kam direkt das erste Tor. 1:0 stand es – wir lagen also direkt im Rückstand. 65 Minuten später (also in der 70 Minute) kam dann der Treffer von mir (Hanno). 1:1 stand es jetzt, der Jubel und die Freude waren groß. Doch es passierte nichts mehr, auch in der Verlängerung passierte nichts mehr. Also musste es ins Elfmeterschießen gehen. Ungarn schoss als erstes mit Szoboszlai.

Jetzt ist noch mehr Spannung. Er schießt und drüber. Bei uns schießt Sane als erstes. Er trifft durch die Beine von Gulacsi. Als nächstes schoss Szallai für Ungarn, er schießt ganz frech in die Mitte. Nun war Deutschland an der Reihe. Hanno schießt für Deutschland, er schießt ins Kreuzeck. Nun ist

Ungarn wieder dran, es schießt Orban und Maxi Weinmann hält ihn. Dann gewannen wir auch noch das Elfmeterschießen und damit die EM.
Am Ende unserer Kariere wurden wir Trainer bei Borussia Dortmund.

Korbinian Fischer
Grundschule Altenmünster, Klasse 4a

Der Traum

(Elfchen)
gefährlich
die Nacht
das schwarze Loch
ich bin ein Ninja
cool

Lewin Günther
Franziskus-Schule Gersthofen, Klasse 3b

Mein Traum: Eine Farm auf dem Mond

Mein Traum wäre auf den Mond zu fliegen und eine Farm darauf zu bauen, weil der Mond bestimmt schön und ruhig ist. Dort bin ich alleine, kann machen was ich will und mehr. Und es soll immer regnen und es soll einen Dschungel geben, so dass meine Tiere geschützt sind.
Das wäre mein Traum!

Jeremy Schott
Franziskus-Schule Gersthofen, Klasse 5a

Die Schokolinsen des Grauens

Es war eine schöne Sommernacht im August. Ich hatte tagsüber Eis gegessen, war mit meinen Freunden im Freibad gewesen und abends übernachtete ich mit meinem Freund Freddy im Zelt in unserem Garten. Mein Vater Heinrich sagte uns noch „Gute Nacht" und Freddy und ich kuschelten uns in die warmen Schlafsäcke. Als ich eingeschlafen war, träumte ich von einer bunten Stadt, in der die Leute schwabbelig waren. Diese Kreaturen sahen aus, als würden sie aus Götterspeise bestehen: sie leuchteten in den unterschiedlichsten Farben, die Masse, die sie umgab, war durchsichtig und man konnte ihre großen Herzen pochen sehen. Ich lief durch die Stadt und entdeckte einen seltsamen Strudel an einer großen Türe. Es sah aus, als drehte sich ein Keks in Windeseile um sich selbst! Vorsichtig steckte ich meinen Arm hinein und ich spürte eine geöffnete Türe. Deswegen traute ich mich (ich dachte, hinter dem Keksstrudel stecke ein ganz normales Tor) und warf mich mit meinem ganzen Körper mitten hinein. Ich landete in einer Art Schlaraffenland (das ist ein Land, in dem alles aus Essbarem besteht). Vor mir tanzten riesige Bären, die aus Gummi bestanden und köstlich nach den verschiedensten Früchten rochen. Ich biss einem braunen Bären in den Arm und schmeckte, dass er aus Colagummibärchen bestand – köstlich! Zwischen meinen Füßen huschten weiße Mäuse hindurch, die jedoch kein Fell hatten, sondern aus Marshmallows waren. Als ich ein paar Schritte weiter gegangen war, entdeckte ich kleine dunkle Häufchen, die wie Hinterlassenschaften von Hunden aussahen. Ich wunderte mich, dass es so etwas im Schlaraffenland geben sollte, gab mir einen Ruck und roch an einem der Haufen. Da fiel mir wie Schuppen von den Augen, dass sie aus Schokolade bestanden, weil sie süß dufteten. Am Horizont standen Bäume, die aussahen wie Lollis, sie schimmerten in den buntesten Farben im Sonnenlicht. Ich sah auch Berge, die aus Schokolinsen waren, auf ihnen standen Gipfelkreuze aus Marzipan. Da ich Marzipan über alles liebe, machte ich mich auf den Weg dorthin und versuchte hinaufzuklettern. Aber wenn ich einen Schritt machte, drückte es die Linsen immer wieder nach unten und ich konnte nicht höher kommen. Deswegen bemühte ich mich noch mehr und lief schneller und schneller, ich wollte unbedingt den Gipfel erreichen. Der Schweiß troff mir von der Stirn, ich versuchte fester aufzustampfen, um die Schokolinsen festzutreten, aber es gelang mir nicht. Ich meinte, das Gipfelkreuz mittlerweile schon vor mir zu sehen, da löste sich eine Lawine und mit einem Donnergrollen rasten Millionen von bunten Schokolinsen auf mich zu. Angsterfüllt schrie ich laut auf, öffnete meine Augen und blickte in das entsetzte Gesicht meines Freundes Freddy, der schon Panik bekommen hatte, da ich so laut geschrien hatte. Erleichtert sagte ich zu Freddy: „Komm, lass uns frühstücken gehen … aber bitte keine Schokolinsen!"

Johann Aumüller
Staatliches Gymnasium Königsbrunn, Klasse 5b

Tiere + Träume

Es ist 2025. Ich bin in den Bergen. Bei mir fließt ein Fluss ins Tal. Es ist neben mir ein wundervoller Wald. Überall sind Tiere. Ich fühle mich wohl. Plötzlich gehen die Tiere in den Wald, sie haben Gefahr gewittert. Der Boden ruckelt und ich fühle mich nicht mehr wohl.

UND DANN … höre ich etwas aus der Ferne kommen. Hinter den Büschen erscheint ein … Auto? Ein Auto? Als das Auto weggefahren ist, kommen die Tiere wieder raus.

Ida Manall
Grundschule Dinkelscherben, Klasse 3a

Die Geheimnisse im Weltraum

Der Weltraum besitzt unendliche Weiten. In ihm gibt es Sterne, Planeten und Monde. Die Erde ist aber ein kleiner Punkt im großen Universum, in dem wir leben. Irgendwann besiedeln wir fremde Planeten oder auch Monde. Der Weltraum hat Geheimnisse, die die Menschheit noch nicht entschlüsselt hat. Vielleicht finden wir Kreaturen, die keine Luft brauchen zum Leben. Der Mensch entwickelt irgendwann ein Raumschiff, das schneller als das Licht fliegen kann. In diesem sitze ich und entdecke andere Wesen, die im Weltraum leben. Auf den Planten, die ich entdecke, gibt es Lebensformen, die reden können wie wir. Ich weiß nicht, was im All noch für Rätsel auf uns warten. Diese möchte ich lösen. Es ist mein Traum, dies heraus zu finden.

Sebastian Valenta
Mittelschule Fischach-Langenneufnach, Klasse 5b

Mein Traum von einem Tauchabenteuer

Ich stehe auf dem Wasser und werde gar nicht nass. Aber wenn ich in das Wasser hinein springe und abtauche werde ich doch nass!
Ich tauche ohne Taucherausrüstung bis zum Meeresgrund und kann trotzdem atmen! Dort unten lauern Haie, die mich verfolgen und fressen wollen. Plötzlich sehe ich einen Anker auf dem Grund liegen. Ich schnappe mir diesen und schlage mit den spitzen Enden auf die Köpfe der Haie, bis sie verschwinden. So ein Glück!

Leon Mayr
Grundschule Gessertshausen, Klasse 2A

Der Traum

Ich stand gefesselt an einem von vielen Masten auf einem Piratenschiff. Schon nach ein paar Minuten wusste ich wo es hinging. Ihr Ziel war eine kleine Stadt an der Küste von Italien. Denn ein kleiner Pirat mit einem Papageien auf seiner Schulter schrie: „Kurs Backbord! Wir müssen in drei Tagen an der Italienischen Küste in der Stadt Rimimi sein. Dort treffen wir

Mister X, den Boss der Italienischen Unterwelt". Ich wusste, es würde nicht gut für mich enden. Nach etlichen Tagen auf hoher See wurde ich als Leichtmatrose eingesetzt. Mein erster und letzter Fluchtversuch ging schief, denn die Piraten haben mich eingefangen und wieder an den Mast gebunden. Am nächsten Tag sprangen die Piraten vom Schiff und nach 5 Minuten bemerkte ich weshalb. Das Schiff fuhr auf einen Wasserfall zu und das Ruder hatte sich verhakt. Ich stürzte mit samt dem Schiff in die Tiefen des Meeres. In dem Moment wachte ich auf umd dachte mir: Zum Glück war das nur ein Traum.

Daniel Bauer
Staatliches Gymnasium Königsbrunn, Klasse 5f

Mein Traum

Mein Traum ist es, mit meiner besten Freundin Emi nach Sizilien zu reisen. Es würde so ablaufen:
Wir sind gerade am Flughafen, Emi ist schon sehr aufgeregt. Sie fliegt ja schließlich zum ersten Mal mit einem Flugzeug! Ah, ich bin auch ganz nervös.
Endlich angekommen, erwartet uns meine Familie schon. Zu siebt im Auto mit Hund ist es ziemlich eng. Im Haus packen wir schnell unsere Koffer aus und gehen zum Mittagessen. Da es draußen so heiß ist, können wir erst später ans Meer.
Als wir endlich dort sind, ist es ziemlich voll, aber wir haben ein schönes Plätzchen für uns gefunden. Wir verbringen einen herrlichen Nachmittag am Wasser und gehen abends noch alle im Städtchen spazieren. Nach dem gemeinsamen Abendessen fallen wir todmüde und glücklich in die Betten. Am nächsten Tag wollen wir shoppen gehen!
„Weil wir sowieso in die Stadt fahren müssen, können wir ja auch frühstücken gehen", meint meine Mutter morgens zu uns. Gesagt, getan. Und wieder haben wir einen wunderschönen Tag mit viel Freude und Lachen. Am nächsten Tag besuchen wir alle gemeinsam den anderen Teil meiner Familie, was bedeutet, dass wir eine Stunde Auto fahren müssen.
Wie im Flug vergehen die zwei Wochen auf Sizilien und schon stehen wir wieder am Flughafen und fliegen zurück. Ich weine …
Zum Glück darf Emi noch einmal bei mir übernachten. Morgen geht es dann auch für sie wieder nach Hause.

Mara Sagona
Montessorischule, Klasse 5

Träume können Träume erfüllen

An einem warmen Sonntagmorgen ging ich mit meinem Cocker Spaniel Charlie im nahen Wald spazieren. Mein Hund hatte braunes, langes, lockiges Fell. Seine langen Schlappohren ließen ihn niedlich wirken. Charlie hüpfte munter über Wurzeln und Steine. An manchen Stellen schaute die Sonne durch die dichten Blätter und hinterließ helle Lichtpunkte auf dem grünen, gut riechenden Moos. Ich beobachtete gerade ein flinkes Eichhörnchen, das geschickt von Ast zu Ast hüpfte, als ich plötzlich über eine große, dicke Wurzel stolperte und bäuchlings auf den Boden fiel. Ich setzte mich hin und begutachtete meine Handflächen, die stark schmerzten. Charlie rannte auf mich zu und leckte fürsorglich an meiner Wange. Wie süß er doch war. Plötzlich schoss ein blauer Lichtstrahl in die Höhe und hüllte den Wald in ein türkises Licht. Sekunden später war der ganze Spuk vorbei. Leicht verwirrt tapste ich mit Charlie nach Hause. Immer noch verwirrt von dem Ereignis im Wald stieg ich in die Dusche und hoffte inständig, dass sich der Schreck durch kaltes Wasser abspülen ließ. Als ich aus der Kabine kam, fühlte ich mich deutlich besser. Was ist das?! Während ich mich abtrocknete, entdeckte ich fünf braune, nebeneinander aufgereihte Muttermale auf meinem linken Unterarm. Die waren vorher sicherlich nicht da. Das wüsste ich. Den restlichen Tag über konnte ich an nichts anderes denken. Woher kam dieser gigantische Lichtstrahl? Was haben die Muttermale damit zu tun? Woher kamen diese? Mein Kopf brummte und als ich abends im Bett lag, konnte ich kein Auge zu machen. Irgendwann schlief ich doch ein. Mein Traum war sehr merkwürdig. Er handelte davon, dass grünen, glibberigen Schleim regnete und die Straßen und Wege in eine Rutschbahn verwandelte. Zum Glück weckte mich meine Mutter am nächsten morgen und der Irrsinn nahm ein Ende. Als ich mit meiner besten Freundin Nele zur Schule lief, zogen dunkle Wolken auf. „Hoffentlich regnet es erst, wenn wir in der Schule sind. Ich habe keine Lust, wieder nass in der Schule zu sitzen." „Ja, das ist echt unangenehm.", antwortete ich. „Das letzte Mal als es während unseres Schulweges geregnet hat, war ich am nächsten Tag mit Fieber im Bett gelegen." Als wir am Springbrunnen, der trotz dunkler Wolken munter weiter plätscherte, vorbei stiefelten, schrie Nele auf einmal los. „Igitt, es regnet Schleim!" sie fischte sich einen grünen wabbligen Klumpen von ihrer schmalen Schulter und schmiss ihn auf den Boden, wo er sich in kleine Tropfen teilte und auf unsere frisch gewaschenen Hosen spritzte. Wir sprangen zur Seite und eilten hektisch unter die großen Schirme des Cafés. Auch andere Passanten bemerkten den Schleimregen und suchten panisch in schnell überfüllten Läden Schutz. „Komm, lass uns unter den Schirmen und Markisen laufen. Wenn wir in ein Geschäft gehen, kommen wir zu spät und unser Direktor lässt uns eine Woche den Pausenhof kehren.", schlug Nele vor. „Gute Idee." Es regnete immer heftiger und durch die Lücken der Markisen fiel immer mehr Schleim auf den Boden oder im schlimmsten Fall auf uns. Da die wabbligen Pfützen sehr rutschig waren, hüpften wir immer wie Pferdchen darüber. Wenn die Lage durch den unerklärlichen Schleim nicht so ernst gewesen wäre, hätten wir uns bestimmt totgelacht.

Endlich in der Schule angekommen liefen wir erschöpft in die Mädchentoilette, um uns von den grünen Klumpen zu befreien. Leider hatten alle Schülerinnen die gleiche Idee, und somit konnten Nele und ich uns nur die Arme abwischen um nicht zu spät in den Unterricht zu kommen. Was war das? Es sind nur noch vier Muttermale auf meinem linken Arm. Ich bin mir sehr sicher, dass es gestern noch fünf waren. Wie zur Hölle konnte sich eines in Luft aufgelöst haben? „Komm Miriam! Der Unterricht fängt gleich an." Ich folgte Nele und wir liefen schnell in unser unordentliches Klassenzimmer, wo bereits unser kleiner Deutschlehrer ohne Durchsetzungsvermögen versuchte, die Klasse zu beruhigen. Mit hochrotem Kopf stand er vor dem Pult und brüllte sämtliche Drohungen aller Art in unsere Klasse. Glücklicherweise bemerkte er dadurch nicht, dass Nele und ich uns in die Klasse schlichen. Irgendwann hatte Herr Huflattich es geschafft, dass nur noch die Hälfte redete und das sogar im Flüsterton, denn die anderen saßen im Direktorat und mussten sich die ewig lange Predigt des Direktors anhören. Da sich niemand auf den Unterricht konzentrieren konnte, beschlossen die Lehrer ihre Theorien zu dem Schleimregen den Schülern vorzustellen, die das besser fanden als Unterricht. Unsere Geografielehrerin, die höchstwahrscheinlich Mitglied einer Sekte ist, wollte uns weismachen, dass uns demnächst Aliens überfallen werden und das nur die Vorwarnung war. Die anderen Lehrer dachten, dass das das Ende der Welt ist, ein Flugzeug eine Schleimladung verloren hatte, oder dass wir alle noch schlafen und es nur ein Traum ist. Ich fand es gut, wenn die Lehrer ihre Theorien vorstellten, denn ich konnte währenddessen überlegen, ob alles mit meinem Traum zu tun hatte und ob die Muttermale damit zusammenhingen. Außerdem beschloss ich, Nele nichts zu sagen, sonst hielt sie mich sicherlich für dumm und will nichts mehr mit mir zu tun haben. Den ganzen Tag über konnte ich an nichts anderes denken und als ich im Bett lag, hatte sich nichts daran geändert. Spät in der Nacht fielen mir doch die Augen zu. Ich träumte davon, dass Süßigkeiten vom Himmel fallen. Wie geträumt so geschehen. Am nächsten Morgen, als wir in die Schule liefen, fing es plötzlich an, Süßigkeiten zu regnen. Ein Bonbon, das in gelb-oran-

ges Papier gewickelt war, traf mich hart am linken Arm. Mit schmerzver-
zerrtem Gesicht rieb ich mir die Stelle, wo nur noch drei Muttermale waren. Die wollten mich doch veräppeln! Weiter kam ich nicht mit denken,
denn Nele spannte einen babyblauen Regenschirm über unsere Köpfe
und zog mich mit sich. „Meine Mutter wollte unbedingt, dass ich ihn mit-
nehme. Jetzt bin ich sehr froh darüber.", brüllte Nele gegen das Jubelge-
schrei der kleinen Kinder an. „Stimmt, der rettet mir das Leben. Wenn
mich ein Lolli am Kopf trifft, dann gute Nacht." In der Schule angekommen, kamen uns viele Kinder mit Kühlakkus an sämtlichen Körperstellen
entgegen. Einem Jungen war das Halten wohl zu lästig geworden und er
hatte den Kühlakku mit einem Gürtel am Kopf festgezurrt. Bei seinem Anblick musste ich laut lachen. Ein Paar Schüler liefen auch mit Waren aus
der Tiefkühlabteilung vom nahen Supermarkt am Körper herum. Die Lehrer stellten während den Stunden wieder etliche Theorien auf und verboten uns, die Süßigkeiten zu sammeln, geschweige denn zu essen. Die Lehrer machten uns das Leben echt zur Hölle. Ich konnte die Zeit nutzen, um
weiter zu überlegen. Diesmal kam ich zu einem Ergebnis. Nämlich dass
alles, was ich träumte, am nächsten Tag passierte. Und mit jedem Traum
verschwand ein Muttermal. Was geschieht aber, wenn ich keines mehr
habe? Das kann ich jetzt nicht herausfinden. Der restliche Tag verlief abgesehen von dem Schleim- und Süßigkeitenregen normal. Die Schnee-
pflüge schoben die glibberige Masse mit Bonbons und Lollis wie Schnee
zu großen Haufen zusammen. Aus dem Fenster sah ich den orangen Maschinen zu, während ich mit gerunzelter Stirn überlegte, was ich mir noch
träumen wollte. Mein Wunsch war seit langem, dass meine verstorbene,
wunderschöne Haflingerstute wieder lebte. Sie hieß Bella, hatte goldenes
Fell und eine lange weiße Mähne und Schweif. Seit ihrem Tod bin ich nicht
mehr geritten. Außerdem möchte ich mit Nele am Weiher picknicken. Sie
hat so viele Hobbys, dass für mich keine Zeit ist und wir uns nur in der
Schule sehen. Das dritte, das ich mir träumen möchte, ist ein Trampolin.
Meine Eltern sagen, es ist unnötig und wir haben keinen Platz im Garten,
obwohl das nicht stimmt. Da mir Bella von allem am wichtigsten ist,
dachte ich diese Nacht daran, wie es wäre, mal wieder mit ihr über die
Wiesen zu galoppieren. Mit diesem wunderschönen Gedanken schlief ich
ein und hoffte, dass es funktioniert. Am nächsten Morgen schaute ich als
erstes auf meinen linken Unterarm. Tatsächlich fehlte wieder ein Muttermal. Voller Vorfreude auf den Tag ging ich die Holztreppe nach unten, wo
mich meine Mutter begrüßte: „Guten Morgen, Miriam. Vergiss nicht,
wenn du von Bella nach Hause kommst, die Spülmaschine auszuräumen.

Wir sehen uns heute nicht mehr, da ich mit meinen Freundinnen ins Theater nach Stuttgart fahre." „Ist gut, Mama." Es hatte wirklich geklappt. Bella lebte wieder! Ich konnte nicht anders. Ich musste von einem zum anderen Ohr grinsen. „Was lächelst du denn so? Habe ich wieder einen Lockenwickler in meinen Haaren vergessen?" „Nein, alles gut. Ich freue mich nur schon auf Bella." „Mein Gott! Dieses Kind! Du warst doch gestern erst wieder sechs Stunden bei ihr und hast schon wieder die Hausaufgaben vernachlässigt."

Ich freute mich schon so auf Bella, dass ich gar nicht schnell genug nach Hause kommen und essen konnte. Die Hausaufgaben können warten. Außerdem hatte ich eine sehr hilfsbereite Freundin, bei der man gut abschreiben kann. Ich schnappte mir mein türkises Mountainbike und trat in die Pedale, bis meine Beine brannten. Die zwei Kilometer zum Stall kamen mir noch nie so lange vor wie heute. Als ich außer Atem ankam, reckte Bella ihren schmalen Kopf aus der Box und begrüßte mich freudig mit einem Wiehern. Ich konnte es immer noch nicht glauben, dass sie wieder lebte. Ich öffnete freudig die Tür und umarmte Bella. Freudentränen liefen mir über die roten Wangen. Gierig sog ich ihren Duft nach Heu und Gras ein. Nach einer Weile hatte ich mich wieder gefangen und führte sie auf den Putzplatz, wo ich sie so gründlich und liebevoll bürstete wie noch nie. Jede Minute bekam sie von mir einen fetten Kuss auf ihre samtig weichen Nüstern. Ich entschied, sie nur mit einem Halsring zu reiten. Ich fädelte Bellas Kopf durch den großen, braunen Lederring und stieg auf. Ich lenkte sie durch das große Eingangstor und steuerte in Richtung Wald. Es fühlte sich herrlich an, wieder auf einem Pferderücken zu sitzen. Nach einer Weile kamen wir an einer langen Wiese vorbei. Ich lenkte Bella auf diese und ließ meine Stute antraben. Es hatte mir so gefehlt. Ich breitete langsam meine Arme aus. Wie schön es wäre jetzt zu galoppieren. Anscheinend hatte Bella meine Gedanken gelesen und galoppierte an. Der Wind streifte um meine nackten Arme und ich hörte das Schnauben unter mir. Es tat auch ihr gut. Ich konnte an nichts denken, sondern genoss den Augenblick mit uns Beiden. Viel zu schnell war die Wiese zu Ende. Ich steuerte Bella durch den Wald, bis wir an eine Kreuzung mit einer riesigen, uralten Eiche in der Mitte, ankamen. Von dort aus wusste Bella den Weg. Er führte an einen kristallklaren Weiher, der von hohem Schilf umgeben war. Früher war es unser Lieblingsplatz. Deshalb lagerte ich im Sommer immer ein großes Handtuch und meinen hellblauen Bikini im großen, dicken Busch. Anscheinend freute sich Bella auf die Abkühlung, denn sie trabte an und wurde erst auf der kleinen Wiese vor dem Ufer langsamer. Ich stieg ab, fischte meine Badesachen aus dem Grün und zog mich rasch um. Bella hatte sich brav umgedreht, aber als ich wieder kam, streckte sie mir ihren Kopf entgegen und ich stieg wieder auf. Sie ging bis zu ihren Knien ins Wasser, hob das Vorderbein und ließ es nach unten fallen, sodass das Wasser spritzte. Dabei quietschte sie laut und ich musste lachen. Das wiederholte sie ein paarmal, bis sie den Kopf senkte und trank. Ich legte mich auf ihren Rücken, schaute in den wolkenlosen Himmel und genoss den Augenblick. Nachdem wir ein bisschen geschwommen sind, machten wir uns schweren Herzens auf den Heimweg. Im Stall kuschelten wir noch und plötzlich war es schon wieder Abend. Mit schwerem Herzen machte ich mich auf den Weg nach Hause. Wenn alles gut ging, hatte ich sie noch zwei Tage, die aber definitiv zu wenig waren. In der Nacht träumte ich davon, dass Nele und ich im Chiemsee baden und anschließend picknicken. Als ich mit meiner besten Freundin in die Schule lief war sie sehr glücklich. „Ich freue mich schon richtig auf heute Nachmittag. Gestern habe ich schon Muffins gebacken. Du nimmst ja die Limo mit. Ich hole dich mit dem Fahrrad ab, aber du musst mir immer sagen, wo es lang geht. Ich bin noch nie zum Chiemsee gefahren." „Ist gut!", antwortete ich froh darüber, dass wir heute etwas zusammen unternehmen. Nach den lästigen Hausaufgaben wollte ich noch zu Bella, aber da Nele mich bald abholte, packte ich schnell meine Sachen zusammen und schob mein Fahrrad aus der kühlen Garage. Die Fahrt verlief ohne Probleme. Ich musste mich zwar ein paarmal unbemerkt an Schildern orientieren, aber schließlich hatten wir es geschafft und wir konnten uns freudig ins kühle Nass stürzen. Erschöpft vom Plantschen und Schwimmen ließen wir uns auf die grau- schwarz karierte Decke fallen und aßen die leckeren Schoko-Bananen-Muffins. Wir spielten noch Beach Volleyball und am späten Nachmittag packten wir müde unsere Sachen zusammen, um nach Hause zu fahren. Wir radelten einen Feldweg am Wald entlang, als sich der Weg gabelte. „Wir sind von rechts gekommen, aber wenn wir links abbiegen ist es eine Abkürzung. Ich bin mir aber nicht ganz sicher. Wollen wir es trotzdem versuchen?", fragte ich Nele. „Können wir machen, aber bist du dir wirklich sicher? Nicht, dass wir uns verfahren." „Ich bin mir zu 98 Prozent sicher, dass es eine Abkürzung ist.", antwortete ich. „Na gut, dann versuchen wir es." Der romantische Waldweg war von dicken, uralten Eichen umgeben. Die Vögel zwitscherten und weit und breit war kein Auto zu hören. Doch langsam verwandelte sich der Weg zu einem schmalen Pfad mit hohen Wurzeln, die aus der feuchten Erde ragten und großen Steinen, denen man unmöglich ausweichen konnte. Außerdem ging es steil bergauf. Während die Sonne immer mehr hinter dem dicken Blätterdach verschwand. „Und das ... soll wirklich ... eine ... Abkürzung sein?", keuchte Nele, „Das ist eher ein Umweg!" „Entschuldigung. Ich dachte, es wäre die richtige Abzweigung. Aber umdrehen wäre nicht klug. Mein Handy sagt, dass wenn wir zurückfahren, ich meine schieben, es länger dauert, als hier hoch. Wenn wir die nächste Weggabelung rechts fahren, kommen wir auf den normalen Weg zurück. Wir können auch schieben." „Warum hast du nicht früher dein Handy…eingeschaltet? Wäre klüger gewesen.", keuchte es hinter mir. „Mein Smartphone hat nur noch drei Prozent Akku. Ich dachte mir, dass ich mir den Strom für einen Notfall spare. Und du hast ja deines zu Hause vergessen." „Warum bist du eigentlich nicht außer…Atem?" „Ich reite. Das müsstest du doch wissen. Schau, ich sage doch, es trainiert die Muskeln und ist kein faules Herumsitzen und getragen werden." „Boah, du nervst mit deinen verdammten Gäulern!", schrie Nele mich an. „Lass mich doch. Ich sage doch auch nichts, weil du tanzt. Und es ist doch wichtig, dass mir mein Hobby gefällt und nicht meinen Mitmenschen!", entgegnete ich. „Ich hasse dich und deine Idee mit dem Baden!" Den Rest des Weges sprachen wir kein Wort miteinander und als wir in unser kleines Dorf fuhren, bog sie gleich in ihre Straße ein. Da es schon spät war, durfte ich leider nichtmehr zu Bella. Obwohl ich sie wirklich gebraucht hätte. Mit ihrem kuschligen Fell, der samtig weichen Nase und ihrem beruhigenden Charakter. Also zog ich mir meinen Schlafanzug an, schmiss mich ins Bett und weinte. Der Streit mit meiner besten Freundin hatte mir hart zugesetzt. Ich hatte keinen Hunger und deshalb wollte ich einfach nur schlafen. Ich dachte an all die schönen Momente mit Nele. Als wir gemeinsam klettern waren. Als sie versuchte, mich mit allem was geht von Bellas Tod abzulenken und mich zum Lachen zu bringen und unser Badetag, der leider so enden musste. Die ganzen Erinnerungen trieben mir mehr Tränen in die Augen. Ich musste an ihre Worte denken, dass ich sie mit meinen verdammten Gäulern nervte. Das hatte mich sehr verletzt. Am liebsten wollte ich den ganzen Streit vergessen.

Am nächsten Morgen wachte ich verweint auf. Meine Augen waren rot, leicht angeschwollen und meine zerzausten Haare standen mir zu allen Seiten ab. Mist! Von was hatte ich geträumt? Hatte ich wieder irgendetwas verrücktes erscheinen lassen? Und leider hatte ich kein Muttermal mehr auf meinem Arm. Noch etwas deprimiert von dem gestrigen Tag, machte ich mir mein Frühstück, zog mich um und putzte meine Zähne, die ich gestern Abend vernachlässigt hatte. Meine Augen sahen wieder normal aus und die Haare ließen sich gut von einer Bürste bändigen. Als ich mir gerade meine Schuhe anziehen wollte, klingelte es an der Tür. „Hallihallo! Guten Morgen! Hast du dich von gestern gut erholt?" flötete mir Nele entgegen. Ich verstand die Welt nicht mehr. Hatte sie unseren Streit von gestern vergessen, oder tat sie nur, wie wenn nichts gewesen wäre? „Hast du unseren Streit von gestern schon vergessen?", fragte ich vorsichtig. „Welchen Streit?" „Na, gestern, wo wir nach Hause gefahren sind. Weil ich die Abkürzung fahren wollte, obwohl es ein Umweg war.", erklärte ich. „Nein, wir sind gestern doch den Weg zurückgefahren, den wir gekommen sind. Weißt du das nicht mehr? Kommst du?". Anscheinend hatte sie den Vorfall wirklich vergessen. Wahrscheinlich hatte ich geträumt, dass wir uns gestern nicht gestritten hatten. Erleichtert folgte ich ihr. Aber eine Frage blieb noch offen. Was passiert jetzt, da ich keine Muttermale mehr habe? Während wir in die Schule liefen, färbte sich der hellblaue Himmel immer grauer und als wir am Rathausplatz ankamen, schwebte eine dunkel lila gefärbte Wolke über dem Rathaus. Die neugierigen Menschen strömten auf den kleinen Platz in der Mitte des Dorfes und unterhielten sich wild über das Phänomen. „Nicht schon wieder! Warum fängt es immer auf dem Schulweg zum Regnen an?", stöhnte Nele neben mir. Doch es fing nicht an zu regnen, sondern es kam ein heftiger Wind auf. Er hob Zeitungen, Müll und Blumen aus dem nahen Blumenladen in die Luft und zog alles in die lila Wolke. Der Wind wurde immer stärker und hob schließlich den Schleim und die Süßigkeiten, die in Häufen am Straßenrand lagen in die Luft und wehte es in die Wolke, die bereits doppelt so groß geworden war und den ganzen Himmel dunkel lila färbte. Der Sturm war mittlerweile so stark, dass die Leute ihre schreienden kleinen Kinder bei der Hand nahmen und sich selber an Bäume, Bänke und andere Mitmenschen klammerten. Durch den Schleim versuchte ich auszumachen, wo sich Nele befand. Sie klammerte sich an eine Straßenlaterne, die aber schon bedrohlich wackelte. „Komm! Der Baum ist stabiler!", schrie ich gegen den Wind. Wir krochen auf allen Vieren auf den dicken Stamm zu und klammerten uns daran fest. Sekunden fühlten sich wie Stunden an, und als meine Arme brannten, schrumpfte die Wolke zusammen wie ein Luftballon, bei dem man die Luft hinaus gelassen hatte. Der Schleim und die Süßigkeiten waren weg. War auch Bella wieder tot und die Freundschaft mit Nele wieder zerbrochen? „Wollen wir heute Nachmittag Eis essen gehen?", fragte ich unsicher. „Wie kannst du jetzt nur an Eis denken?", lachte sie, „aber können wir gerne machen." Zum Glück hatte sie unseren Streit immer noch vergessen. Plötzlich klingelte mein Handy: „Hallo Miriam. Als der Sturm aufkam bin ich zu Bella gefahren." Mir stockte der Atem. „Lebt sie noch?". „Ja klar, warum sollte sie wegen einem Sturm umkommen? Ich wollte dir nur Bescheid geben, dass du dir keine Sorgen machst, falls sie durchdreht." Wie war das möglich? Der Schleim und die Süßigkeiten waren weg, aber Bella und meine Freundschaft waren noch da.

Marie Artmann
Dr.-Max-Josef-Metzger-Realschule Meitingen, Klasse 8b

Der Traum in Dubai

Meine beste Freundin Mia und ich waren am Flughafen und warteten auf unser Flugzeug nach Dubai. Es war 9:15 Uhr und es dauerte noch ungefähr 15 Minuten bis es ankam.

Um uns die Zeit zu vertreiben, haben wir miteinander geratscht und uns etwas zu essen und trinken gekauft. Danach packten wir unsere Sachen zusammen und gingen langsam zu unserem Flugzeug.

Der Abflug verzögerte sich leider um ein paar Minuten …

Aber dann endlich ging es los und Mia und ich waren sehr glücklich.

Unser Flug dauerte insgesamt 6 Stunden und in der Zeit haben wir eine Menge gemacht:

Zunächst haben wir über unser Lieblingsessen geredet und davon haben wir dann ziemlich großen Hunger bekommen. Deswegen haben wir uns dann etwas Leckeres zu essen bestellt. Dann ist Mia eingeschlafen und ich habe eine Menge Fotos von ihr gemacht. Irgendwann bin ich dann auch eingeschlafen, aber ich hatte noch mein Handy in der Hand und uns beim Schlafen aus Versehen gefilmt. Wir mussten lachen, als wir das Video später angeschaut haben. Danach haben wir uns noch einen spannenden Film angeschaut und dann sind wir auch schon in Dubai gelandet. Die Zeit verging echt wie im Flug.

Schnell haben wir unsere Sachen zusammengepackt und sind ausgestiegen. Puh, war das heiß hier in Dubai.

Dann sind wir mit unseren Koffern voll mit Klamotten und Schminke in den Bus eingestiegen, um zum Hotel zu fahren. Dort war es zum Glück ein bisschen kühler.

Als wir im Hotel angekommen sind, haben wir eingecheckt und sind dann mit dem Aufzug zu unserem Zimmer im 35. Stock gefahren.

Es war wunderschön! Wir hatten zwei große Betten, eine kleine Küche, sogar einen Balkon und natürlich auch ein goldenes Badezimmer.

Wir haben unsere Kleidung in die Schränke gelegt und sind dann zum Essen in ein Restaurant gegangen. Es gab Burger und Limonade. Nach dem Essen sind wir in unserem Zimmer schlafen gegangen, denn das war ein echt anstrengender Tag.

Am nächsten Morgen haben wir ewig geschlafen und das Frühstück verpasst. Deswegen sind wir gleich zum Baden in den Pool gesprungen und in eine Mall gegangen und haben dort viele bunte Fische gesehen.

In der Mall haben wir einen Mann getroffen, der in Dubai lebte und richtig viele interessante Sachen wusste und fast alle Fragen von Mia und mir beantworten konnte.

Wir wissen jetzt zum Beispiel, dass der Burj Khalifa das höchste Gebäude in Dubai ist und 163 Stockwerke hat. Da wollten Mia und ich auf jeden Fall noch hin und ein paar Bilder als Erinnerung machen.

Nach dem Abendessen sind wir in unser Zimmer gegangen und haben bis 13:30 Uhr geschlafen. Nachdem wir aufgestanden sind, sind wir an den Pool gegangen und haben uns gesonnt. Heute war leider auch schon unser vorletzter richtiger Tag in Dubai. Am Abend haben wir nach dem Essen noch einen lustigen Film angeschaut.

Am nächsten Tag haben wir wieder ausgeschlafen und anschließend schon ein paar Klamotten in die Koffer gepackt. Am Abend sind wir wieder in die Mall gegangen, haben viele Fotos zum Beispiel vom Burj Khalifa geschossen und sind dann früh schlafen gegangen.

Nach dem Frühstück am nächsten Tag haben wir unsere Koffer fertiggepackt und sind zum Flughafen gefahren. Wir waren traurig, dass die Zeit so schnell vergangen ist.

Als wir gerade ins Flugzeug einsteigen wollten, bin ich aufgewacht. Ich lächelte, denn ich wusste, dass dieser wunderschöne Traum einmal wahr werden wird.

Maggie Zettl
Christophorus-Schule Königsbrunn, Klasse 6a

Gefangen in einem Traum

Auf einmal warst du da,
auf einmal ging's immer nur um dich,
auf einmal warst du mein Traum.
Ein Traum, der sich nicht erfüllen lässt,
ein Traum, der ein Traum bleibt.
Eigentlich will ich nie an dich denken und versuche,
mich ständig von dir abzulenken,
aber in meinen Träumen kommst du immer wieder.
Und ich will, dass es aufhört.
Ich will, dass du aufhörst,
in meinen Träumen aufzutauchen.
Ich sehe ein Welt, in der wir immer miteinander lachen,

eine Welt, in der wir wir selbst sind.
Aber es ist nun mal ein Traum,
ein Traum, der sich nicht erfüllen lässt,
ein Traum, der ein Traum bleibt.

Barin Umar
Mittelschule Gersthofen, Klasse 7a

Sind Träume wirklich so wichtig?

„Spent my whole life chasing after dreams, but every dream turns out to be just a part of my nightmare", dröhnt es in meinen Ohren.

Nightmare von Hollywood Undead, momentan eines meiner liebsten Lieder, zu laut auf meinen alten Kopfhörern. Es ist wirklich ein Wunder, dass sie überhaupt noch funktionieren. Ich atme tief durch, die angenehm warme Frühlingsluft riecht so blumig, so frisch. Ganz anders, als es mir eigentlich momentan geht. Nachdem mir – um ehrlich zu sein mal wieder – alles zu viel geworden ist, habe ich mich für einen etwas weiteren Spaziergang entschieden. Hier im Wald, wo ich mit meinen Gedanken und meiner Musik allein sein kann, scheint alles immer etwas leichter.

Ich stelle meinen hellblauen Wanderrucksack auf einen Baumstamm, um an meine Flasche zu kommen. Ein Riesenbehälter, zwei Liter, schon zur Hälfte leer. Ich sollte mir Zeit lassen. Wenn ich nach Hause komme, muss ich mich wieder an diese verfluchte Seminarhausaufgabe setzen. Normalerweise liebe ich mein P-Seminar, doch dieser Berufsbildungsteil macht mich fertig. „Stellt euch eure Zukunft vor: Wie sieht sie aus, was sind eure Träume und Hoffnungen? Schreibt mir bis zur nächsten Sitzung einen Aufsatz", so lautet die quälende Aufgabe. Schnell stecke ich meine Flasche zurück zu dem Block, den ich sicherheitshalber mitgenommen hatte, falls mir Ideen dafür kommen würden. So könnte ich sie gleich aufschreiben und würde sie nicht augenblicklich vergessen. Ein bitteres Lächeln formt sich auf meinem Gesicht. Ideen zum Zeichnen oder Schreiben einer kleinen Geschichte bekomme ich hier draußen immer, aber das hier ist irgendwie ... anders.

Ich schalte die Lautstärke meiner Kopfhörer etwas runter, das Lied schon auf der zig-fachen Wiederholung, seit ich losgelaufen bin. Es hilft mir, mit dem Frust klarzukommen, mein Gehör sollte ich mir dennoch nicht zerstören. Während die meisten Mitglieder meines Kurses einige Ideen hatten, stand ich da wie ein begossener Pudel, als ich realisierte: Ich habe keinen Traum. Das ist traurig. Zumindest hat man mir das einreden wollen. Ich wüsste gern, wie das zustande kommt, dass ein Mensch „traumlos" wird, aber ich weiß, ich bin nicht die Einzige. So kann es nicht sein.

Ich sehe mich wieder um und beobachte, wie einige Vögel zwischen den Bäumen streiten. Was die wohl träumen? Davon, einen Wurm mehr als der Nestnachbar zu finden? Mein Blick wandert weiter, über das Feld, das malerisch von Bäumen umrahmt wird. Ein einzelner Feldhase spurtet darüber. Vielleicht träumt er, irgendwann in einem unterirdisch organisierten Hasenrennen der Schnellste zu sein. Ich seufze. Warum brauche ich denn unbedingt einen Traum? Was, wenn er, wie es beispielsweise in dem Lied vorkommt, zu einem Alptraum wird? Ich bin noch so jung, wieso sollte ich mich auf den einen Traum festlegen?

Mein Gedankenfluss wird von einem Eichhörnchen, das einige Meter vor mir schnell über den Weg rennt, wieder unterbrochen. Hat das Tierchen es so eilig, weil es versucht, seinem Traum hinterherzujagen? Einen, den es nie erreichen wird? Ein kleines Lächeln formt sich abermals auf meinem Gesicht. Wie banal das Gehirn doch manchmal ist, welche Vergleiche es zieht. Ein Hauch von Wind fährt mir durch meine Haare und ich überlege kurz, dem Luftzug vom Weg ab in den Wald zu folgen. Einfach weggehen, wohin auch immer. Was, wenn es nicht so sein soll, was wenn ich keine Träume haben soll, wenn sie vom Winde verweht sind?

Am Rande einer weiteren, sonnenbeschienenen Lichtung bleibe ich schließlich stehen. Achtlos werfe ich meinen Rucksack auf das Gras und breite meine Jacke darauf aus, um einen Sitzplatz zu schaffen. Danach krame ich zügig Block und Stift aus meiner Tasche. Zwischen fröhliches Vogelgezwitscher mischt sich nun hastiges Kratzen auf dem Papier. Letztlich gibt es neben dem Aufzählen von Träumen und Hoffnungen mehr oder weniger auch eine andere Möglichkeit, die mir diese Aufgabe gibt:

Aufsatzthema: Wieso man keine Träume braucht, um ein zufriedenes Leben zu führen.

Manche denken, es sei wichtig, Träume zu haben, doch reicht nicht die Gewissheit, dass alles gut ausgeht? Die Tiere, die ich heute beobachtet habe, haben alle eine Gemeinsamkeit: Was auch immer sie wirklich träumen, es wird keinen Einfluss auf den Großteil ihres Lebens haben. Träume sind gut und gern unerreichbar, Ziele jedoch … Ziele kann man verwirklichen. Und Ziele sind oftmals realistischer als irgendwelche Träume, die man vielleicht zuletzt im Kindergarten verändert hat. Mein Blick wandert vom Papier über den bewaldeten Hügel nach oben, wo in der Entfernung eine Schlossruine steht.

Kindergartenträume, wie beispielsweise Prinzessin zu sein.

Lena Tabea Fritsche
Gymnasium, Klasse 11Q

Jurymitglieder

Melanie Mannl	Realschule Königsbrunn
Katrin Schillat-Böhm	Leonhard-Wagner-Gymnasium Schwabmünchen
Susanne Hilgenfeld	Gymnasium Königsbrunn
Anita Becker-Schwaiger	Gymnasium Königsbrunn
Birgit Atterer	Grundschule Gessertshausen
Sebastian Aufheimer	Helen-Keller-Schule Dinkelscherben
Michaela Sandner	Parkschule Stadtbergen (MS)
Stefanie Dietrich	Berufliches Schulzentrum Neusäß
Sabina Rößle	Grundschule Fischach-Langenneufnach
Tanja Heufelder	Grundschule Kriegshaber
Sybille Walch	Privat
Stefan Blümelhuber	Grundschule Horgau
Regina Striegel	Christophorus-Schule Königsbrunn
Nora Becker	Mittelschule Fischach-Langenneufnach
Gabriela Uhl	Realschule Neusäß
Margrit Horsche	Privat
Michaela Labee	Mittelschule Fischach-Langenneufnach
Angelina Meitinger	Grund- und Mittelschule Fischach/Langenneufnach
Sabine Blümelhuber	Leopold-Mozart-Grundschule Leitershofen
Susanne Mayr	Grundschule Königsbrunn Nord
Katja Zucker	Realschule Neusäß
Julia Kind	Leonhard-Wagner-Gymnasium Schwabmünchen
Carolin Horak	Realschule Neusäß
Aenne Schwarz	Grundschule Fischach-Langenneufnach

Schulen und Klassen

Details zu den mit * bezeichneten Schulen bzw. Klassen sind aus unbekannten Gründen nicht erfasst worden; der Verlag dankt für entsprechende Hinweise.